Klaus Mühlhahn/Julia Haes

Hongkong: Umkämpfte Metropole

Klaus Mühlhahn
Julia Haes

Hongkong: Umkämpfte Metropole

Von 1841 bis heute

HERDER
FREIBURG · BASEL · WIEN

MIX
Papier aus verantwortungsvollen Quellen
FSC® C014496

www.herder.de

Satz: ZeroSoft, Timişoara
Herstellung: GGP Media GmbH, Pößneck
Printed in Germany

ISBN Print: 978-3-451-39973-2
ISBN E-Book (E-Pub): 978-3-451-82722-8
ISBN E-Book (PDF): 978-3-451-82713-6

Inhalt

Einführung

Dem traditionell wichtigsten Produkt der Region, dem Räucherholz, verdankt Hongkong seinen Namen, der übersetzt „duftender Hafen“ (*Hoenggong* auf Kantonesisch bzw. *Xianggang* auf Hochchinesisch) bedeutet. Unter den Briten war die Stadt aber als „Perle des Orients“ bekannt. Beide Bezeichnungen drücken die Faszination für eine Stadt aus, die auf einer tropischen Insel in einer beeindruckenden geografischen Umgebung entstand. Heute wird die immer noch im Zentrum dicht bewaldete und bergige Insel umsäumt von einem Kranz riesiger Wolkenkratzer und greller Neonlichter. Die vielfältige, kosmopolitische, mobile und kreative Bevölkerung bereichert mit ihren unterschiedlichen Erfahrungen und Vergangenheiten vom chinesischen Festland oder aus anderen Teilen Asiens das urbane Leben. Aber Hongkong ist auch eine Stadt unter Druck. Proteste, Straßenkämpfe und hartes Durchgreifen haben die Stimmung geprägt. Die chinesische Zentralregierung behandelt Hongkong seit den politischen Konflikten in den letzten drei Jahren wie einen unliebsamen Verwandten: ein Problem, das hoffentlich ohne weitere Eskalation gelöst werden kann. Und Hongkong kommt mit dem Rollenwechsel vom reichen, gönnerhaften Onkel zum ungezogenen Neffen nicht gut zurecht. Hinzu kommt: Die Geschäftswelt bewegt sich seit Jahrzehnten kaum. Dominiert von Immobilienmagnaten, den sogenannten Tycoons, hat sie in den letzten 30 Jahren keine innovativen Unternehmen mehr hervorgebracht. Das ist auch ein Erbe der britischen Kolonialherrschaft, in der die Bürokratie die Wirtschaftseliten kontrollierte, indem sie Land – die knappste Ressource der Stadt – den Gefügigen zuteilte. So hängt trotz der hektischen Betriebsamkeit des Alltags ein stagnierender und deprimierender Geist über der Metropole.

Hongkong ist eine Welt für sich, deren Gegenwart und Zukunft heute mehr denn je Gegenstand von kontroversen Diskussionen, kühnen Spekulationen und weltweiter Aufmerksamkeit sind. Für viele Beobachter zeichnet sich hier ein großer Kampf zwischen der autoritären Supermacht China und dem freiheitsliebenden Westen ab. Auf dem Spiel steht, so wird gesagt, die Zukunft der Demokratie.[1]

Aber um die Zukunft zu denken, ist es zunächst notwendig, die Vergangenheit zu verstehen. Hongkong wurde von der Geschichte eine Bürde auferlegt, die in keinem Verhältnis zur Größe und bescheidenen Herkunft der Stadt steht. Ereignisse und Zustände in der Vergangenheit haben das Leben in Hongkong bis heute geprägt und beeinflusst. Genauso wie die heutige Stadt ihrer Geschichte vor 1997 – dem Jahr der Rückgabe an China – nicht entkommen kann, wird sie in der Zukunft nicht in der Lage sein, sich von den Erfahrungen und Enttäuschungen der Gegenwart zu lösen.

Die Geschichte hat Hongkong zu einem Ort der Gegensätze und Widersprüche gemacht. 1967 beschrieb der Journalist und Autor Richard Hughes Hongkong treffend als eine „Unwahrscheinlichkeit, fast eine Unmöglichkeit, […] ein Paradox".[2] Gegründet wurde Hongkong im Jahre 1841 als kleine britische Kolonie gegen den Willen des chinesischen Kaiserreichs, das aufgrund einer Kriegsniederlage der Abtretung zustimmen musste. Die Kolonie wurde im Laufe des 19. Jahrhunderts sukzessive erweitert. 1898 zwang Großbritannien im dritten und letzten Vertrag China, die New Territories für 99 Jahre an Großbritannien zu verpachten. Aus dem Auslaufen der Pacht 1997 ergab sich schließlich die Rückgabe Hongkongs 1997 an das chinesische Festland.

Hongkongs Rolle war und ist unvermindert einzigartig. Vier Aspekte charakterisieren seinen heutigen Platz in der Weltgeschichte. Erstens: Hongkong als Ort zwischen den großen Mächten. Im Laufe der Geschichte haben nicht nur Großbritannien und China, sondern auch Japan und die USA Hongkong für ihre eigenen Zwecke instrumentalisiert. Dabei ging es ihnen um die Entfaltung militärischer Macht, politischen Einfluss oder ökonomische Interessen. Das Wohlergehen der lokalen Bevölkerung war für die Mächte meistens sekundär. Aber Hongkong zeigt, dass sich Peripherien auch unter diesen Bedingungen dynamisch und kreativ entwickeln und ihre Existenz behaupten können. Die Stadt hat langjährige Erfahrung im Kampf um Selbstbehauptung gegenüber Fremdbestimmung. Verschiedene Hongkonger Gruppen entwickelten unter diesen Umständen innovative Strategien für Überleben und Wohlstand. Dazu gehört nicht zuletzt in den letzten Jahren zivilgesellschaftliches und politisches Engagement.

Zweitens: Hongkong im Banne Chinas. In den letzten 180 Jahren spürte der kleine, aber bedeutsame Stadtstaat immer wieder die Auswirkungen der wirtschaftlichen und politischen Entwicklungen auf dem chinesischen Festland, selbst zur Zeit des Kalten Krieges, als Hongkong unter britischer Herrschaft war und ein „Bambusvorhang" die Stadt umgab. Dabei spielte Hongkong nicht nur die Rolle des Gegenpols oder Widersachers, sondern auch des Partners und Unterstützers für das Festland. Die Stadt war darüber hinaus gefangen im freien Spiel von globalen Veränderungen und chinesischen Entwicklungen und fand sich dabei oft zwischen den Stühlen. Seitdem China die Souveränität über Hongkong wieder zurückerhalten hat, stehen die sozialen und politischen Systeme des Territoriums in vielerlei Hinsicht in scharfem Kontrast zu denen des chinesischen Festlands. Daher kämpfen Teile der städtischen Zivilgesellschaft heute verbissen um die Beibehaltung und Erneuerung ihrer widerspenstigen und widersprüchlichen Rolle, mit ungewissem Ausgang. Der Druck des Festlands geht in Richtung fester Integration und Beendigung des Sonderstatus, aber es sind gerade das Andersartige und die Widersetzlichkeit, die es Hongkong erlaubt haben, eine wichtige, bereichernde Rolle in der modernen chinesischen und globalen Geschichte zu spielen.

Drittens: Hongkong als Brennglas für den Kampf der Systeme. Im grellen Scheinwerferlicht der Stadt kollidierten die Systeme von Kolonialismus, Sozialismus chinesischer Prägung und Demokratie. Das Ringen um Demokratie hat in dem Stadtstaat eine weit in die britische Zeit zurückreichende Geschichte. Als Kolonialmacht verwehrte Großbritannien der Hongkonger Bevölkerung demokratische Mitsprache. Zum Zeitpunkt der Rückgabe an das Festland gab es keine funktionierenden und widerstandsfähigen demokratischen Strukturen und Prozesse. Umgekehrt aber haben sich auch viele Hongkonger zu lange zu selten für Politik interessiert. Hongkong boomte als Ort des Kapitalismus in seiner extremsten Form. Mit dem Konzept „Ein Land, zwei Systeme“ war die Demokratiefrage plötzlich allgegenwärtig. Anders als in funktionierenden Demokratien finden zwischen den verschiedenen Interessengruppen Hongkongs keine oder kaum Aushandlungsprozesse statt, weil das politische System ihnen weder den Zugang noch die Plattform dafür bietet. Politik wird daher eher auf der Straße gemacht als im Parlament oder in den Gremien. Alle heute vorhandenen demokratischen Elemente kommen aus der Mitte der Hongkonger Zivilgesellschaft, die darum mit großem Einsatz und großer Leidenschaft gekämpft hat. Dieses zarte Pflänzchen der demokratischen Selbstverwaltung ist heute zweifelsohne bedroht vom eisernen Griff des Festlands. Junge Hongkonger bezeichneten ihren Kampf um Selbstbestimmung und Autonomie im Jahr 2019 treffenderweise als „Freiheit für Hongkong: Revolution unserer Zeit“. Diese Revolution aber ist in Gefahr, weil sich zu wenige im Westen oder in China für Hongkongs Interessen und Belange einsetzen.

Viertens: Die Schattenseiten des Kapitalismus. Die Hongkonger Bevölkerung als bunter Flickenteppich aus Einwanderern aus China, Europa und Asien war sich selten einig, in welche Richtung es gehen sollte. Die Stadt bewegte sich schon immer im Spannungsfeld zwischen Profit und Werten. Die reichen Unternehmer waren bereit, alles zu tun, um ihre guten und äußerst lukrativen Beziehungen mit China zu erhalten, unabhängig davon, wer dort mit welchen Methoden regierte. Die arme Bevölkerung schuftete in Fabriken, am Hafen und in den Lagerhallen und lebte unter erbärmlichen Bedingungen. Ungleichheit und Ausbeutung waren und sind an der Tagesordnung. Selbst die demokratische Opposition ist tief zerstritten.

Heute ist Hongkong keine Kolonie mehr, und vieles hat sich verändert in der Stadt, in der Region und in der Welt. Die Stadt ist weiterhin und unvermindert ein Ort der Gegensätze, an dem sich die Herausforderungen und Kämpfe der Moderne widerspiegeln. Jenseits des Konflikts der politischen Systeme führte die grenzüberschreitende und umfassende Mobilität von Menschen, Ideen, Kapital und Waren zur Erosion der alten Frontstellungen und zur Zersplitterung und Auflösung der großen politischen Leitideen. Die Geschichte ist komplizierter, als die vereinfachte Vorstellung eines Kampfs zwischen Gut und Böse, zwischen Demokratie und Autokratie suggeriert. Zunehmend wurden einige wenige kohärente politische Weltanschauungen von den vielen Ansprüchen und Ideen ganz unterschiedlicher Gruppen – ethnische, religiöse, weltanschauliche Untergruppen etc. – in Bezug auf Gesellschaft und politische Führung abgelöst. All das hat eine kulturelle Matrix hervorgebracht, die der Soziologe Andreas Reckwitz als Suche nach Singularitäten bezeichnet: Selbstentwürfe, die individuelle oder partikulare Gruppenidentitäten samt ihrer Vergangenheitsbezüge und Zukunftserwartungen konstruieren, die sich nicht mehr einfach in einem großen Deutungsrahmen einfangen lassen.[3]

Diese Prozesse finden überall auf der Welt statt. Sie lassen sich auch in Hongkong beobachten. Die Stadt ist gleichsam ein Reagenzglas, weil zusätzlich zur Zersplitterung innerhalb der spätmodernen Gesellschaft hier die Systeme der Welt aufeinanderprallen und die Protagonisten aufgrund der Geschichte nicht die richtigen Werkzeuge, Fähigkeiten, aber auch nicht die internationale Unterstützung haben, um diese Konflikte konstruktiv zu ihrem Besten zu lösen. Dieses Buch soll zum Verständnis der Kämpfe in der Vergangenheit und Gegenwart Hongkongs beitragen, indem es „sine ira et studio“ die Geschichte eines außergewöhnlichen Schicksals in der modernen Welt erzählt.

I. UNTER BRITISCHER KRONE

Hongkong liegt an der Südküste Chinas nahe der Mündung des Perlflusses. Das Gebiet umfasst im Wesentlichen drei große geografische Zonen: Hong Kong Island, Kowloon Peninsula und die New Territories. Dazu gehören außerdem 263 teilweise unbewohnte Inseln; die größte davon ist Lantau Island. China ist das einzige direkt an Hongkong angrenzende Nachbarland. Das Klima ist tropisch mit geringen Unterschieden zwischen den Jahreszeiten. Die Tageslängen schwanken kaum, und die Temperaturunterschiede zwischen Sommer und Winter sind ebenso gering. Die durchschnittlichen Tageshöchsttemperaturen liegen je nach Jahreszeit zwischen 19 und 32 °C. In den kälteren Monaten sinkt die Temperatur nachts teilweise auf bis zu 14 °C im Monatsmittel ab.

Das Gebiet von Hongkong hat eine Gesamtfläche von nur ca. 1110 km^2 und eine Küstenlänge von insgesamt 733 km (einschließlich Inseln). Diese Fläche entspricht ungefähr 1,2-mal der Größe Berlins. Hongkong ist damit einer der kleinsten Stadtstaaten in Asien und flächenmäßig auf Platz 187 weltweit.

Hongkong verdankt seine einzigartige Bedeutung größtenteils seiner strategischen Lage. Es besitzt einen natürlichen Tiefwasserhafen und ist sowohl vom chinesischen Binnenland als auch vom offenen Meer aus leicht zu erreichen. Hong Kong Island und die angrenzende Halbinsel liegen im Mündungsdelta des Perlflusses im Süden Chinas. Diese Region war seit dem 18. Jahrhundert ein Zentrum des transnationalen Handels zwischen China, Südostasien und dem Westen. Im Bereich des Perlflussdeltas fließen Chinas drittlängster Fluss Xijiang und weitere Flüsse in einem stark verzweigten Netz von Wasserläufen in den 177 km langen Perlfluss. Das vielarmige Flussgeflecht ist eine einzigartige Landschaft, die als großes Ästuar in das Südchinesische Meer übergeht.

Im 18. und 19. Jahrhundert begannen die europäischen Mächte, Stützpunkte für ihren Handel und ihre Schiffe in der Region zu etablieren. Das nahe gelegene Kanton (Guangzhou) war einer der wenigen Häfen, die vor den Opiumkriegen von den Ausländern angelaufen werden konnten. Auf der Suche nach einem kolonialen Stützpunkt für ihre Flotte nahmen die Briten daher Hongkong ins Visier. Der Erste Opiumkrieg mit China bot einen geeigneten Vorwand, die lang gehegten Pläne in die Tat umzusetzen. Für 156 Jahre (1841–1997) wurde die als Perle des Orients bezeichnete Kronkolonie von Großbritannien regiert. Hongkong wurde als letzte der britischen Kronkolonien aufgelöst und als einzige an einen anderen Staat übergeben.

Die Geschichte Hongkongs unter britischer Herrschaft lässt sich in drei große Phasen gliedern. Die erste Phase umfasst die Gründung, Ausweitung und Konsolidierung der Kolonie und erstreckt sich von 1841 bis zum Ersten Weltkrieg. Die Kolonialisierung Hongkongs vollzog sich in drei Etappen, die alle eng mit wichtigen Ereignissen der chinesischen Geschichte zusammenhingen: Im Jahr 1841 besetzte Großbritannien Hong Kong Island. Nach dem Ersten Opiumkrieg wurde die Inbesitznahme im Vertrag von Nanking besiegelt. Die Halbinsel Kowloon auf der Südspitze des Festlands wurde 1860 im Zweiten Opiumkrieg als Kriegsbeute annektiert. Die letzte Etappe war im Jahr 1898 die Pacht der nach Norden hin an die Halbinsel angrenzenden New Territories. Im Gegensatz zu den dauerhaft abgetretenen Gebieten Hong Kong Island und Kowloon war die Pacht der New Territories von Anfang an auf einen Zeitraum von 99 Jahren begrenzt und sollte 1997 auslaufen. Vor allem die erste Phase der britischen Herrschaft über Hongkong zeichnete sich durch die typischen Geißeln des Kolonialismus aus: Ungleichheit, Ausbeutung, Rassismus und autoritäre Herrschaft.[4]

In der zweiten großen Phase der britischen Herrschaft wurde Hongkong von weitreichenden Veränderungen und politischen Turbulenzen auf dem Festland und in der Welt beeinflusst. Diese Phase reicht vom Ersten Weltkrieg bis zum Ende des Zweiten Weltkriegs. Es war eine Zeit des Aufruhrs, der wirtschaftlichen Krisen und Proteste. Die britische Herrschaft sah sich in dieser Zeit wachsenden internen Herausforderungen gegenüber. Häufig war die Kolonie Unruhen ausgesetzt, die zum Teil vom Festland ausgingen und die chinesische Bevölkerung mobilisierten. Zugleich bildete sich eine wohlhabende chinesische Oberschicht heraus, die mehr Mitsprache forderte. Den Kulminationspunkt der Krisen stellte die Besetzung Hongkongs durch Japan dar. Die britische Herrschaft über der Kolonie war existenziell bedroht. Am Ende war die japanische Besetzung zwar nur von kurzer Dauer, aber sie entblößte die Anfälligkeit der Kolonie für Angriffe von außen.

Mit dem Heraufdämmern des Kalten Krieges begann wiederum eine neue Phase für Hongkong. Nun fand sich die Kolonie an der Frontlinie der Auseinandersetzungen zwischen den großen Blöcken des Kommunismus und Kapitalismus wieder und wurde zum Symbol des Westens in Asien. Die wieder eingesetzte Kolonialregierung diskutierte politische Reformen, aber Angst vor einer inneren Destabilisierung vereitelte alle Neuerungen. Eine neue Macht betrat die Bühne: Die USA nutzten Hongkong als sichere Basis für ihre militärischen Operationen in Asien von Korea bis Vietnam. Ebenfalls in Hongkong aktiv wurde die 1949 gegründete Volksrepublik (VR) China. Für das weitgehend isolierte Festland fungierte die Stadt als wichtiges, ja einziges Tor zur Welt. Hongkong gelang in dieser Phase ein Wirtschaftswunder, das die Kronkolonie zu einem der ostasiatischen Tigerstaaten mit hohem Wachstum und Lebensstandard machte. Aber das Wunder war auch ein Tanz auf dem Vulkan, denn eine Frage wurde in der Kolonie kollektiv verdrängt: Was würde nach Auslaufen des Pachtvertrags 1997 passieren?

Perle des Orients

Die Geschichte der späteren britischen Kronkolonie führt zurück zum ehemaligen chinesischen Kaiserreich. Abseits von den Zentren der Macht und des Wohlstands gelegen, war die Region klassisches Hinterland. Weder Beamte noch Händler schenkten dem späteren

Hongkong viel Aufmerksamkeit. Das änderte sich mit der Ankunft europäischer Handelshäuser im 16. Jahrhundert, die in Kanton lukrative Geschäfte betrieben. Da das Perlflussdelta eine wichtige Rolle im internationalen Handel spielte, suchten die europäischen Händler einen günstig gelegenen Stützpunkt für die Wartung ihrer Schiffe und die Lagerung von Waren. Schnell fiel der Blick auf das spätere Honkong. Nach der Eroberung und Besetzung der Bucht durch britische Soldaten 1841 errichtete die britische Krone sukzessive eine Kolonie. Aufgrund der landschaftlichen Schönheit bekannt und gepriesen als Perle des Orients sollte die Hafenkolonie der britischen Flotte und den britischen Handelshäusern bei ihren Geschäften mit China helfen. Entsprechend wurde sie mit minimalen finanziellen Mitteln von einem mit weitgehenden Vollmachten ausgestatteten Gouverneur autoritär regiert. Die chinesische Bevölkerung hatte keinerlei Mitspracherecht und wurde von den europäischen Einwohnern segregiert. Opium- und Menschenhandel waren lange Zeit ihre einzigen wirtschaftlichen Säulen. Sie verhalfen vielen Briten zu Reichtum, brachten Hongkong aber den Nimbus einer wilden, rauen und menschenverachtenden Grenzstadt ein.

Landkreis „Neuer Frieden“

Als die ersten Vertreter der britischen Kolonialmacht 1841 die Insel Hongkong betraten, war sie keineswegs ein unwirtlicher, unbewohnter Felsen. Die Region blickte auf eine lange, bis in die vorchristliche Zeit hineinreichende Geschichte zurück. Als Teil des chinesischen Kaiserreichs hatte sich die Region, insbesondere das nahe gelegene Kanton, im Laufe der Geschichte zu einem wichtigen überregionalen Handelsknotenpunkt entwickelt, dessen Kontakte bis nach Südostasien, Indien, zum Persischen Golf und auch nach Europa reichten.[5]

Die Geschichte der menschlichen Besiedlung der Gegend lässt sich auf das vierte vorchristliche Jahrtausend zurückverfolgen. Um 214 v. Chr. wurde die Insel erstmals von Truppen des ersten chinesischen Kaiserreichs der Qin-Dynastie (259–210 v. Chr.) eingenommen. Während der darauffolgenden Han-Dynastie (206 v. Chr.–220 n. Chr.) wurde die Region als Präfektur in das chinesische Kaiserreich integriert. Die Gegend war von zwei Stämmen besiedelt: den Yao und den Dan, wobei die Letzteren auf Booten lebten und ihren Lebensunterhalt durch Fischerei und Perlentauchen bestritten. Eine unberührte Landschaft und dicht bewaldete Hügel prägten die Region. Zahlreiche Buchten und Inseln bildeten einen Schärengarten von großer Schönheit. Berichte belegen das Vorkommen von Elefanten und Krokodilen.

Während der Tang-Dynastie (617/18–907) erfolgte die erste Besiedlung durch chinesische Einwanderer. Chinesische Quellen erwähnen für diese Zeit auch erstmals eine kleine Garnison mit dem Namen Tunmen im Gebiet des späteren Hongkong. Im 12. Jahrhundert zur Zeit der Song-Dynastie (960–1126) erfolgte eine Besiedlung im größeren Umfang durch chinesische Einwanderer, die aufgrund der Eroberung durch die Tungusen aus Nordasien in den Süden flohen. Einige Clans ließen sich in der Region des späteren Hongkong nieder. Mit den Einwanderern hielt die Landwirtschaft Einzug, und erste Rodungen fanden statt. Auch Fischerei und Salzherstellung wurden zum Lebensunterhalt betrieben. Die Region war jedoch relativ dünn besiedelt. Daher wurde sie gern von Piraten und Schmugglern als Basis genutzt, die von hier aus im Schutz der vielen Buchten ihren illegalen Geschäften nachgingen.

In den folgenden beiden Jahrhunderten wuchs die Bevölkerung langsam, aber kontinuierlich. Angetrieben durch den Handel mit Kanton und anderen Orten entlang des Perlflusses entwickelte sich auch die Wirtschaft. Aufgrund der zunehmenden Piraterie beschlossen die Behörden der Ming-Dynastie (1368–1644) 1394, die Region militärisch zu befestigen. Die wachsende Bevölkerung der Region machte gegen Mitte des 16. Jahrhunderts auch eine Reorganisation der Verwaltungsgebiete notwendig. Das Gebiet des späteren Hongkong wurde dem 1537 neu geschaffenen Landkreis „Neuer Frieden“ (*xin'an xian*) zugewiesen.[6] Im Jahr 1540 wurden die lokalen Befestigungen mit dem umfassenden Seeverteidigungssystem der Provinz Guangdong verbunden.

Mitte des 16. Jahrhunderts musste die kaiserliche Seeverteidigung mit einer neuen Bedrohung umgehen: dem Vordringen europäischer Händler und bald auch von Kriegsschiffen und Militär. Zuerst kamen die Portugiesen. 1557 pachtete die portugiesische Krone eine Siedlung am Ende einer von Mauern umgebenen Küstenhalbinsel südlich von Kanton. Der Ort liegt im Mündungsdelta des Perlflusses, etwa 50 km westlich von Hongkong. Bekannt als Macau wurde er für Europäer zum Tor nach China. Von dort aus entstand nicht nur ein reger Handel mit Kanton, sondern Macau war auch für Portugiesen und andere Europäer der Ausgangspunkt für Reisen auf das chinesische Festland auf der Suche nach weiteren lukrativen Handelsgeschäften. Damit war die Region um Kanton an den internationalen Seeverkehr und den globalen Weltmarkt angebunden. Der Handel, vor allem mit Europa, war auch für China lohnend. Die Region am Perlflussdelta profitierte in besonderem Maße von dieser Entwicklung. Sie wurde wohlhabender, internationaler und kosmopolitischer.

Der letzte dynastische Machtwechsel in der Geschichte Chinas von der Ming- zur Qing-Dynastie (1644–1911) löste eine weitere große Bevölkerungsbewegung vom Norden in den Süden aus. So wurde die Region auch ethnisch diverser. Vor allem Angehörige der Hakka siedelten sich hier an. Die Hakka wurden nie vollständig in die einheimische Bevölkerung assimiliert. Im Gegensatz zu den meisten anderen Chinesen mieden sie Praktiken wie das Fußbinden bei Frauen. Die Hakka haben ihre eigene Sprache, die Affinitäten sowohl zu Kantonesisch, der Sprache der Provinz Guangdong, als auch zu Mandarin, der Sprache eines Großteils Nord- und Zentralchinas, aufweist. Die Hakka teilten sich nun die Region mit den lokalen kantonesischsprachigen Clans.

Als im Januar 1841 britische Marineinfanteristen auf Hong Kong Island an Land gingen, waren im Landkreis „Neuer Frieden" etwas über 7000 Menschen angesiedelt, hauptsächlich Fischer und Bauern unterschiedlicher ethnischer und kultureller Herkunft, darunter auch 2000 auf Booten lebende Menschen aus Südostasien. Die Nordküste der Insel war größtenteils unbesiedelt.

Die britische Expansion nach Südchina

Die Ankunft britischer Soldaten war ein unmissverständliches Zeichen dafür, dass die große Politik die unberührte Region erreicht hatte. Der strategisch günstig gelegene Kreis Neuer Frieden wurde Anfang des 19. Jahrhunderts zum Schauplatz der chinesisch-britischen Auseinandersetzungen um die Ausweitung des äußerst lukrativen Handels zwischen China und Europa. Die Ming-Dynastie hatte den Handel über das Meer verboten, um den florierenden Schmuggel zur Vermeidung von Steuern entlang der Küste zu bekämpfen. Aber westliche Handelshäuser beteiligten sich aktiv an illegalen Handelsaktivitäten und kauften Güter zur Verschiffung nach Europa auf. Auch England unternahm aggressive Schritte, um seinen Anteil am Chinageschäft zu erhöhen. 1637 fuhr unter Missachtung der Seeverbotspolitik der Ming-Dynastie ein Geschwader von sechs englischen Handelsschiffen in den Hafen von Kanton ein. Sie waren im Auftrag der East India Company unterwegs, wurden aber postwendend zurückgeschickt. Das im Jahr 1600 gegründete Unternehmen war größtenteils in privatem Eigentum.[7] Die Gründung erfolgte auf der Grundlage einer Royal Charter (königliche Satzung) vom britischen Königshaus. Dieses Rechtsdokument ermächtigte das Unternehmen, alle notwendigen Maßnahmen zu ergreifen, um in den gefährlichen Gewässern und der oft feindlichen Umgebung im Osten Handel zu betreiben. Dazu gehörte auch das Recht, Streitkräfte aufzustellen und im Namen der Krone die Verwaltung von Territorien zu übernehmen, die für den Handel als wesentlich erachtet wurden.

Die East India Company hatte zuvor Handelszentren in Indien eingerichtet, und ihr Handel mit Asien übertraf nach und nach den der anderen Handelsgroßmächte Holland und Portugal. Aus Sicht der East India Company war der chinesische Handel hochprofitabel und hatte ein größeres Potenzial als der Handel mit Britisch-Indien. China bot Produkte und Waren wie Porzellan, Seide und Tee an, welche in Europa großen Absatz fanden. Das Unternehmen stieß immer wieder vor und durfte schließlich 1715 eine Handelsstation in Kanton eröffnen.

Die restriktive Handelspolitik wurde zum Unwillen westlicher Handelsfirmen auch im 18. Jahrhundert fortgesetzt. Der Handel zwischen China und europäischen Ländern ging aufgrund der Eroberung Chinas durch die Mandschus und der Gründung der Qing-Dynastie Mitte des 17. Jahrhunderts sogar zurück. Außerdem trachteten chinesische Kaufleute, Zoll- und Qing-Beamte danach, ihre eigenen Gewinne und Interessen zu schützen, und waren an der Konkurrenz durch ausländische Kaufleute nicht interessiert. Erst 1757 reagierte Kaiser Qianlong auf den Rat seiner örtlichen Beamten und begann eine neue Außenhandelspolitik. Der ausländische Handel wurde legalisiert, allerdings durften Schiffe aus Übersee nur noch in den Hafen von Kanton einfahren und wurden dort besteuert. Chinas internationaler Handel in Kanton wurde über von der Qing-Regierung speziell autorisierte und lizenzierte chinesische Cohongs abgewickelt. Das Wort Cohong kommt von *gonghang* und bedeutet „offiziell autorisierte Firma". Westliche Händler konnten von Oktober bis März ausschließlich in Kanton mit von den chinesischen Cohongs geleiteten oder mit ihnen kooperierenden Fabriken oder Manufakturen Handel treiben.

Trotz der Beschränkungen nahm der Handel im späten 18. Jahrhundert aufgrund der hohen britischen Nachfrage nach chinesischem Tee kontinuierlich zu. Produkte aus Indien, wie zum Beispiel Baumwolle, wurden über Kanton nach China importiert, während britische Schiffe im Austausch Tee, Porzellan und Seide nach Europa brachten. Bald schon zeigten sich Engpässe: Es gab zu wenig Anlegestellen, Cohongs und Transportunternehmen für das wachsende Handelsvolumen. Der Handel stand zudem unter der klaren Kontrolle chinesischer Behörden und chinesischer Kaufleute.

Ende 1792 ernannte die British East India Company Sir George Macartney, einen erfahrenen Diplomaten und Kolonialverwalter, zum Leiter einer diplomatischen Mission nach China, um die Öffnung von Hafenstädten für britische Händler und die Reparatur britischer Schiffe auf chinesischem Gebiet auszuhandeln. Macartney reiste 1793 mit drei Schiffen mit mehr als hundert Mitarbeitern, Wachen und Wissenschaftlern sowie einer Vielzahl von Geschenken wie Uhren, Teleskopen, Waffen, Textilien und anderen technischen Produkten nach Nordchina. Die Geschenke sollten die Fortschritte der europäischen Zivilisation zeigen und den chinesischen Hof beeindrucken. Der Qing-Hof behandelte die britische Delegation als Tributmission und forderte Macartney auf, sich an der feierlichen Zeremonie des Kotaus (tiefe Verbeugung mit dem Kopf auf den Boden) vor dem Kaiser zu beteiligen. Aber Macartney lehnte standhaft ab und bestand darauf, dass er sich nur vor seinem eigenen König verneige. Daher weigerte sich der Kaiser, über die britischen Forderungen zu verhandeln, und die britische Delegation musste ergebnislos abreisen.

Das Scheitern der Mission veranlasste die East India Company, nach Wegen zur Aushebelung der Handelsbeschränkungen im lukrativen Chinageschäft zu suchen. Insbesondere seit das Unternehmen bengalisches Opium nach China verschiffte, um die chinesischen Handelswaren zu bezahlen, waren die Gewinne im Chinahandel stark gestiegen. Der Einsatz von Opium war in China seit langem bekannt. Schlafmohn wurde traditionell als Heilmittel gegen Durchfall, als Schlafmittel und als Schmerzmittel bei Krankheiten wie Ruhr und Cholera verwendet. Die East India Company hatte sich 1773 in Bengalen und 1830 in Bombay ein Opiummonopol gesichert. Ab den 1770er Jahren tauschte das Unternehmen immer häufiger Opium gegen Tee, Seide und Porzellan ein. Trotz wiederholter Versuche der chinesischen Regierung, den privaten Opiumkonsum zu unterbinden, trieb ein größeres Opiumangebot die Nachfrage und den Verbrauch in ganz China in die Höhe. Die Briten taten alles dafür, den Handel auszubauen. Sie bestachen Beamte und arbeiteten mit Schmugglern zusammen, um das Opium ins Landesinnere zu transportieren. Nicht nur gerieten viele Chinesen in Abhängigkeit; China kämpfte auch mit negativen wirtschaftlichen Folgen. Silber zur Bezahlung von Opium floss aus dem Land ab. Viele von Chinas späteren wirtschaftlichen Problemen waren direkt oder indirekt mit dem Opiumhandel verknüpft.

Für die East India Company machten die Einnahmen aus dem Opiumhandel in den 1830er Jahren über 8 % ihrer Gesamteinnahmen aus Britisch-Indien aus. Daher stand für Großbritannien und Britisch-Indien viel auf dem Spiel. Die Besetzung von Hongkong durch die Briten ist in diesem Zusammenhang zu sehen. Sie war das Ergebnis eines langen Lobbyings britischer Opiumhändler, die eine Basis an der chinesischen Küste zu Absicherung ihres Chinahandels forderten. Im Gegensatz zu den anderen europäischen Seeimperien Holland, Portugal und Spanien, die Stützpunkte in Batavia (dem heutigen Jakarta), Macau bzw. Manila besaßen, hatte Großbritannien außerhalb Indiens keinen Standort im östlichen Teil Asiens (Singapur wurde erst 1819 gegründet). Als 1821 chinesische Behörden gegen den illegalen Opiumhandel einschritten, errichteten britische Händler Lager für Waren und Nachschub auf mehreren Küsteninseln, darunter auch Hong Kong Island. James Matheson, Chef des größten britischen Unternehmens in der Region, Jardine Matheson, forderte die britische Regierung auf, eine Basis zum Schutz der britischen Handelsinteressen in Südchina zu schaffen. Im August 1834 schloss sich Lord Napier, britischer Superintendent für den Handel in China, diesen Forderungen an und erdachte einen Plan, nach dem eine kleine britische Streitmacht Hong Kong Island in Besitz nehmen sollte.

Der Erste Opiumkrieg 1839–1841

Der Qing-Hof konnte die durch den Opiumkonsum verursachten sozialen und wirtschaftlichen Probleme – zunehmende Drogenabhängigkeit, Verarmung und Silberabfluss – nicht mehr ignorieren.[8] Daher beschloss die kaiserliche Regierung die Entsendung eines der fähigsten Beamten nach Kanton: Lin Zexu erhielt 1838 den Befehl, alles Notwendige zu tun, um sowohl den Konsum der Droge als auch den Handel damit zu unterdrücken. Er ging energisch an die Arbeit. Süchtige wurden zusammengetrieben, festgehalten und entwöhnt. Einheimische Drogenhändler wurden hart bestraft. Lins wichtigstes Ziel aber war es, ausländische Lieferungen zu stoppen. Daher ließ er 1839 sämtliches in Kanton gelagertes britisches Opium vernichten. Außerdem hinderte er britische Schiffe daran, in Kanton anzudocken, und machte so weitere Lieferungen von Opium unmöglich.

Als die Nachricht von den Ereignissen in Kanton England erreichte, war die öffentliche Meinung dort gespalten. Einige britische Bürger kritisierten den Drogenhandel mit China. Ihre Bedenken wurden jedoch von denen überstimmt, die geschäftliche Interessen an der Steigerung des Chinahandels hatten, und von denen, die dem „arroganten" Qing-Hof eine Lehre erteilen wollten. Dieses Lager argumentierte, dass die Politik der Qing die Prinzipien des Freihandels verletze und daher ungerechtfertigt sei. Die britische Regierung schloss sich dieser Meinung an und bereitete eine militärische Aktion gegen das Qing-Reich vor. Der Krieg sollte in den Worten von Außenminister Lord Palmerston „eine ungerechte und demütigende Tat auslöschen, den Wert eines bestimmten Eigentums plus Ausgaben ersetzen […] und nach und nach Englands Beziehungen zum Reich der Mitte auf eine neue und richtige Grundlage stellen".[9] Im September 1839 kam es zu ersten gewaltsamen Auseinandersetzungen vor Hong Kong Island. Der Krieg dauerte fast zwei Jahre und endete mit einer vollständigen Katastrophe für das Qing-Reich. Die technologische Überlegenheit der britischen Flotte war offensichtlich. Ihre dampfgetriebenen Militärschiffe ermöglichten eine dem chinesischen Militär unbekannte Form der Kriegsführung. Im Sommer 1842 feierte die britische Flotte schließlich den Sieg im Opiumkrieg, als sie den Yangzi erreichte und einen Angriff auf die alte Hauptstadt Nanjing in Zentralchina vorbereitete. Im Angesicht des drohenden Angriffs auf die alte Hauptstadt kapitulierte der Qing-Hof.

Die Gründung der britischen Kronkolonie 1841

Die Besetzung von Hong Kong Island erfolgte 1841 auf Befehl von Charles Elliot, Chief Superintendent des britischen Handels in China. Die Abtretung der Insel sollte eine Kriegskompensation für die Kriegsverluste der Briten darstellen. Darunter fiel auch die von den

Briten als unrechtmäßig angesehene Zerstörung des Opiums durch Lin Zexu. Am Morgen des 26. Januar 1841 fuhr ein kleines Marinegeschwader der Royal Navy unter dem Kommando von Kommodore Sir Gordon Bremer in eine kleine Bucht an der Nordwestküste von Hong Kong Island ein.[10] Begleitet von Offizieren des Marinegeschwaders, einigen Armeeoffizieren und einer Gruppe Royal Marines ging Bremer an Land, stieß dort auf Königin Victoria an und beanspruchte Hongkong in ihrem Namen nach Salutschüssen von Bord der englischen Kriegsschiffe. Der Schauplatz dieses Akts wurde als Possession Point bekannt. Die britische Besatzung stieß auf keinen Widerstand: Es waren keine Soldaten des chinesischen Kaiserreichs präsent. Den wenigen Fischern und Bauern auf den Inseln waren die weltpolitischen Ereignisse weder bekannt, noch konnten sie die Folgen der Geschehnisse einschätzen.

„Mit großem Bedauern drücke ich Ihnen meine äußerste Enttäuschung über Ihre Verhandlungen aus", schrieb am 21. April 1841 der Außenminister und spätere Premierminister Lord Palmerston in einem Brief an Charles Elliot. Mit diesen harschen Worten tadelte er Elliot dafür, dass er eine „unfruchtbare Insel mit kaum einem Haus darauf" als Kolonie erworben habe, die niemals zu einem großen „Handelsmarkt" werden könne.[11] Das Schreiben an Elliot war im Grunde eine Abmahnung: Anstatt einen Hafen von der Qualität der portugiesischen Kolonie Macau zu annektieren, habe Elliot lediglich eine unbedeutende und unbekannte Insel eingenommen.

Nach ihrer Kapitulation mussten die Qing den Vertrag von Nanjing (August 1842) unterzeichnen, den ersten der sogenannten ungleichen Verträge. Dieser eröffnete europäischen Firmen leichteren Zugang zum chinesischen Markt und markierte den Beginn einer wachsenden westlichen Dominanz. Nach seinen Bestimmungen musste der Qing-Hof Kanton und vier weitere Häfen für den direkten Handel zwischen Ausländern und Chinesen öffnen. China wurde gezwungen, Reparationen in Höhe von 21 Millionen Silberdollar an die britischen Kaufleute zu zahlen, die aus Kanton vertrieben worden waren und deren Opium ver-

Abbildung 1: Sir James John Gordon Bremer, Kommodore der britischen Armee

nichtet worden war. Der Betrag stellte eine erhebliche Belastung für die ohnehin angespannten Qing-Finanzen dar. In dem Vertrag wurde auch Hong Kong Island auf unbegrenzte Dauer an Großbritannien abgetreten. Damit wurde die Besetzung der Insel ein Jahr zuvor faktisch legalisiert.

Nach der Besetzung wurde Hongkong zum Freihafen erklärt. Entgegen der Einschätzung von Palmerston entwickelte sich die Stadt beinahe über Nacht zu einer „Boomtown". Hongkong hatte in den Jahren nach der Besetzung etwas von der rauen Atmosphäre einer Grenzstadt, nicht unähnlich den Goldrauschstädten im amerikanischen Westen oder in Australien und Neuseeland. Es zog sehr schnell Chinesen aller Gesellschaftsschichten aus Guangdong sowie europäische Kaufleute und Missionare aus Macau an. Schon Anfang 1842 hatte sich die Zahl der Einwohner mehr als verdoppelt. Hongkong entwickelte sich zu einer geschäftigen Stadt mit rund 20 000 Einwohnern, wobei die ursprünglichen Bewohner des Landkreises „Neuer Frieden" eine Minderheit wurden und auch an der Entwicklung nicht partizipierten. Außerdem setzte eine hektische Bautätigkeit ein. Offizielle Gebäude wie das Amtsgericht, die Post, das Land- und Protokollamt sowie das Gefängnis wurden in kürzester Zeit errichtet und mit Geschäftsbauten wie Kais, Piers, Lagerhäusern, Läden, Bordellen, Spielhäusern, Schneidergeschäften und dem Marktplatz durch Straßen verbunden. Auch herrschaftliche private Wohnhäuser wurden gebaut. Schon 1845 berichteten europäische Besucher häufig über aufwendige Regierungsgebäude und opulente Kaufmannsresidenzen in Hongkong.

Gemäß dem von der britischen Krone erlassenen Letters Patent vom 5. April 1843, das eine Art Verfassung darstellte, sollte dieser neue Außenposten von einem vom Königshaus auf Vorschlag der britischen Regierung ernannten Gouverneur regiert werden. Ein Colonial Secretary bzw. später Chief Secretary stand dem Gouverneur bei der Leitung der Verwaltung zur Seite. Als Vertreter der Krone und Hauptgeschäftsführer der Kolonie verfügte der Gouverneur über „volle Macht und Autorität" und war lediglich der Regierung in London unterworfen. Zunächst beauftragte Charles Elliot den stellvertretenden Superintendenten für den Handel in China, Alexander Robert Johnston, mit der Verwaltung der Kolonie. Ihm folgte im August 1841 Henry Pottinger als der erste Gouverneur.

Der Gouverneur wurde von einem Exekutivrat (executive council) unterstützt, dessen Mitglieder er selbst ernannte. Dieser hatte die Aufgabe, den Gouverneur bei der Ausübung der Regierungsgeschäfte zu beraten. Das zweite wichtige Organ war der Legislativrat (legislative council). Während der britischen Herrschaft hatte er eine beratende Funktion beim Erlass von Gesetzen und Verordnungen. Seine Mitglieder wurden zum Teil vom Gouverneur ernannt, zum

Teil über sogenannte funktionale Wählergruppen (functional constituencies wie zum Beispiel Handwerker, Erzieher, Bankiers, Händler usw.) korporativ gewählt. Die Kolonie bestand aus einer kleinen Gemeinde britischer Kolonisten sowie einer größeren Zahl chinesischer Arbeiter. Es war daher nicht nötig, neben der Gemeindeverwaltung überkommunale oder außenpolitische Zuständigkeiten der Kolonie an eine separate Körperschaft zu übertragen. Der Gouverneur fungierte deshalb de facto auch als Bürgermeister, obwohl er London und nicht einem gewählten Stadtrat oder den örtlichen Steuerzahlern verantwortlich war. Die britische Kolonialverwaltung war insgesamt schlank. Das Modell der britischen Herrschaft über Hongkong war der minimale Staat. Die Regierung regelte lediglich grundlegende Aufgaben: öffentliche Ordnung und Bauangelegenheiten, Justiz sowie Gesundheits- und Sozialdienste für die kleine Gemeinschaft der europäischen Zivilisten.

Obwohl das Letters Patent während der 156 Jahre britischer Souveränität über Hongkong gelegentlich geändert und neu gefasst wurde, blieb die Grundstruktur des politischen Systems im Wesentlichen während der gesamten Zeit gleich. Die Kronkolonie wurde im Gegensatz zu England selbst undemokratisch regiert. In Hongkong gab es keine wirksame Gewaltenteilung. Ebenso fehlte eine effektive Kontrolle der Hongkonger Regierung durch die Bevölkerung mittels demokratischer Wahlen oder anderer Formen der Mitwirkung. Die schwächste der Regierungsgewalten war die Legislative, die über keine verfassungsmäßig garantierten Rechte oder gesetzgeberische Funktion verfügte.

Für die Angelegenheiten der chinesischen Bevölkerung war ab 1844 ein des Chinesischen mächtiger britischer Beamter mit dem Titel Registrar General zuständig. Der Registrar General war das einzige Regierungsmitglied, das die Interessen der chinesischen Gemeinschaft in der Verwaltung vertrat. Die relative Bedeutungslosigkeit dieses neuen Amts spiegelte sich in seinem Ausschluss von der Mitgliedschaft im Exekutivrat bis 1883 wider. 1913 wurde der Posten umbenannt in Secretary for Chinese Affairs. Den modern klingenden neuen Titel Secretary for Home Affairs erhielt die Stelle

Abbildung 2: Britische Royal Marines nehmen Hongkong am Possession Point in Besitz.

erst 1969. Zu diesem Zeitpunkt unterschied die koloniale Regierung in der Verwaltung nicht mehr länger zwischen europäischer und chinesischer Bevölkerung.

Anders als die anderen Kolonien war Hongkong bis 1859 sowohl dem Secretary of State for the Colonies als auch dem Foreign Secretary in der britischen Regierung unterstellt. Diese Anomalie trug den Erwägungen Rechnung, dass Hongkongs Rolle als wichtiges Handelszentrum zwischen China und Großbritannien intensiven diplomatischen Austausch mit China notwendig machte.

Gebietserweiterungen: Kowloon und die New Territories

Ursprünglich umfasste das Gebiet der Kronkolonie lediglich Hong Kong Island. Im Laufe des 19. Jahrhunderts kam es zu erheblichen Erweiterungen. Sie waren als Ergebnis von Konflikten auf dem Festland sozusagen eine Nebenwirkung von Ereignissen weit entfernt von der Kolonie.

Die Europäer führten von 1856 bis 1860 einen zweiten Opiumkrieg mit China.[12] Zu diesem Zeitpunkt war die Qing-Dynastie mit der Niederschlagung des gewaltigen Aufstands *Taiping Tianguo* (Himmlisches Reich des Ewigen Friedens) beschäftigt, dem ca. 40 Millionen Menschen zum Opfer fielen. Der Anlass für den Zweiten Opiumkrieg war das Bestreben britischer Kaufleute nach einem besseren Zugang zum chinesischen Markt, als ihn die Bestimmungen des Vertrags von Nanjing gewährten. Sie warteten auf eine Gelegenheit, um den Status quo zu verändern. Solch ein Anlass wurde bald von chinesischen Beamten geliefert, die die Vertragsbestimmungen unterliefen. Obwohl Kanton für Europäer offiziell geöffnet worden war, leistete die lokale Bevölkerung Widerstand gegen die „Eindringlinge".

In der angespannten Atmosphäre ereignete sich im Oktober 1856 ein schwerwiegender Vorfall. Die Polizei von Kanton beschlagnahmte die Arrow, ein in chinesischem Besitz befindliches und in Großbritannien registriertes Schmuggelschiff unter britischer Flagge, und beschuldigte die chinesische Besatzung der Piraterie. Der britische Konsul in Kanton, Harry Parkes, beorderte eine kleine Flotte von Hongkong nach Kanton zur Rettung der Arrow. Französische Truppen aus Indochina schlossen sich dem Unternehmen mit der Begründung an, der französische Missionar Auguste Chapdelaine sei in Guangxi hingerichtet worden. Die Regierung in

London ernannte Lord Elgin zum britischen Abgesandten und beauftragte ihn, Reparationszahlungen und einen neuen Vertrag zu erwirken. Da ihm die Einreise nach Peking verweigert wurde, entschied Lord Elgin, die Dagu-Forts anzugreifen und zu besetzen. Bei den sich anschließenden Verhandlungen in Tianjin hatten die Qing-Vertreter keine andere Wahl, als den neuen Forderungen der Briten und Franzosen nachzukommen. Russische und US-amerikanische Diplomaten konnten die gleichen Privilegien für ihre Landsleute aushandeln. Im Juni 1858 wurden vier Tianjin-Verträge unterzeichnet, die unter anderem Folgendes vorsahen: die Öffnung von zehn weiteren Häfen für den Außenhandel; die Erlaubnis für ausländische Schiffe, den Yangzi zu befahren; den Aufenthalt ausländischer Diplomaten in Peking; und die Freiheit christlicher Missionare, sich uneingeschränkt zu bewegen, um ihr Evangelium zu verbreiten.

Fast ein Jahr später traf Mitte 1859 Lord Elgins jüngerer Bruder, der designierte britische Bevollmächtigte Frederick Bruce, in den Dagu-Forts ein, um die Ratifizierung der Verträge in Peking zu vollenden. Bruce lehnte es ab, für seine diplomatische Mission die von den Qing geforderte spezielle Landroute für Tributmissionen zu benutzen. Er hob hervor, dass seine diplomatische Mission nicht mit einer Tributmission zu verwechseln sei, und ließ seine kleine Flotte Position vor der Küste einnehmen. Diesmal war das Qing-Militär jedoch vorbereitet. Der mongolische General Senggelinqin hatte den Angriff vorhergesehen, die Forts verstärkt und gut geschulte Truppen eingesetzt. Als die britischen und französischen Truppen schließlich angriffen, wurden sie von dem Beschuss aus den Forts aufgehalten und erlitten schwere Verluste. Diese erste Niederlage gegen die in fast jeder Hinsicht als weit unterlegen eingeschätzte kaiserliche Armee war ein Schock für die Briten und andere westliche Nationen. Als die Nachricht der Niederlage England erreichte, begann die britische Regierung sofort mit der Planung umfassender und drakonischer Repressalien. Die alliierten Streitkräfte von ca. 24 000 Mann brachten den Abgesandten Lord Elgin Ende Juni nach China zurück. Lord Elgins Befehl lautete, den Vertrag zu ratifizieren und vom Kaiser eine Entschuldigung und Kriegsentschädigung für den Angriff zu fordern. Am 26. Juni 1860 erklärten die alliierten Länder China offiziell den Krieg. Die Invasion begann im August.

Diesmal überraschten die alliierten Truppen das Qing-Militär jedoch mit einem Angriff auf dem Land. Da sie einen Angriff vom Meer aus erwartet hatten, waren die Verteidigungstruppen des Qing-Militärs chancenlos. Am 21. August 1860 befanden sich die Festungen in den Händen der europäischen Verbündeten. Anschließend stieß Lord Elgin nach Peking vor. Das chinesische Imperium musste hilflos zusehen, wie sogar die Hauptstadt Mitte Oktober 1860 besetzt und der Palastkomplex am Stadtrand von Peking, *Yuanmingyuan* (Garten der vollkommenen Helligkeit), niedergebrannt wurde. Kaiser Xianfeng floh aus der Stadt in seinen Sommerpalast nach Chengde. Die Qing-Armee verlor über 5000 Mann; auch auf der Seite der Alliierten gab es erhebliche Verluste.

Nach der chinesischen Niederlage wurde ein weiterer Vertrag zwischen China und Großbritannien abgeschlossen und als Convention of Peking 1860 vom jüngeren Bruder des Kaisers unterzeichnet. In dem Vertrag wurde eine Erhöhung der Schadenszahlungen an die englische Krone festgelegt und das britische Recht, eine diplomatische Vertretung in der Hauptstadt zu unterhalten, bestätigt. Kurz vor Abschluss der Convention forderten die Briten außerdem die Abtretung eines Teils der Kowloon Halbinsel nördlich sowie der Stonecutters Insel westlich von Hong Kong Island. Die chinesische Seite, die eine schnelle Beendigung des Konflikts wünschte, willigte ohne größere Gegenwehr ein. Damit wurde das Gebiet von Hongkong als Nebenprodukt des großen Konflikts mit China auf dem Festland erheblich vergrößert.

In den 1880er und 1890er Jahren forderten britische Militärs und Händler in Hongkong abermals eine Ausweitung des Territoriums der Kolonie. Im Mittelpunkt standen strategische Interessen: Es sollten ein Puffer zwischen Hong Kong Island und China geschaffen sowie zusätzliche landwirtschaftliche Flächen zur Versorgung der Stadt gewonnen werden. Zu diesem Zweck sollten insbesondere die nördlich an die Kowloon Halbinsel angrenzenden

Gebiete auf dem Festland zur Kolonie dazukommen. Anfänglich stand London diesem Ansinnen skeptisch gegenüber. Die britische Regierung befürchtete, dass solche Vorschläge den Handel mit China beeinträchtigen und bei den anderen europäischen Mächten Misstrauen wecken würden. Aber Ereignisse in China bewirkten eine Änderung der Position Londons.

Die Vorgänge, die schließlich zu einer Gebietserweiterung führten, hatten abermals eigentlich gar nichts mit Hongkong oder auch nur mit Großbritannien zu tun. Vielmehr brachte ein Krieg zwischen China und Japan um Korea den Stein ins Rollen.[13] Die militärische Niederlage im Sino-Japanischen Krieg gegen eine Nation, die lange Zeit als kleiner Bruder und nicht als gleichwertig galt, versetzte dem Qing-Reich einen tiefen politischen Schock, zumal es jetzt als „kranker Mann" von Asien galt.

Auch Großbritannien wollte in dem „scramble for concessions" nicht leer ausgehen. Am 9. Juni 1898 handelten das Vereinigte Königreich und China in der Zweiten Pekinger Konvention die Verpachtung von nördlich an Hongkong angrenzenden Gebieten an die Briten aus. Obwohl die Chinesen sich anfangs gegen die britischen Forderungen wehrten, gaben sie in der grundsätzlichen Frage nach der Erweiterung des britischen Kolonialgebiets relativ schnell nach. Was der Qing-Hof in den Verhandlungen aber durchsetzen konnte, waren die zeitlich begrenzte Abtretung des Territoriums und die prinzipielle dauerhafte Beibehaltung der chinesischen Souveränität. Aus diesem Grund bestanden die chinesischen Unterhändler auch darauf, dass China das 1846/47 errichtete Fort Kowloon in der Nähe der Südspitze der Halbinsel behielt und dass chinesische Regierungsvertreter das Recht auf freien Zugang zum Fort hatten.

Durch die Gebietsabtretungen an die europäischen Großmächte und Japan stellte sich ein besonderer Zustand halb- oder quasikolonialer Vorherrschaft in China ein. In Peking regierte weiterhin die mandschurische Qing-Dynastie. Entlang den Küsten und großen Wasserwegen entstanden zahlreiche ausländische Enklaven, um die konzentrisch sogenannte Einflusssphären angeordnet waren. Die

Abbildung 3: Luftaufnahme der Kowloon Walled City (das ehemalige chinesische Fort, später chinesisches Stadtviertel), 1989

Einflusssphären reichten weit ins Hinterland hinein und konnten oft die Größe einer Provinz haben.

Den kolonialen Enklaven und ihren Einflusssphären lagen verschiedene kolonialrechtliche Konstruktionen zugrunde: Der Fall der „klassischen“ Kolonie, d. h. die unbefristete und bedingungslose Abtretung eines Gebiets, war dabei eher eine Ausnahme und kam nur in drei Fällen zur Anwendung: Hong Kong Island und Kowloon an England in den Verträgen von Nanjing 1842 und Peking 1860, Macau 1887 an Portugal sowie Taiwan an Japan im Vertrag von Shimonoseki 1895. Nach 1895 verfolgte das chinesische Kaiserreich eine andere Strategie: Statt der Abtretung von Territorium bot die Regierung die zeitlich befristete Verpachtung von Gebieten an eine fremde Macht an. In den Pachtgebieten war die Souveränität Chinas für die vertraglich vereinbarte Pachtzeit von meistens 99 Jahren suspendiert, und es galt uneingeschränkt das Recht des jeweiligen kolonialen Gesetzgebers. Fünf Gebiete wurden auf diese

Weise verpachtet: 1898 Guangzhouwan (Provinz Guangdong) an Frankreich; 1898 Weihaiwei (Provinz Shandong) an Großbritannien; 1898 Jiaozhou (Provinz Shandong) an Deutschland; 1898 New Territories an Großbritannien; 1896 Dalian und 1898 Port Arthur/Lüshun (beide in der Mandschurei) an Russland. Die meisten dieser Gebiete wurden bis Mitte des 20. Jahrhunderts an China zurückgegeben, entweder freiwillig oder als Ergebnis von militärischen Niederlagen: Dalian 1905, Jiaozhou 1919, Weihaiwei 1930, Guangzhouwan 1946 und Port Arthur 1955. Nur im Falle Hongkongs bzw. der New Territories kam es nicht zu einer vorzeitigen Rückgabe.

Die häufigsten Formen von Gebietsabtretungen jedoch waren innerstädtische Kolonien in Form von Konzessionen und Niederlassungen. Dabei handelte es sich um geschlossene Residenzgebiete, die von ausländischen Regierungen gegen Zahlung einer Grundsteuer vom chinesischen Staat gepachtet wurden. Die oberste politische Gewalt lag bei einem ausländischen Konsul oder einem gewählten Stadtrat. Insgesamt unterhielten ausländische Mächte rund 20 Konzessionen. Die bekannteste und größte war die Internationale Niederlassung in Schanghai. Schanghai war als Handelsplatz und Hafen bis zum Zweiten Weltkrieg weit bedeutsamer als Hongkong.

Die meisten europäischen Mächte behandelten und verwalteten die Pachtgebiete und sogar die Konzessionen zwar wie Kolonien und feierten ihren Erwerb als großen Sieg, aber sie übersahen dabei, dass die Gebiete irgendwann an China zurückfallen würden. Es ist bemerkenswert, in welchen langfristigen Zeiträumen die chinesische Regierung dachte. 99 Jahre schienen für die westlichen Mächte eine Ewigkeit, für China jedoch ein unangenehmes, aber zeitlich begrenztes Intermezzo, nach dem es die Hoheit über die Gebiete wieder zurückerlangen würde. Natürlich versuchte China auch, die Gebiete vor Ablauf der Pacht zurückzuerhalten, was fast immer gelang. Spätestens mit dem Sieg der kommunistischen Revolution 1949 auf dem Festland wurden alle Pachtgebiete (mit Ausnahme des von der sowjetischen Roten Armee genutzten Militärhafens Port Arthur) aufgelöst. Die weitsichtige chinesische Strategie zeigt aber auch, dass die Verteidigung des Territoriums für den mandschurischen Kaiserhof eine sehr hohe Priorität darstellte. Unter allen Umständen sollte vermieden werden, dass irgendein Stück Land des riesigen Reiches unter dauerhafte ausländische Kontrolle geriet. Dass es dem geschwächten Kaiserreich gelang, dauerhafte Gebietsverluste an die militärisch weit überlegenen europäischen Großmächte nach 1895 zu vermeiden, bezeugt die große Bedeutung der Bewahrung der territorialen Integrität als Ziel der chinesischen Politik.

Das von den Briten verlangte Gebiet umfasste den Rest der Halbinsel Kowloon südlich des Shenzhen-Flusses und etwa 230 umliegende Inseln. Zusammen handelte es sich um eine Gesamtfläche von ca. 950 km². Die Fläche des Gebiets war etwa zehnmal so groß wie die bestehende Kolonie und wurde New Territories genannt. Der Vertrag trat am 1. Juli 1898 in Kraft. Es dauerte allerdings bis zum 16. April 1899, bis die britische Regierung formal die Hoheit über die New Territories erlangte. In den New Territories wurden alle Pachtverträge mit privaten Pächtern mit dem Enddatum 27. Juni 1997 geschlossen, so dass jedes Vertragsverhältnis drei Tage vor dem Ablauf des 99-jährigen Pachtvertrags mit China enden würde.

Im Gegensatz zur Besetzung von Hong Kong Island und Kowloon riefen Besetzung und Übernahme der ländlichen New Territories heftigen Widerstand der übernommenen lokalen Bevölkerung hervor, vermutlich auch geschürt durch die Behörden von Guangdong. Die Dorfbewohner brannten provisorische Gebäude der neuen Kolonialverwaltung nieder. Der Widerstand ließ größtenteils nach, als die Briten klarmachten, dass sie keine Absicht hätten, sich in das lokale Leben einzumischen oder es radikal umzugestalten. Von Anfang an war die Region von vielen Verordnungen ausgenommen, die für das städtische Hongkong galten, darunter Regelungen für die Schlachthöfe und Märkte, öffentliche Gesundheit, Opiumkonsum, Lizenzierung von Geschäften und Registrierung von Unternehmen.

Obwohl ein Großteil der New Territories hügelig ist, gehören die Täler zu den produktivsten Ackerflächen der Region. Es entstanden auch einige Handels- und Wohnstädte wie Sha Tin, Tsuen Wan und Tai Po. Die weitgehend ländlich geprägten New Territories bewahrten eine eigene Identität, die sie vom städtischen und kosmopolitischen Hongkong unterschied. Viele traditionelle chinesische Bräuche, die im städtischen Hongkong nach und nach verschwanden, blieben bis in die Gegenwart bestehen. So war es legal, Frauen vom Erben von Land auszuschließen, lange nachdem diese Regelung auf dem Festland, in der Stadt oder auch auf Taiwan abgeschafft worden war. Gouverneur Alexander Grantham beschrieb die New Territories als „fast chinesischer als China selbst".[14] In Theorie und Praxis wurden die neuen Gebiete stets anders verwaltet als der Rest Hongkongs – weniger aufgrund des Wohlwollens der Kolonialregierung, sondern hauptsächlich, weil die Region bis 1949 weiterhin enge und intensive Beziehungen mit dem Rest der Provinz Guangdong unterhielt und sich die soziale und wirtschaftliche Entwicklung von der im städtischen Hongkong unterschied.

Mit der Pacht der New Territories entstand ein ambivalenter staatsrechtlicher Zustand. Kowloon und Hong Kong Island waren auf Dauer an Großbritannien abgetreten worden, während die New Territories zeitlich befristet gepachtet wurden. Joseph Chamberlain, von 1895 bis 1903 Minister für die Kolonien, ging davon aus, dass die New Territories „als integraler Bestandteil der Kolonie behandelt werden" sollten. In der Tat nahm die Kolonialregierung zwar Rücksicht auf die besonderen Traditionen in den New Territories, behandelte sie aber rechtlich nicht anders als Hongkong und sah sie als festen Bestandteil der Kronkolonie. Je enger jedoch die New Territories integriert wurden, desto unklarer wurde das Schicksal der gesamten Kolonie nach Auslaufen der Pacht.

Die Ursache für diesen Mangel an Weitsicht war nichts anderes als europäische Arroganz: Chamberlain und andere britische Regierungsmitglieder nahmen nicht an, dass China irgendwann in der Lage sein könnte, das Ende der Pacht durchzusetzen und das Territorium zu gegebener Zeit zurückzuverlangen. Doch nicht alle waren so kurzsichtig. Der britische Kaufmann Paul Chater, ein Befürworter der Gebietserweiterung, wies im Jahr 1894 darauf hin, dass China sich in einigen Jahrzehnten in eine „mächtige Nation verwandeln könnte mit voller Bewaffnung und mit den Fähigkeiten und Kenntnissen, die es in die Lage versetzen werden, seine enorme Stärke zu nutzen".[15] Das würde dann eine fundamentale Bedrohung für die britische Herrschaft über Hongkong darstellen. Solche Stimmen wurden in London aber ignoriert. In der Ära der Herrschaft Britannias über die Meere war sich Großbritannien sicher, dass China niemals die Macht des britischen Empire herausfordern könnte.

Konsolidierung und Aufbau

Auch nach den Gebietserweiterungen sollte Hongkong keine britische Siedlungskolonie wie Indien, Australien oder Nordamerika werden. Für eine auf wirtschaftliche Prioritäten hin ausgerichtete Region war die aufwendige Administration einer Siedlungskolonie eher hinderlich. Handel und Geschäfte waren die Top-Prioritäten und zugleich der alles überragende Daseinsgrund Hongkongs. Schon im 19. Jahrhundert sah Europa in China einen riesigen Zukunftsmarkt. Hongkong sollte Großbritannien die Erschließung dieses Markts ermöglichen, dem für die weitere Expansion der britischen Volkswirtschaft insgesamt eine Schlüsselbedeutung zugeschrieben wurde. Die Kolonie in Ostasien sollte als Hafen- oder Stützpunktkolonie vor allem einen Umschlagplatz für Waren bereitstellen und das chinesische Hinterland kommerziell erschließen. Außerdem gab es eine nicht unwesentliche militärische Komponente. Zur Sicherung der Handelswege und im Falle regionaler militärischer Konflikte konnte von Hongkong als sicherer Basis aus die Royal Navy entsendet werden. Hongkong sollte somit als militärisch gesicherter Stützpunkt die Logistik zur maritimen Machtentfaltung Großbritanniens in der Region beitragen. Diese beiden Funktionen, militärisch und kommerziell, waren auf das Engste miteinander verschränkt.

Die koloniale Ära begann mit nur wenigen Hundert britischen Zivilisten, vornehmlich Geschäftsleute und einige Militärs. Sie waren mehr an der kommerziellen Entwicklung als an den politischen Verhältnissen in der Kolonie interessiert. Die meisten Briten hielten sich nur temporär für einige Jahre in Hongkong auf. Wenige der Briten vor Ort hatten daher die Absicht, sich in der bürgerlichen Mitbestimmung zu engagieren. Auch hatte kaum einer eine juristische oder verwaltungswissenschaftliche Qualifikation. Es war daher nicht verwunderlich, dass die Qualität des politischen Systems, der Verwaltung oder auch der Rechtsprechung in den ersten Jahrzehnten nach Gründung der Kolonie sehr zu wünschen übrig ließ.

Die Haupteinnahme der Kolonie waren die Erlöse aus der Verpachtung von Land. Alle Landflächen in der Kolonie blieben Eigentum der britischen Krone. Pachtrechte wurden in öffentlichen Versteigerungen an den Meistbietenden vergeben. Schon im Juni 1841 wurden die ersten Landauktionen durchgeführt. Vor allem die britischen Handelshäuser sicherten sich auf diese Weise Land. Gebote kamen anfangs vor allem von britischen bzw. europäischen Einwohnern oder Firmen, im Laufe der Zeit aber auch von chinesischen Geschäftsleuten. Dabei spielte es keine Rolle, ob das Land zu Zwecken des Wohnungsbaus, der Industrie oder des Handels genutzt werden sollte. Ursprünglich wurden Pachtdauern von 75, 99 oder 999 Jahren vergeben.[16] Land für öffentliche Einrichtungen, Schulen, Spitäler, ausgewählte Wohnungsbauten und förderungswürdige humanitäre Zwecke wurde in Sonderverfahren vergünstigt bereitgestellt.

Die Kolonialregierung war vor allem den Interessen der kleinen Gruppe der britischen Bevölkerung verpflichtet und konzentrierte ihre Ressourcen und Aufmerksamkeit auf sie und die restliche europäische Bevölkerung. Für die Regierung bestand zwischen den europäischen Einwohnern und den Chinesen der Stadt ein großer kultureller und gesellschaftlicher Unterschied. China wurde von den Briten als eigenständige große Zivilisation mit anderen religiösen und rechtlichen Traditionen anerkannt. Die koloniale Verwaltung hatte keine Ambitionen, die chinesische Bevölkerung zu europäisieren oder zu verwestlichen. Auf die chinesische Bevölkerung sollte zwar auch britisches Recht Anwendung finden, aber die Rechtsprechung konnte an die Bedingungen und Gebräuche der chinesischen

Abbildung 4: „Victoria Barracks", Unterkunft für Soldaten 1870

Bevölkerung angepasst werden.[17] Solange die öffentliche Ordnung gewährleistet blieb, gewährte die britische Kolonialregierung der chinesischen Bevölkerung einen hohen Grad an kultureller, wirtschaftlicher und gesellschaftlicher Selbstverwaltung. Obwohl große Teile des Rechtsapparats der Kolonialregierung für die Kontrolle der chinesischen Gemeinschaft zuständig waren, bemühte sich die Regierung kaum, auf die chinesischen Einwohner, ihre Gesellschaft oder ihre Gebräuche einzugehen oder sie überhaupt auch nur zu verstehen. Wenige Europäer sprachen Chinesisch.

Die Zurückhaltung der Kolonialverwaltung betraf auch die Politik. Es sollte keine demokratischen Experimente geben oder gar ein westliches politisches System eingeführt werden. Die chinesische Bevölkerung, die in der Anfangszeit hauptsächlich aus Bauern, Fischern und einfachen Arbeitern bestand, hatte in dem gesamten kolonialen System keinerlei unmittelbares Mitspracherecht und war auch nicht in den Gremien oder der Verwaltung vertreten. Erst

1880 wurde erstmals ein Chinese als Mitglied in den Legislativrat aufgenommen: Ng Choy (sein hochchinesischer Name lautete Wu Tingfang), der in der britischen Kolonie Singapur aufgewachsen war und in England Rechtswissenschaften studiert hatte. Weitere 46 Jahre später wurde 1926 schließlich mit Sir Shouson Chow ein Chinese als inoffizielles Mitglied, d. h. ohne offizielle Funktion in der Regierung, in den Exekutivrat aufgenommen.[18]

Rassentrennung war ein hervorstechendes Merkmal der kolonialen Gesellschaft in Hongkong und wurde sowohl rechtlich als auch im Alltag praktiziert. Im Jahr 1901 beantragte eine Gruppe von Europäern bei der Kolonialregierung eine separate Schule für Europäer mit der Begründung, dass eine gemischte Schule der Moral und dem Charakter europäischer Kinder schade. Obwohl sich chinesische Einwohner in der lokalen Presse beschwerten, dass „der Ausschluss von Chinesen von bestimmten Schulen bedeutete, gegen das Naturgesetz zu verstoßen und den Hass zwischen Chinesen und Ausländern zu verschlimmern", und auch Kolonialminister Chamberlain den Vorschlag verurteilte, fand er große Unterstützung bei den europäischen Eltern und bei der Kolonialregierung. Ironischerweise war die neue Schule, die Kowloon British School, ursprünglich von dem eurasischen Robert Ho Tung als Schule für alle Rassen gebaut worden. Ho Tung stimmte nun widerstrebend zu und bedauerte die Entscheidung, „die so sehr gegen den Geist war, der mein Angebot der Schule an die Kolonie veranlasste".[19] Chinesen durften auch andere Einrichtungen nicht betreten. So waren sie etwa vom Hong Kong Club und dem Hong Kong Jockey Club ausgeschlossen, und in einigen Hotels durften chinesische Gäste nur in bestimmten Zimmern oder gar nicht übernachten.

Ein besonders symbolhaftes Beispiel für die von der Regierung praktizierte Rassentrennung war Victoria Peak, der exklusive Hügelbezirk auf Hong Kong Island. Victoria Peak ist der höchste Berg der Insel Hongkong mit einem großartigen Ausblick und besonders im Sommer kühleren Klima. Er wurde daher bevorzugtes Wohngebiet der Wohlhabenden. Außer den chinesischen Bediensteten, Köchen, Hausjungen und Fahrern, die für Europäer arbeiteten, durften dort keine Chinesen leben. Im Jahr 1888 wurde die räumliche Trennung der Rassen gesetzlich verankert. Per Erlass wurde vorgeschrieben, dass nur Einwohner mit einer Genehmigung des Gouverneurs Victoria Peak betreten durften.[20] Spätere Verordnungen aus den Jahren 1904 und 1919 bekräftigten, dass Chinesen und Kinder gemischter Ehen ausdrücklich vom Leben auf dem Gipfel auszuschließen seien.

1894 wurde vom Festland die Lungenpest eingeschleppt, an der in der Kolonie etwa 2500 Chinesen starben.[21] Der Ausbruch der Krankheit verstärkte die Überzeugung der Europäer in Hongkong, dass ein enger Kontakt mit Chinesen eine ernsthafte gesundheitliche und auch moralische Gefährdung bedeute. Wie in Indien und anderen britischen Kolonien glaubte die europäische Bevölkerung, dass das Schicksal der Kolonie von der Gesundheit der europäischen Bevölkerung abhing. Hinzu kam die Angst vor Wettbewerb. Einige chinesische Einwohner trieben mit Erfolg Handel oder eröffneten Geschäfte. Sie erlangten Reichtum und machten den Europäern in Bezug auf Wohlstand und sozialen Status Konkurrenz. Inmitten der Angst vor einem engeren Kontakt mit Chinesen und einem zunehmenden wirtschaftlichen und sozialen Wettbewerb waren diese Restriktionen oft nichts anderes als der Versuch, den Status und die soziale Struktur der elitären europäischen Gemeinschaft Hongkongs zu sichern.

Hongkong als Migrationszentrum

Als Hafenkolonie verfügte Hongkong über Schiffsverbindungen nach Europa, in die USA und nach Südasien. Daher wurde die Stadt nicht nur zum Umschlagplatz für Waren, sondern in der zweiten Hälfte des 19. Jahrhunderts auch ein wichtiges Tor für Ein- und Auswanderung. Eine große Rolle spielten dabei die schon länger in Südostasien, Amerika und Australien etablierten Auslandschinesen, die globale Netzwerke mit Hongkong als wichtigem Knotenpunkt unterhielten. Etwa eine Million Chinesen wanderten zwischen 1868 und 1900 von Hongkong allein nach Singapur aus, ca. 300 000 gingen über San Francisco in die Vereinigten Staaten und etwa 100 000 nach Australien.[22] Die sogenannten Kuli oder *hua-gong* stellten den größten Anteil der auswandernden Gruppen im letzten Viertel des 19. Jahrhunderts dar. Normalerweise handelte es sich um Männer mit bäuerlicher Herkunft, landlose Arbeiter oder Tagelöhner aus der armen, städtischen Bevölkerung. Der Ausbau der Plantagen in Lateinamerika und der Karibik, der Eisenbahnbau in Nordamerika sowie der Goldrausch in Nordamerika (1849) und Australien (ab 1851) führten zu einem weltweit gesteigerten Bedarf an billigen Arbeitskräften. Aber auch die politischen Unruhen und Kriege in China sowie die ökonomische Unsicherheit auf dem Festland verstärkten den Exodus aus Südchina ab den 1850er Jahren.

Die Migration zu den Goldfeldern in Australien und den USA war meist freiwillig. Sie wurde abgelöst vom Kuli-Handel, in dessen Rahmen massenweise chinesische Arbeiter für die Plantagenwirtschaft und den Eisenbahnbau in Amerika rekrutiert wurden. Der Beginn des Kuli-Handels wird in der Regel auf das Jahr 1847 beziffert, als chinesische Arbeiter die Sklavenarbeiter in der Guanoindustrie in Peru ablösten. Der Kuli-Handel änderte die Qualität der Migration erheblich. Die Bedingungen des Transports und die Rekrutierungsmethoden demonstrieren, dass chinesische Arbeit zu einer verhandelbaren Ware geworden war. Eine durchaus übliche Strategie der Rekrutierung waren die gewaltsame Entführung oder die Vortäuschung falscher Tatsachen. Die jungen Männer (die Anzahl weiblicher Emigranten war vor 1900 gering) wurden nach Honkong gebracht und in der Regel bis zur Ausreise in überfüllten Baracken festgehalten, die in Hongkong wie Pilze aus dem Boden sprossen. In diesen Hütten waren „die Kulis Bedingungen unterworfen, die ohne Übertreibung als unmenschlich bezeichnet werden können“, wie ein deutscher Konsul 1902 feststellte.[23]

Noch schlimmer stellte sich die Situation auf den überfüllten Dampfschiffen dar, die die menschliche Fracht zu den Zielorten nach Übersee beförderten. Die nahezu unerträglichen Bedingungen führten nicht nur zu einer hohen Sterblichkeitsrate, sondern auch zu Revolten und Aufständen. Trotz Bemühungen der chinesischen Regierung, den Kuli-Handel zu stoppen, nahm die Migration noch zu. Die globale Versendung chinesischer Arbeiter erreichte ihren Höhepunkt im letzten Viertel des 19. Jahrhunderts. Einige chinesische Kaufleute in der Kolonie machten die ersten Profite durch ihre Beteiligung am ausbeuterischen Kuli-Handel.

Trotz des praktizierten Rassismus kamen viele Zuwanderer aus den benachbarten Provinzen auf dem chinesischen Festland nach Hongkong, um sich dort langfristig niederzulassen. In der wachsenden Stadt entstanden viele Arbeitsplätze, vor allem für Händler, Seeleute und Transportarbeiter. Die ursprünglichen Bewohner der Inseln und der New Territories stellten bald nur noch eine Minderheit unter der Bevölkerung dar. Aber nicht nur einfache Arbeiter und Tagelöhner aus nahe gelegenen Provinzen zog es in die Stadt. Unter den Zuwanderern waren auch wohlhabende chinesische Bürger aus Schanghai oder anderen größeren Städten auf dem Festland, die China aufgrund der politischen Instabilität verließen. Sie brachten neues Kapital, unternehmerische Fähigkeiten und wertvolle Geschäftsverbindungen mit. Die Geschäftsleute vom Festland gründeten auch wirtschaftliche Vereinigungen, von denen es 1859 bereits 65 gab. Die Vereinigungen wurden zu einem wichtigen Sprachrohr der chinesischen Bevölkerung gegenüber der Kolonialverwaltung. Die Einwanderer unterhielten weiterhin enge Beziehungen mit ihren Heimatorten, in die sie Geld schickten und in denen sie öffentliche Arbeiten, medizinische Hilfsaktionen und philanthropische Projekte wie Schulen, Suppenküchen oder Opiumentwöhnungsheime finanzierten. Auch in der Kolonie engagierten sie sich. Trotz der Schattenseiten der britischen Kolonialherrschaft hatten sie sich dafür entschieden, das chinesische Kaiserreich zu verlassen, und fühlten sich nicht länger als Untertanen der Qing-Dynastie, sondern nunmehr der Queen Victoria, in deren Herrschaft von 1839 bis 1901 der Erwerb und Ausbau der Kolonie fielen.

Mit dem schnellen Wachstum der chinesischen Gemeinschaft – von 7000 Einwohnern im Jahr 1841 auf 22 800 im Jahr 1847, 85 300 im Jahr 1859, 160 400 im Jahr 1881 und 284 000 im Jahr 1900 – entstand und entfaltete sich allmählich auch der sekundäre Wirtschaftssektor, vor allem der Schiffbau, die Eisenproduktion und -verarbeitung sowie die Bauwirtschaft, die Arbeitsplätze und wirtschaftliches Wachstum generierten.[24] Auch der Dienstleistungssektor wuchs: 1859 gab es bereits 2000 Geschäfte oder Unternehmen im Besitz der Chinesen, darunter 278 traditionelle Lebensmittelgeschäfte, 49 Geschäfte für westliche Waren und 51 Reisläden. Die Größe der nichtchinesischen Bevölkerung stieg bis 1859 dagegen nur langsam auf 1600 Einwohner an.[25] Der über Hongkong abgewickelte europäische Handel mit dem Festland wuchs in den ersten Jahrzehnten nur geringfügig, da viele europäische Händler Schanghai oder andere Vertragshäfen mit ausländischen Wohnvierteln aufgrund ihrer zentraleren Lage vorzogen.

In den späten 1880er und 1890er Jahren kam eine neue Gruppe von Einwanderern in der Kolonie an: Überseechinesen aus Australien, Kanada und den Vereinigten Staaten. Aufgrund restriktiverer Einwanderungsgesetze in den britischen Kolonien und des Chinese Exclusion Act von 1882, der jede Einreise von Chinesen in die USA untersagte, beschlossen viele Chinesen, diese Länder zu verlassen oder ihre Reise dorthin abzubrechen. Für sie bot sich Hongkong als Alternative an.

Im Laufe des 19. Jahrhunderts bildete sich eine Schicht von wohlhabenden chinesischen Einwohnern heraus, die eine immer wichtigere Rolle in der Kolonie einnahm. In den frühen 1900er Jahren waren bereits viele Häuser in Hongkong im Besitz chinesischer Eigentümer, mit Ausnahme der europäischen Viertel wie Victoria Peak. Neue Organisationen wie die 1900 von den zwei prominenten Kompradoren (portugiesisch für Einkäufer) Ho Fook und Lau Chu-pak gegründete Allgemeine Chinesische Handelskammer (Chinese General Chamber of Commerce) vertraten die Interessen der chinesischen Geschäftswelt. Kompradoren arbeiteten als Vermittler für die europäischen Handelshäuser.

Trotz ihres kolonialen Charakters und vermutlich entgegen den Vorstellungen Londons entwickelte sich die Enklave zu einer dynamischen Zone des interkulturellen Kontakts, in der die westlichen und chinesischen Kulturen vermischt wurden. Die Briten dominierten zwar die koloniale Verwaltung, aber das wirtschaftliche und kulturelle Leben der Stadt wurde von der schnell wachsenden chinesischen Bevölkerung bestimmt. Dabei veränderte sich das städtische Leben der Chinesen. Sie begannen, sich mit europäischer Kultur kreativ auseinanderzusetzen und die Praktiken des globalen Kapitalismus zu übernehmen und weiterzuentwickeln. Neben dem reinen Handel von Waren und Dienstleistungen fanden vielfältige und komplexe kulturelle Austauschprozesse zwischen den Einwohnern und zwischen Hongkong und dem Festland statt. Grenzübertritt und Zuzug vom Perlflussdelta nach Hongkong (und umgekehrt) waren einfach und relativ unbeschränkt, weshalb der kulturelle Austausch blühte. Kantonesische Opern waren auf beiden Seiten der Grenze beliebt. Literaturclubs, Theater und intellektuelle Zirkel in Hongkong und Kanton standen in engem Kontakt. In Hongkong entstand so eine neuartige urbane, von einer hybriden Mischkultur aus Ost und West geprägte Gesellschaft. Obwohl sich die eingewanderten Chinesen vom Festland immer noch als Chinesen sahen und fühlten, hatten sie aufgrund der Veränderungen ihrer Lebensweise beinahe unbemerkt eine eigene Identität als Hongkong-Chinesen entwickelt.

Die wirtschaftliche Entwicklung im 19. Jahrhundert

Hongkong war gegründet worden, um den Handel zwischen Europa und China zu befördern. Aus diesem Grund verzichtete der koloniale Staat auf Zölle und erklärte die Kolonie zum Freihafen. Zugleich fungierte die Kolonie als Tor zum chinesischen Markt für ausländische Geschäftsleute, die dort vielfältige rechtliche Privilegien genossen. In der Wirtschaft folgte die Kolonialregierung dem Laissez-faire-Prinzip.

Europäische Kaufleute nutzten die Kolonie, um ihre internationalen Handelsgeschäfte zu vergrößern, allerdings zunächst eher in zweifelhaften Geschäftsbereichen. Die im Vertrag von Nanjing festgelegte gleichzeitige Öffnung von fünf Vertragshäfen für die Briten untergrub anfangs Hongkongs Rolle als Handelsplatz. Tatsächlich war der wichtigste Geschäftszweig in den ersten Jahren nach Gründung der Kolonie ein halbmonopolistisches und illegales Unternehmen: die Einfuhr von Opium nach China. Der blühende illegale Opiumhandel spielte neben dem Kuli-Handel in den Anfangsjahren der Kolonie eine dominierende Rolle in der Wirtschaft. In Hongkong wurde Opium nicht nur gehandelt, sondern auch ganz legal konsumiert. Opiumhöhlen fanden sich überall in der Stadt.

Nach dem Ersten Opiumkrieg wurde der erste Gouverneur Henry Pottinger zunächst angewiesen, Opiumschiffen die Nutzung Hongkongs als Hafen zu untersagen. Aber schon nach kurzer Zeit hoben die Briten das Verbot auf, weil sie befürchteten, dass diese Maßnahme den Opiumhandel nicht hemmen, sondern nur in nichtbritische Hände treiben würde. Hongkong wurde damit zum Zentrum des Opiumhandels. Der zweite Gouverneur, John Davis, bemerkte einmal, dass fast jede Person in Hongkong, die wohlhabend war und nicht in Diensten der Kolonialverwaltung stand, mit ziemlicher Sicherheit im Opiumhandel beschäftigt war.[26] Tatsächlich waren nur wenige der führenden britischen Firmen in Hongkong nicht im fragwürdigen, aber lukrativen Handel mit Opium tätig. Für den Zeitraum 1845–49 sollen 75 % der gesamten indischen Opiumernte eines Jahres im Victoria Harbour umgeschlagen worden sein. Im Schnitt wurden über 40 000 Kisten Opium gelagert. Laut Gouverneur Richard MacDonnell belief sich die Gesamtmenge des jährlich nach Hongkong importierten Opiums auf etwa 80 000 Kisten mit einem Gesamtwert von etwa 11 Millionen Pfund Sterling.

Mit der Legalisierung von Opium im Vertrag von Tianjin 1858 verlor Hongkong seine Rolle als zentraler Schmuggelplatz. Opium konnte danach direkt in die geöffneten Häfen des Festlands verschifft werden. Ab den 1880er Jahren war der Import von Opium rückläufig. Ursächlich dafür war der niedrigere Preis von in China angebautem Opium. Zugleich stand Hongkong unter dem wachsenden Druck der Kirche und der britischen Regierung, seine Opiumhöhlen zu schließen und den Export der Droge nach China einzustellen. Die Opiumhöhlen wurden aber erst ab 1908 geschlossen und der Opiumhandel 1917 endgültig beendet.

Der Rückgang des Opiumhandels veränderte den Charakter der Stadt. Hongkong verwandelte sich von einer rauen britischen Grenzkolonie in eine pulsierende Handelsstadt. Als Perle des Orients übte sie eine große Faszination vor allem auf die Europäer aus, die auf der Suche nicht nur nach Gewinn, sondern auch nach Exotischem waren. In Hongkong ließ sich beides leicht verbinden.

Dem natürlichen tiefen Hafen verdankte Hongkong seine Bedeutung als einer der leistungsfähigsten Warenumschlagplätze der Welt. Das Laden und Entladen geschah meist über Leichter, die neben den Schiffen an Bojen anlegen. Aufgrund seiner strategischen Position und der ausgedehnten chinesischen Handelsnetzwerke in Ost- und Südostasien wurde Hongkong zum regionalen Handelszentrum für britische und traditionelle chinesische Produkte wie Seide, Tee und Porzellan. Hongkong unterstützte nicht mehr nur als britische Kolonie britische Exporte in der Region, sondern wurde ein eigenständiger bedeutender Knotenpunkt für den Vertrieb asiatischer Güter innerhalb Asiens. Somit entwickelte sich Hongkong sukzessive auch zu einem Zentrum für Dienstleistungen, vor allem Versand- und Reparaturdienstleistungen, für Unternehmen in der Region. In den 1880er Jahren durchlief die Insel eine Phase schnellen Wachstums.

Bis 1890 baute Hongkong seine Position als wichtiger Hafen im europäisch-chinesischen Handel aus. In Dauerkonkurrenz zum gleichzeitig aufstrebenden Schanghai wurde es zu einem der beiden wichtigsten Zentren für den internationalen Handel. Bald verlegten die großen britischen Handelshäuser die Hauptniederlassungen für ihre Geschäftstätigkeit in der Region nach Hongkong, da sie sich in der britischen Kolonie sicherer und vertrauter fühlten. Die Finanz- und Geschäftswelt Hongkongs wurde folglich von einer Handvoll britischer Handelshäuser, sogenannter Hongs (kantonesisch für Handelshaus), dominiert. Die Hongs wurden durch die Bestsellerromane „Tai-Pan“ und „Noble House“ von James Clavell bekannt.

Allen voran stand Jardine Matheson & Co., oft auch als „Princely Hong“ bezeichnet. Das Unternehmen war 1832 von dem ehemali-

Abbildung 5: Geschäftsstraße von Hongkong im 19. Jahrhundert

gen Arzt der East India Company William Jardine und dem schottischen Kaufmann James Matheson in Kanton gegründet worden. Mit dem Verkauf von Opium machte es enorme Gewinne. William Jardine zog sich bald zurück und kehrte nach Großbritannien heim. Dort setzte er sich bei der britischen Regierung dafür ein, den Opiumstreit mit Gewalt beizulegen und die Insel Hongkong zu besetzen. Die Zentrale von Jardine Matheson & Co. wurde nach Hongkong verlagert, nachdem das Unternehmen bei der ersten Grundstücksauktion Land zum Bau seiner Büros, Piers und Lager erworben hatte.

Zwischen 1842 und 1860 baute das Unternehmen seine Position aus. In jedem der Vertragshäfen wurden Filialen eröffnet, und die Firma betrieb eine eigene Flotte, die hauptsächlich mit Opium und Tee handelte. In den 1870er Jahren stellte sie den Opiumhandel ein und gründete eine Vielzahl von Unternehmen, zum Bespiel Zuckerraffinerien, Spinnereien und Webereien sowie Produktionsfirmen für Dampfeisenbahnen. Bis 1900 entstand ein Konzern, der neben dem Handel auch in den Bereichen Industrie, Finanzen, Schifffahrt und Eisenbahn aktiv war.[27] Jardine Matheson verteidigte auch im 20. Jahrhundert seine Position als eine der führenden Firmen in Hongkong. Die Tai-pans (Topmanager und Unternehmer) der Firma waren prominente Persönlichkeiten in der Kolonie, von denen viele als Mitglieder des Legislativrats wirkten.

Ein weiteres großes Schifffahrtsunternehmen, Peninsular & Oriental Steam Navigation Co. Ltd. (P&O), wurde 1840 gegründet und sollte zur größten Reederei der Welt werden. Das Unternehmen eröffnete 1845 einen lukrativen Versand- und Postdienst zwischen Großbritannien und Hongkong.

Butterfield & Swire war das größte britische Handelshaus. Es wurde 1866 von John Swire und Richard Butterfield als Tochterfirma der britischen Swire Group in Schanghai gegründet und war hauptsächlich im Export von Tee und Seide tätig. 1870 verlegte das Unternehmen seinen Hauptsitz nach Hongkong.[28] Schon bald übertraf das Geschäft in Honkong das des ursprünglichen regionalen Hauptsitzes in Schanghai. In den folgenden Jahren wurden Niederlassungen in Yokohama, Fuzhou und in vielen Vertragshäfen auf dem Festland gegründet. Butterfield & Swire durchlief in den 1880er Jahren mit der Gründung der Taikoo Sugar Refinery Company, der China Navigation Company und der Taikoo Dockyard and Engineering Company eine umfangreiche Diversifizierung und Expansion. Die Firma diente als Agent in China und Japan für die Ocean Steamship Company und die China Mutual Steam Navigation Company.

Mit der Ausweitung der wirtschaftlichen Aktivitäten und dem immer direkteren Engagement im asiatischen Geschäft benötigten die westlichen Kaufleute Unterstützung von chinesischen Geschäftspartnern, um in die lokalen Märkte einzutreten. Die ausländischen Firmen kooperierten daher mit chinesischen Kompradoren, deren Sprachkenntnisse, Vertrautheit mit der chinesischen Wirtschaft und Kontakte ins Binnenland unerlässlich waren. Die chinesischen Kompradoren waren nicht einfach lokale Agenten der westlichen Kaufleute. Sie entwickelten eigene Geschäftszweige vom Handel über die Schifffahrt bis hin zu Banken und Versicherungen und organisierten den internationalen Warentransfer vor allem zwischen China, Europa und Südostasien. Sie fungierten als Bürgen für Forderungen, versicherten Schadensfälle, waren Dolmetscher und übernahmen Marketing und Vertrieb. Auf diese Weise bildete sich ein chinesisches Unternehmertum heraus, das eine bedeutende Rolle für das Wachstum und die Entwicklung Hongkongs zu einem Zentrum des regionalen und internationalen Handels- und Finanzwesens spielte.[29]

Immer mehr chinesische Import-Export-Firmen (im Jahr 1881 bereits 395) traten in direkte Konkurrenz zu den ausländischen Handelshäusern. Viele dieser in Hongkong ansässigen Unternehmen wurden entweder von chinesischen Kompradoren gegründet oder starteten als Subunternehmen für die britischen Firmen. Ihre Bedeutung nahm Anfang des 20. Jahrhunderts zu. Mit der Fertigstellung der Kowloon-Canton Railway im Jahr 1910 wurde die Lieferung von Waren vom Festland erleichtert, was den chinesischen Firmen zugutekam und eine Steigerung des Imports und Exports von Rohstoffen und Industriegütern ermöglichte. Die chinesischen Firmen in Hongkong fungierten als Zwischenhändler zwischen den chinesischen und internationalen Märkten.

Die Zusammenarbeit zwischen der britischen Kolonialregierung und der erfolgreichen chinesischen Geschäftselite wurde zu einem wichtigen Element und Instrument der langfristig stabilen Kolonialherrschaft. Sie eröffnete der chinesischen Bevölkerung der Stadt wirtschaftlichen und sozialen Freiraum. Zwar zeigte sich das britische Establishment durchaus bereit, diese führenden chinesischen Geschäftsleute zu konsultieren und zu achten, das gute Miteinander im Bereich der Wirtschaft wurde aber vom Politischen getrennt gehalten. Den chinesischen Kaufleuten wurde im 19. Jahrhundert (und auch noch lange danach) keine politische Mitwirkung zugestanden. Daher gab es auch unter der chinesischen Bevölkerung immer wieder Kritik am britischen Kolonialsystem.

Zwischen Widerstand und Kollaboration: die chinesische Bevölkerung

Es ist ein oft wiederholter Mythos, dass die britische Herrschaft in Hongkong keinerlei Proteste hervorgerufen habe. Tatsächlich gab es im 19. Jahrhundert deswegen immer wieder Unruhen und Streiks. Die chinesische Bevölkerung hatte ambivalente Gefühle gegenüber den Kolonialherren. Seit der Gründung der Kolonie gab es sowohl Kooperation mit als auch Widerstand gegen die britischen Herrscher.

Aber auch die Kolonialbehörden hatten ein ambivalentes Verhältnis zur chinesischen Bevölkerung. Einerseits waren sie voller Misstrauen und glaubten, dass der erfolgreiche Auf- und Ausbau Hongkongs gegen mögliche Angriffe aus China heraus oder aber gegen Unruhen in Hongkong militärisch gesichert werden müsse. Auf der anderen Seite waren sie in jeder Hinsicht von der chinesischen Bevölkerung abhängig. Ohne die unverzichtbare Hilfe chinesischer Auftragnehmer, Kompradoren und anderer Kaufleute bei der Versorgung mit Nahrungsmitteln und anderen Dingen des täglichen Bedarfs wäre Hongkong schlicht nicht überlebensfähig gewesen. Auch wirtschaftlich bestanden Abhängigkeiten. Nach der Besetzung waren britische Unternehmen auf bereits bestehende chinesische Handelsnetzwerke angewiesen, um in andere asiatische Märkte vorzudringen. Im Gegenzug für ihre Zusammenarbeit belohnten die britischen Behörden einige einheimische Chinesen, zumeist lokale Geschäftsleute, mit sozialen und wirtschaftlichen Privilegien. Aus diesen Schichten heraus bildete sich die erste Generation der chinesischen Bourgeoisie in der Kolonie.

Auch bei den indigenen Bewohnern Hongkongs, insbesondere in den New Territories, stieß die Kolonialherrschaft auf Widerstand. Den in den New Territories lebenden Clans gehörten die Felder in fruchtbaren Tälern im Norden der Halbinsel. Seit Jahrhunderten unterhielten diese wohlhabenden Familien enge verwandtschaftliche Beziehungen mit Clans in der Provinz Guangdong. Sie lehnten die Fremdherrschaft der Briten offen ab. Gegen diesen anfänglichen

Widerstand gingen die britischen Kolonialbehörden mit harten militärischen Aktionen vor. Sobald die Ordnung sichergestellt war, ergriff die Kolonialregierung Maßnahmen zur Befriedung potenzieller antikolonialer Feindseligkeiten. Sie reformierte das Landbesitzsystem in ländlichen Gebieten dahingehend, dass die Macht der chinesischen Landbesitzerelite über die Dörfer eingeschränkt wurde. Ein neues Strafjustizsystem wurde eingerichtet, um Recht und Ordnung zu gewährleisten. Zugleich begann die britische Kolonialmacht, die chinesische Bevölkerung polizeilich zu überwachen und mögliche Unruhestifter in der Bevölkerung zu identifizieren.

Der offene Widerstand in den ländlichen Regionen sowie die immer wieder geäußerte Kritik seitens der chinesischen Kaufleute zwangen die britischen Herrscher zum Umdenken. Sie kooptierten selektiv einzelne prominente chinesische Kaufleute, die sie als zuverlässig einschätzten, und nahmen sie in politische Entscheidungsgremien auf. Die britische Verwaltung sponserte städtische und ländliche Vereine, um antikolonialen Bewegungen vorzubeugen. Sie bevorzugte bestimmte lokale Fraktionen gegenüber anderen, um sozialen Rückhalt aufzubauen. Die Kolonialbehörden nutzten auch ethnische und sprachliche Unterschiede zwischen lokalen chinesischen Einwohnern und Migranten. Nach dem Prinzip „divide et impera“ wurden die verschiedenen Gruppen gegeneinander ausgespielt. Umgekehrt aber verstanden es auch die chinesischen Gruppen, die koloniale Staatsmacht für sich zu instrumentalisieren, um eigene Interessen und Herrschaftsansprüche durchzusetzen.

Das Ende des chinesischen Kaiserreichs

Anfang des 20. Jahrhunderts sah das chinesische Festland große politische Veränderungen, darunter den Zusammenbruch der Qing-Dynastie 1911 und die Gründung der chinesischen Republik 1912 sowie der nationalistischen Partei Guomindang, das Aufkeimen des von der Bewegung des 4. Mai 1919 inspirierten Nationalismus sowie die Gründung der Kommunistischen Partei Chinas (KPCh) 1921. Hongkong war von dem politischen Chaos auf dem Festland unmittelbar betroffen, da Kanton in diesem Zeitraum zu einem Zentrum der chinesischen Politik geworden war und viele Auseinandersetzungen dort ausgetragen wurden. Politische Konflikte auf dem Festland griffen auf Hongkong über und trugen zur Politisierung der Stadt bei. Die Bevölkerung Hongkongs, die ja großenteils aus Zuwanderern vom Festland bestand, beobachtete und beteiligte sich weiterhin an den Entwicklungen in China. Der Verlauf der chinesischen Geschichte und das Schicksal von Hongkong waren eng miteinander verknüpft. Die britischen Behörden verfolgten die sich ändernde politische Lage in China wachsam und ergriffen Maßnahmen, um deren Auswirkungen auf die soziale und wirtschaftliche Lage in Hongkong zu minimieren. Sie unterbanden politische Aktionen in Hongkong. Die britischen Behörden interessierten sich auch erstmals dafür, was in den Schulen unterrichtet wurde, und unterstellten das Schulsystem der Prüfung durch die Behörden. Sie betonten damit auch die Eigenständigkeit Hongkongs gegenüber dem Festland.

Chinas Schwäche gegenüber den westlichen Kolonialmächten und Japan sowie die innenpolitischen Kämpfe rüttelten auch die chinesische Bevölkerung in Hongkong auf, die ja trotz ihrer Abwanderung weiterhin Familie und Verwandte auf dem Festland hatte und mit ihnen verbunden blieb. Auch wirtschaftlich bestanden enge Bande. Die chinesische Bevölkerung der Stadt war in einer schizophrenen Situation: Sie war aus China in den sicheren Hafen Hongkong geflohen, aber fühlte sich weiter China zugehörig.

Die meisten der chinesischen Eliten in Hongkong setzten sich für Reformen auf dem Festland ein. Eine Revolution fand bei vielen wenig Gegenliebe. Als Vorbilder für Reformen auf dem Festland verwiesen die Hongkonger Geschäftsleute und Intellektuellen sowohl auf den britischen Liberalismus als auch auf das Rechtssystem. Aus ihrer Perspektive bildeten Unternehmer, Honoratioren und Gebildete das Rückgrat einer modernen Nation. Zwar kritisierten sie die Missstände und die Ungerechtigkeit des europäischen Kolonialismus, betrachteten aber zugleich Großbritannien als „Vorbild und Helfer" bei der Rettung der chinesischen Nation.[30]

Jedoch gab es auch eine kleine Gruppe von Revolutionären um Sun Yat-sen. Die revolutionären Nationalisten waren ebenfalls in einer merkwürdig zerrissenen Position gegenüber der Kronkolonie. Nirgendwo wird das deutlicher als an der Person Sun Yat-sens, dem Vater des modernen chinesischen Nationalismus. Ihm bot Hongkong mehrfach Schutz und Asyl. Er nutzte die Stadt als Basis für die nationalistische Revolution auf dem Festland, gründete 1895 in Hongkong die Gesellschaft zur Wiederherstellung von Chinas Blüte (*xingzhong hui*) und plante von der Kolonie aus einen Aufstand im von Unruhen erschütterten benachbarten Guangdong. Als dieser scheiterte, wurden die Revolutionäre von den britischen Behörden aus Hongkong ausgewiesen. Die Kolonialregierung wollte nicht in die innenpolitischen Konflikte Chinas hineingezogen werden. Zwischen 1895 und 1911 wurden acht revolutionäre Aufstände auf dem chinesischen Festland von Hongkong aus organisiert. Die Kronkolonie entwickelte sich zu einem Sammelbecken antidynastischer und radikaler Kräfte. Im Rückblick erklärte Sun Yat-sen 1923 während eines Besuchs in Hongkong, dass erst der extreme Kontrast zwischen Frieden und Ordnung in Hongkong und Chaos und Korruption in China ihn zum Revolutionär gemacht habe. Hongkong bot Freiheiten, die auf dem Festland fehlten.

Chinas frühe revolutionäre Presse wurde in der Kronkolonie geschrieben und gedruckt und von dort aus auf dem Festland vertrieben. Ohne Zensur und Angst vor Verfolgung konnte in Hongkong offen zum revolutionären Nationalismus gegen die Qing-Dynastie in Peking aufgerufen werden. Dem Hof der Qing wurde vorgeworfen, Chinas Rechte gegenüber den ausländischen Mächten nicht resolut genug verteidigt und die Modernisierung des Landes nicht vorangebracht zu haben. Alle Reformbemühungen waren unterdrückt worden. Auf diese Weise hatte Hongkong einen wichtigen Anteil an der frühen revolutionären Entwicklung in China. Es war ironischerweise die von Briten beherrschte Kolonie, die den Revolutionären den Schutz und die Freiheit bot, die Herrscher in Peking zu kritisieren. Die Kolonialregierung ließ die chinesischen Nationalisten gewähren, schritt allerdings energisch ein, sobald Agitatoren aus Kanton die lokale Bevölkerung zu antikolonialen Protesten oder antibritischen Aktionen zu mobilisieren versuchten.

Als im Oktober 1911 ein Aufstand in der zentralchinesischen Stadt Wuchang (heute ein Teil der Metropole Wuhan) das Ende der Qing-Dynastie einleitete, reagierte die Hongkonger Bevölkerung sofort: Tausende Männer, die als Einkäufer oder Verkäufer weiter regelmäßig auf das Festland reisten, schnitten sich nun ihren Zopf ab, das Symbol mandschurischer Herrschaft. Das Ende des Kaiserreichs und die zeitgleiche Gründung der Republik China, der ersten Republik Asiens, schürten nationalistische Gefühle auch in Hongkong. Eine Welle des Protests gegen den Kolonialismus erfasste die Stadt und weite Teile der chinesischen Bevölkerung politisierten sich. Forderungen nach einer Rückgabe der Kronkolonie an China wurden erstmals im Dezember 1911 laut. Es kam sogar zu Ausschreitungen, bei denen ausländische Läden geplündert, Polizisten mit Steinen beworfen und Europäer auf der Straße angegriffen wurden. Der gegen die Qing-Dynastie gerichtete Antimandschurismus und Republikanismus der Jahrhundertwende hatte sich innerhalb kürzester Zeit in einen die Briten herausfordernden Antikolonialismus gewandelt.

Die Kolonialregierung gab ihren Polizeikräften weitgehende Vollmachten zur Unterdrückung der Unruhen und verstärkte ihre Truppen durch Einheiten aus Indien. 1912 verbot sie der chinesischen Bevölkerung Hongkongs, Abgesandte zur Nationalversammlung der neu gegründeten Chinesischen Republik zu senden. Die Begründung: Hongkong gehöre nicht zu China.

Zwischen den Weltkriegen

Der Erste Weltkrieg leitete weltweit das Ende der europäischen Kolonialreiche ein. Viele Regionen von Indien bis Ägypten erhoben sich auch gegen das britische Empire und forderten Unabhängigkeit. Ganz anders verliefen die Dinge in Hongkong. Das Kolonialsystem des Stadtstaats wurde im 20. Jahrhundert kaum verändert. Rufe nach Unabhängigkeit wurden zwar lauter und Proteste nahmen zu, aber die Briten sahen trotz des erheblichen demografischen und wirtschaftlichen Wachstums sowie der politischen Veränderungen auf dem Festland keine Notwendigkeit für grundsätzliche Änderungen am kolonialen Gesellschaftssystem.

Die chinesische Bevölkerung in der Kolonie blieb dem Festland über einen gemeinsamen Nationalismus verbunden, nahm an der Entwicklung dort regen Anteil und unterstützte politische und wirtschaftliche Reformen in China. Zugleich beklagten die Chinesen in der Kronkolonie, dass sie trotz ihres zunehmenden Wohlstands und wirtschaftlichen Einflusses weiterhin diskriminiert und benachteiligt wurden. Die 1920er und 1930er Jahre waren unruhig. Immer wieder griffen politische Bewegungen des Festlands auf Hongkong über. 1925/26 legte ein antibritischer Boykott fast die gesamte Stadt lahm.

Der Ausbruch des Zweiten Weltkriegs in Ostasien brachte Hongkong eine Krise, in der die Existenz der Kolonie auf dem Spiel stand. Der japanische Angriff auf Hongkong und die schnelle Einnahme der Stadt überraschten die koloniale Regierung, die fast vollständig in Kriegsgefangenschaft geriet. Japan ging in der Verwaltung Hongkongs anders vor als die Briten. Die japanischen Militärs herrschten indirekt mithilfe chinesischer Kollaborateure, denen die Selbstverwaltung der Kolonie aufgetragen wurde. Zum ersten Mal wurden Gremien geschaffen, die die chinesische Bevölkerung repräsentierten. Mit der japanischen Kapitulation und der Rückkehr der Briten wurden diese Veränderungen aber schnell wieder rückgängig gemacht.

In der Welt verschwindender Kolonien und Imperien nach Ende des Zweiten Weltkriegs hielt England entschlossen an Hongkong fest. Auch die starke, im Grunde autokratische Stellung des Gouverneurs von Hongkong sollte bestehen bleiben. Als Vertreter der Krone war der Gouverneur auch der Ansprechpartner für die gesamte Kommunikation zwischen der Kolonialverwaltung und London. Eine Demokratisierung der Kolonialverwaltung, etwa durch Einführung von Mitwirkungsrechten, stand ebenso wenig auf der

Agenda wie eine Dekolonisierung. Auch wenn nun ein Teil des Legislativrats und des Exekutivrats von einem kleinen Teil der Bevölkerung gewählt werden konnte, hatten beide Gremien unverändert nur Konsultations-, aber keine Mitbestimmungsrechte. Das Fehlen von Mitwirkungsrechten wurde auch von der europäischen Bevölkerung in Hongkong zunehmend kritisiert. Vor allem die Geschäftsleute waren unzufrieden damit, dass sie keinerlei politische Rechte hatten und Entscheidungen der Kolonialverwaltung nicht anfechten konnten.

Kontinuität und Wandel

Die Kolonialverwaltung wuchs im 20. Jahrhundert kontinuierlich: Allein zwischen 1914 und 1939 stieg die Zahl der Stellen von 4447 auf 10004, mit wachsendem Anteil chinesischer Beschäftigter.[31] Hongkong war aufgrund seines heißen tropischen Klimas und der unvertrauten Lebensumstände unter britischen Kolonialbeamten und Armeeangehörigen nicht besonders beliebt. Die schlechten sanitären Bedingungen führten zu häufigen Ausbrüchen von Epidemien und Krankheiten wie Malaria, die auch unter der gut versorgten ausländischen Bevölkerung viele Todesopfer forderten. Aufgaben der öffentlichen Gesundheit oder auch der Bildung überließ die Kolonialregierung eher privaten philanthropischen Initiativen oder den zahlreichen christlichen Missionsgesellschaften und Kirchen.

Die Gouverneure hielten trotz des Wachstums am Prinzip der minimalistischen Regierung fest. Die politische Instabilität in China verstärkte diese Haltung. Weil die Kolonialbehörden die langfristigen Aussichten der Kolonie oft eher pessimistisch sahen, gab es wenig Bereitschaft seitens der britischen Kolonialregierung, in die Kolonie zu investieren. Zudem hätten größere Investitionsprogramme und Förderungen der Zustimmung Londons bedurft, waren aber dort politisch kaum durchsetzbar. Als in den 1930er Jahren verarbeitende Betriebe in Hongkong für den wachsenden lokalen Bedarf an Kleidung, Nahrungsmitteln, Schuhen und Tabak entstanden, betrachtete die Kolonialregierung diese frühe Industrialisierung eher mit Skepsis und lehnte es ab, diese Entwicklung zu fördern oder abzusichern.

Ein Bereich, in dem sich die Kolonialregierung aber engagierte, war die höhere Bildung. Im Jahr 1911 wurde die University of Hong Kong gegründet. Zu dieser Zeit gab es in Großbritannien selbst nur 18 Universitäten, fünf davon waren Neugründungen. Obwohl Lehre und Forschung dem Niveau anderer Universitäten in Großbritannien gleichkommen sollten, hatte die Universität auch die spezifische Aufgabe, britische Interessen in China zu fördern und zu „einer guten Verständigung mit dem benachbarten Reich China" beizutragen. Gouverneur Frederick Lugard betonte die Rolle der Universität „als Instrument der britischen Außen- und Kolonialpolitik".[32]

Zwar wurde die Universität nie wirklich zu einem Werkzeug der britischen Politik, aber sie war wichtig für die Ausbildung einer wachsenden Anzahl von Hongkongern, die in der Regel aus besseren Verhältnissen kamen. Die Absolventen waren hervorragend ausgebildete Fachleute und wurden für die Entwicklung Hongkongs benötigt. In der Zwischenkriegszeit traten immer mehr gut ausgebildete Chinesen als Spezialisten oder Fachleute in den Dienst der kolonialen Regierung, hauptsächlich in den Abteilungen Medizin, öffentliche Gesundheit, Bildung und öffentlicher Bau, ein. Dadurch kam es zu einer schleichenden Lokalisierung des öffentlichen Dienstes.

Die britische Herrschaft verschaffte dem Territorium politische Stabilität und soziale Ordnung. Dies stand in starkem Kontrast zum Rest Chinas, wo politische Unruhen und ausländische Interventionen die wirtschaftliche und politische Lage zwischen den Weltkriegen erschütterten. China durchlief im Zeitraum zwischen den Weltkriegen eine Reihe von weitreichenden Veränderungen und politischen Krisen: die Vereinigung Chinas unter Chiang Kai-shek, dem Anführer der nationalistischen Partei Chinas (Guomindang GMD), die Dekade von Nanjing, in der die GMD die Regierung stellte, den Langen Marsch und den Aufschwung der kommunistischen Revolution in den ländlichen Gebieten des Festlands. In einem solch turbulenten Umfeld wurde Hongkong als sicherer Zufluchtsort gesehen und zog weiterhin und in zunehmendem Maße politische Dissidenten und Oppositionelle auf der Suche nach Asyl an. Die Stadt wurde so zum Hinterhof für subversive Aktivitäten gegen die verschiedenen chinesischen Regimes.

Vermutlich war das Chaos auf dem Festland auch der Grund, dass trotz des bis nach Hongkong herüberreichenden Nationalismus Rufe nach formaler Unabhängigkeit der Kolonie von Großbritannien nur gelegentlich zu bestimmten Krisenzeiten aufkamen. Die im Vergleich zu anderen Kolonien in Afrika und Lateinamerika auffallend geringe Bereitschaft der Hongkonger, über längere Zeit für die eigene Unabhängigkeit zu kämpfen, hing auch damit zusammen, dass Unabhängigkeit fast automatisch auch Rückfall an China bedeutete. Schon damals aber schien diese Aussicht den Hongkongern angesichts der instabilen Verhältnisse in China wenig verlockend.

Soziale Vielfalt

Im frühen 20. Jahrhundert strömten immer mehr chinesische Migranten in die Kolonie. Sie kamen nicht nur aus politischen Gründen, sondern viele wollten die besseren wirtschaftlichen Chancen in Hongkong nutzen. Oft war beides gar nicht zu trennen. Zwischen 1911 und 1921 wuchs Hongkongs Bevölkerung auf über 625 000 Einwohner. 1931 hatte die Kolonie schon 840 000 Einwohner. Die jährliche Wachstumsrate betrug im Durchschnitt ca. 3 %.

In Hongkong entstand, angetrieben durch die rasche wirtschaftliche Entwicklung, eine komplexe und heterogene „koloniale Gesellschaft", die die Realität einer dynamischen, vorwiegend an Geld interessierten Hafenkolonie widerspiegelte. Geprägt wurde diese Gesellschaft im frühen 20. Jahrhundert von einer sozialen Hierarchie, in der die Briten die herrschende koloniale Schicht bildeten. Die überwältigende Mehrheit der Hongkonger Beamten und hochrangigen Wirtschaftsführer stammte aus der britischen Mittelschicht. Ihr Anteil ging nie über 5 % der Gesamtbevölkerung hinaus und lag meistens sogar deutlich darunter. Ihre relativ bescheidenen Hintergründe in der britischen Heimat machten sie beinahe noch statusbewusster als Engländer der echten Oberschicht. Sie bestanden darauf, bei gesellschaftlichen Ereignissen streng den Protokollen der englischen Oberschicht zu folgen. Innerhalb der herrschenden englischen Schicht gab es weitere Differenzierungen. An der Spitze standen die Chefs der führenden Handelshäuser sowie hohe Kolonialbeamte. Fachleute und untere Regierungsleute waren eine Art „Mittelschicht", während diejenigen mit Aufsichtsfunktionen in Regierungsbehörden und Fabriken die „Arbeiter- oder untere Klasse" unter den Expatriates bildeten.[33] Eine weiße Arbeiterklasse in dem Sinne, wie sie in Großbritannien existierte, gab es nicht. Praktisch jeder Europäer (nicht nur Engländer) wurde unabhängig von seinem Hintergrund, seinen Qualifikationen oder Fähigkeiten fast automatisch als Aufseher oder Vorgesetzter angestellt. Das koloniale System zementierte sich auf diese Weise immer weiter. Gerade diejenigen, die in Großbritannien eigentlich nicht zur Oberschicht gehörten, stellten in Hongkong ein starkes Gefühl der Überlegenheit zur Schau. Sie erreichten einen sozialen Status, Privilegien und auch Machtpositionen, die in England für sie unerreichbar gewesen wären. Die weiße koloniale Gesellschaft war überwiegend männlich, da nur wenige mit Familien aus Großbritannien nach Hongkong zogen. Die Zahl der europäischen Familien, die sich dauerhaft und über mehrere Generationen hinweg in Hongkong niederließen, war gering.

Die chinesische Gesellschaft in diesem kolonialen Außenposten war ebenfalls sehr divers. Auch in der chinesischen Bevölkerung fehlten die traditionellen gebildeten Eliten, wie sie auf dem Festland existierten. Die neue lokale Elite unter den Chinesen speiste sich vor allem aus den Unternehmern. Kaufleute, Kompradoren und andere wohlhabende Chinesen versuchten, ihre soziale Stellung zu verbessern, indem sie aus Prestigegründen und zur Förderung ihrer Geschäfte auf dem Festland offizielle Ränge von der chinesischen Regierung kauften oder dringend benötigte und weithin geschätzte karitative Arbeit leisteten. Einige wenige erhielten sogar zusätzlich britische Auszeichnungen und wurden Mitglieder des kolonialen Establishments. Es entstand auch eine neue Mittelschicht von jungen Geschäftsleuten, geschulten Fachkräften und politisch interessierten Intellektuellen. Zu dieser Gruppe zählten auch politische Aktivisten vom Festland, die aus Angst vor Verhaftung oder Attentaten nach Hongkong geflohen waren. Die Unterschicht unter den Chinesen war leicht zu erkennen. Zu ihnen gehörten die meisten Nachkommen der ursprünglichen Einwohner, die als Bauern, Landarbeiter und Fischer arbeiteten, die eingewanderten Arbeiter sowie die Tagelöhner. Sie stellten die überwältigende Mehrheit der chinesischen Gemeinschaft und der Bevölkerung insgesamt dar. Aus dieser Schicht rekrutierten sich auch kriminelle und im Untergrund tätige Geheimgesellschaften wie die in Hongkong weit verbreiteten Triaden. Sie organisierten Drogenhandel und -konsum in den berühmt-berüchtigten Opiumhöhlen Hongkongs sowie Prostitution und Glücksspiel. Richard Mason beschrieb diese Welt, die den Zweiten Weltkrieg überdauerte, in seinem Roman „Suzie Wong“, der als „Die Welt der Suzie Wong“ 1960 verfilmt wurde und ein großer kommerzieller Erfolg war.

Darüber hinaus gab es in Hongkong drei weitere bedeutende ethnische Gruppen: die Parsen, die Portugiesen und die Inder. Die Mitglieder der zoroastrischen bzw. zarathustrischen Parsengemeinde stammten aus Persien und kamen über Indien nach Hongkong, um der religiösen Unterdrückung in Iran Anfang des 20. Jahrhunderts zu entfliehen. Die Gemeinde war klein, aber einflussreich, weil sie hauptsächlich aus wohlhabenden Händlern bestand. Die Parsen engagierten sich sehr in der Philanthropie in Hongkong. Sie wurden jedoch trotz ihres Wohlstands von den Briten nie vollständig akzeptiert und standen nur am Rande des kolonialen Establishments.

Die Portugiesen, nach den Briten unter den Europäern gesellschaftlich an zweiter Stelle, kamen größtenteils aus der portugiesischen Enklave Macau, was sie in eine Grauzone zwischen den einheimischen Chinesen und den ausländischen Gemeinschaften brachte. Viele hatten chinesische Frauen, sprachen Kantonesisch und praktizierten den Katholizismus. Sie arbeiteten als Angestellte, Buchhalter und Dolmetscher in der Kolonialregierung und in westlichen Firmen und gehörten größtenteils zur kolonialen Mittelschicht. Als Mittler zwischen den Briten und der chinesischen Gemeinschaft hatten sie eine eigene Identität.

Die Entstehung einer indischen Gemeinschaft geht auf die Entsendung indischer Regimenter nach Hongkong im 19. Jahrhundert zurück. In Hongkong sollten sie im Auftrag der Briten für die Durchsetzung von Recht und Ordnung sorgen. Im frühen 20. Jahrhundert wurden auch Sikh, Punjabi und Muslime aus Indien als Mitglieder der Hongkonger Polizei rekrutiert. Wie in anderen Bereichen waren die Briten nur in den Leitungsfunktionen der Polizei tätig. Klassenmäßig gehörte die indische Gemeinschaft im Allgemeinen zur lokalen Arbeiterklasse.

Insgesamt war die koloniale Gesellschaft durch ein hohes Maß an ethnischer, kultureller und sprachlicher Diversität geprägt, die oft übersehen wird. Hongkong war weit mehr als nur eine chinesische Stadt unter britischer Herrschaft. Die Präsenz südasiatischer und persischer Migranten, europäischer Eliten und verschiedener chinesischer Ethnien war ein herausstechendes Merkmal der Kolonie, das bis in die Gegenwart hinein die Entwicklung von Hongkong bestimmte.[34] Die Minderheiten trugen maßgeblich zur politischen und wirtschaftlichen Entwicklung der Stadt bei.

Der große Generalstreik 1925

Hongkong durchlief nun eine Phase der politischen Instabilität. Die Veränderungen sowohl in China als auch in der Welt wie zum Beispiel der Zusammenbruch der Kolonialreiche als Folge des Ersten Weltkriegs gingen an Hongkong nicht spurlos vorüber. Auch weltwirtschaftliche Auswirkungen betrafen die Kolonie. Der weltweite Anstieg der Inflation von 1914 bis 1924 trug zum Entstehen sozialer Unruhen in Hongkong bei. Die 1920er Jahre waren von zahlreichen Streikwellen geprägt, die zeitweise das gesamte Arbeitsleben der Stadt zum Stillstand brachten und vor allem den Hafenbetrieb trafen. Angestellte der europäischen Unternehmen und britische

Marinesoldaten hielten in Krisenzeiten die wichtigsten öffentlichen Dienste aufrecht.

Hongkong war auch weiterhin direkt den Unruhen auf dem chinesischen Festland ausgesetzt. Das wichtigste politische Ereignis in der Zeit zwischen den Kriegen war der Generalstreik von 1925 bis 1926. Der Ursprung des Streiks lag nicht in Hongkong, sondern ging auf Proteste in Schanghai zurück. Am 30. Mai 1925 demonstrierten dort Arbeiter, Intellektuelle und Geschäftsleute gegen die Privilegien der ausländischen, vor allem japanischen Imperialisten auf chinesischem Boden. Sie trugen Transparente wie „Schanghai den Schanghainesen" und „Boykottiert japanische Waren!". Die Polizei der Konzession, die unter britischem Kommando stand, sollte die Demonstrationen auflösen. Im Zuge der Rangeleien und Handgreiflichkeiten gab ein britischer Offizier Befehl zum Gebrauch der Schusswaffen. Vermutlich elf Demonstranten wurden von Sikh-Polizisten unter britischem Befehl getötet, viele weitere verwundet. Daraufhin brachen Streiks und Proteste im ganzen Land aus. Besonders heftig waren die Proteste in den Städten, in denen die ausländische Präsenz am ausgeprägtesten war: Schanghai und Kanton. Am 23. Juni töteten während einer besonders aufgeheizten Demonstration in Kanton ausländische Truppen mehr als 50 chinesische Demonstranten und verwundeten fast 120 weitere. Danach riefen Arbeiter- und Gewerkschaftsführer in Kanton zu einem Generalstreik in Südchina auf – insbesondere in Hongkong, dem sichtbarsten Symbol des britischen Imperialismus.

Antibritische Pamphlete und Plakate in Hongkong forderten die Chinesen auf, sich mit den Protestierern in Kanton und Schanghai zu solidarisieren und sich gegen die britische Kolonialherrschaft aufzulehnen.[35] Streikführer in Kanton riefen alle Chinesen auf, Hongkong zu verlassen, und verbreiteten Gerüchte, dass die Kolonialregierung plane, das Trinkwasser der Kolonie zu vergiften. Bis zum Ende des Sommers verließen 250 000 Chinesen Hongkong aus Protest. Aufgrund der Streiks und Boykotte schossen die Lebensmittelpreise in die Höhe, was zu einem Ansturm auf die Banken führte. Hongkongs Wirtschaft kam fast zum Erliegen, und Anfang

Juli 1925 war die Kolonie „wie eine Geisterstadt". Zusätzlich führte ein Boykott britischer Waren in Kanton dazu, dass der internationale Handelsverkehr an Hongkong vorbei direkt nach Schanghai und in die nordchinesischen Häfen umgeleitet wurde. In der Folge brach Hongkongs Schiffsverkehr um 60 % ein. Die Protestwelle ebbte erst Anfang 1926 ab. Insgesamt hielten die Streiks und Boykotte mehr als ein Jahr lang an. Die britische Regierung musste einen Handelskredit von drei Millionen Pfund bereitstellen, um den Zusammenbruch der Wirtschaft in der Kolonie zu verhindern.

Auch wenn der Ursprung der Unruhen auf dem Festland lag, gab es doch spezifische Faktoren in Hongkong, die die Unzufriedenheit anfachten. Das zeigte sich an den Forderungen der Streikenden, die unter anderem die Einführung eines Achtstundentags, die Abschaffung von Kuli-Handel und Kinderarbeit, Meinungs- und Pressefreiheit, Vereinigungsrecht und Mietminderungen beinhalteten. Auch forderten die aus verschiedenen Kreisen stammenden Streikführer mehr politische Mitwirkungsrechte. So sollten die Gewerkschaften für ein chinesisches Mitglied im Legislativrat stimmen dürfen und die Chinesen den Europäern gleichgestellt werden und auf dem Victoria Peak leben dürfen.

Nach einer Reihe von Verhandlungen zwischen Gouverneur Cecil Clementi und der Regierung Kantons, die als Sprachrohr für die chinesische Bevölkerung in Hongkong fungierte, wurde der Konflikt im Oktober 1926 endgültig beigelegt. Obwohl sich Hongkongs Wirtschaft danach erholte, blieben die Beziehungen zu Kanton angespannt. Erst nach einem Machtwechsel der Lokalregierung in Kanton 1927 beruhigte sich auch in Hongkong die Lage. Während des folgenden Jahrzehnts, der sogenannten Nanjing-Dekade (1927–1937), regierte die Nationalregierung der Guomindang unter General Chiang Kaishek als stärkste politische Kraft das Festland. Die nationalistische Regierung brauchte ausländische Unterstützung und Investitionen für die Modernisierung des Landes. Daher wurden antiimperialistische Proteste in Kanton und anderswo wirksam unterdrückt.

Der Generalstreik offenbarte das brüchige und labile Verhältnis zwischen den britischen Kolonialherren, der chinesischen Bevölkerung und dem Festland. Das Fiasko, das von den Krisen auf dem Festland verursacht wurde, lähmte die Wirtschaft und beschädigte das Vertrauen zwischen der kolonialen Regierung und den chinesischen Einwohnern in Hongkong. Gouverneur Clementi versuchte, Vertrauen wieder aufzubauen, indem er eine enge Zusammenarbeit mit prominenten Gemeindeführern wie Chow Shouson suchte.[36] 1926 wurde Chow von Clementi zum inoffiziellen Mitglied des Exekutivrats ernannt. Eine solche Maßnahme war bis dahin undenkbar gewesen.

Am 7. Juli 1937 brach in Nordchina ein offener Konflikt zwischen Japan und China aus, der schließlich zum undeklarierten Beginn des Zweiten Weltkriegs in Asien wurde. Als Japan immer weiter nach Süden vordrang, wurde Hongkong für politische Parteien und Gruppierungen aus ganz unterschiedlichen Gründen zu einem Hauptschauplatz. Chiang Kai-shek appellierte an die Hongkonger Kolonialregierung, im Kampf gegen Japan in Südchina Beistand zu leisten. Die Japaner wiederum nutzten die Stadt als geheimen Treffpunkt, an dem sie unbemerkt von der Öffentlichkeit streng vertrauliche Verhandlungen zur Beendigung des Krieges mit Vertretern verschiedener politischer Fraktionen in China führten. Einige chinesische Nationalisten sammelten in Hongkong Gelder für die chinesische Kriegsführung gegen Japan. Song Qingling, die Witwe von Sun Yat-sen, leitete hier zum Beispiel eine große Spendenkampagne zugunsten der „China Defence League“. Diesen Aktionen begegneten die britischen Herrscher mit Misstrauen. Sie hielten auch im Angesicht japanischer Gräuel während des Zweiten Weltkriegs auf dem Festland daran fest, dass die Kolonie nicht in die Auseinandersetzungen und Kriege in China hineingezogen werden dürfe. Der Sekretär für chinesische Angelegenheiten wurde angewiesen, den Inhalt chinesischer Zeitungen zu prüfen und antijapanische Artikel zu zensieren. Ein chinesischer Abgeordneter im Legislativrat, Lo Man-kam, beantragte in einer Debatte im Legislativrat die Aufhebung der britischen Zensur über die chinesische Presse, scheiterte aber, weil die Mehrheit der britischen Abgeordneten den Antrag ablehnte.

Als der 100. Jahrestag der Besetzung Hongkongs näher rückte, waren die Briten von ihrer Überlegenheit und ihrem unerschütterlichen Recht, über die Kolonie zu herrschen, unverändert fest überzeugt. Die Kolonie hatte, so wurde es in britischen Kreisen gesehen, diverse Krisen mit Umsicht und ruhiger Hand erfolgreich überstanden. Nur kleinere Reformen und Anpassungen waren nötig, aber im Wesentlichen hatte sich in den Augen der Briten das Kolonialsystem in Hongkong bewiesen. Zwar tobte um die Stadt herum, auf dem Festland, in Asien und darüber hinaus der Zweite Weltkrieg, der zu großen Verwerfungen führte, aber Großbritannien glaubte, in seiner Kolonie den Winden der Veränderung trotzen zu können.

Die japanische Besetzung

Anfang der 1940er Jahre wurde Hongkong Objekt neuer imperialer Begehrlichkeiten. Die Einnahme der britischen Kronkolonie als wichtiger Verkehrsknotenpunkt und wirtschaftliches Zentrum stellte für Japan ein bedeutendes strategisches Ziel dar. Von Dezember 1941 bis August 1945 war die Stadt von der neuen ostasiatischen Großmacht Japan besetzt. Ausgerechnet im hundertsten Jahr ihres Bestehens war der Fortbestand der Kronkolonie existenziell bedroht. Die Briten waren es gewohnt, selbstherrlich und ungefährdet die Geschicke der Kolonie zu lenken, doch nun wurden sie plötzlich von militärisch überlegenen Machthabern angegriffen, vertrieben oder inhaftiert. Zum ersten Mal entglitt Hongkong den Briten.

Nach dem Überraschungsangriff japanischer Kriegsflugzeuge auf den US-Flottenstützpunkt Pearl Harbor am 7. Dezember 1941 begann beinahe gleichzeitig auch die Schlacht um Hongkong. Am Morgen des 8. Dezember überschritt die Vorhut der mehr als 50 000 Mann starken japanischen Truppen den Shenzhen-Fluss, der die Grenze zwischen der britischen Kronkolonie und dem schon japanisch besetzten Südchina bildete. Die britische Armee von etwa 14 000 Mann befand sich in einer aussichtslosen Position. Siebzehn Tage lang leisteten die britischen Truppen erbitterten Widerstand, der rund 2300 Soldaten der britischen Armee das Leben kostete. Am 24. Dezember kapitulierte Gouverneur Mark Young. Er geriet zusammen mit insgesamt 10 947 Briten, Schotten, Kanadiern und Indern in Kriegsgefangenschaft. Alle Briten wurden aus ihren Ämtern in der Kolonialregierung entfernt. Erst im August 1945 kamen die Kriegsgefangenen frei. Die Japaner hatten rund 3000 Tote und Verwundete zu beklagen.

An die blutige Eroberung Hongkongs, der auch mindestens 4000 vor allem chinesische Zivilisten zum Opfer fielen, schloss sich eine dreieinhalbjährige Besatzungsherrschaft an. Während der japanischen Besetzung wurde Hongkong als „Besetztes Gebiet von Hongkong" unter Kriegsrecht gestellt. Gegenüber der chinesischen Bevölkerung stellte Japan diesen Akt als Befreiung vom Joch des westlichen Kolonialismus dar. Während des Krieges sollte der Hafen von Hongkong Japan in seinen militärischen Feldzügen in China und Südostasien als logistische Basis unterstützen. Für die Zeit nach Kriegsende und im Fall eines japanischen Sieges stellte das japanische Reich eine Eingliederung Hongkongs in China als Teil der großostasiatischen Wohlstandssphäre in Aussicht, die aus Japan, China, Korea, Taiwan und Mandschukuo bestehen und in der gemeinsamer Wohlstand frei von westlichem Kolonialismus erreicht werden sollte.

Unter der Führung von General Rensuke Isogai als Gouverneur etablierten die Japaner ihr Verwaltungszentrum und ihr militärisches Hauptquartier im Peninsula Hotel in Kowloon. Die Militärregierung, bestehend aus Verwaltungs-, Zivil-, Wirtschafts-, Justiz- und Marineabteilungen, erließ strenge Vorschriften zur Aufrechterhaltung der öffentlichen Ordnung und übte ihre Regierung über Exekutivbüros aus. Japan verfolgte aber eine gänzlich andere Strategie der Kolonialherrschaft. Wie in anderen Teilen des japanischen Reichs versuchten die neuen Herrscher über Hongkong, die lokale Bevölkerung zur Kooperation zu bewegen. Die Chinesen sollten sich unter Aufsicht des japanischen Militärs selbst verwalten und regieren. Die Japaner schufen daher zum ersten Mal Gremien, die die chinesische Bevölkerung vertraten. Sie gründeten einen chinesischen Repräsentantenrat und einen chinesischen Genossenschaftsrat, die sich aus führenden chinesischen und eurasischen Gemeindevorstehern zusammensetzten. Im Mai 1943 etablierten sie eine neue Behörde: die Ostasien-Akademie. Hier sollten zukünftige Regierungsbeamte, Lehrer und Geschäftsleute mit japanischen Regierungspraktiken und japanischen Sitten vertraut gemacht werden. Da Hongkong nun ein „Hongkong für die Ostasiaten“ sei, wie es in einer offiziellen japanischen Veröffentlichung hieß, sei es an der Zeit, die „giftigen Überreste britischer Kultur [...] gründlich auszurotten“.[37]

Da große Teile des Festlands unter japanischer Kontrolle standen, konnte der Handel zwischen Hongkong und dem Festland ungebrochen weitergeführt werden. Er wurde jedoch von den japanischen Behörden streng kontrolliert und reguliert. Die Mehrheit der Fabriken, insbesondere in der Schifffahrt, Stahlindustrie usw., wurde unter Bedingungen des Kriegsrechts vom japanischen Militär übernommen. Die japanischen Behörden verboten den 1935 von den Briten eingeführten Hongkong-Dollar, zogen ihn ein und ersetzten ihn durch den japanischen Militär-Yen. Diese Maßnahme führte zu einer Hyperinflation, die die Wirtschaft belastete und private Vermögen schnell entwertete.

Öffentliche Verkehrsmittel und Versorgungsunternehmen litten zunehmend unter der Kraftstoffknappheit und den Luftangriffen der Amerikaner auf Hongkong. Zehntausende Menschen wurden nicht nur obdachlos, sondern auch arbeitslos, da viele von ihnen im Schiffbau oder Handel beschäftigt waren. Auf dem Gebiet der Landwirtschaft übernahmen die Japaner Flächen in Fanling und in Kam Tin für ihre Reisanbauexperimente.

Im Mai 1942 regten die japanischen Herrscher die Gründung neuer japanischer Unternehmen in Hongkong durch japanische Unternehmer an. Ein aus japanischen Firmen bestehendes Handelskonsortium wurde im Oktober 1942 in Hongkong ins Leben gerufen, um den Handel mit den besetzten japanischen Gebieten auf dem Festland und in Asien auszubauen.

Die japanischen Besatzer führten groß angelegte Deportationen von Einwohnern durch, um das Problem der Nahrungsmittelknappheit zu lösen. Zehntausende wurden von den Besatzern als Zwangsarbeiter in die japanisch besetzten Gebiete in Polynesien oder Südostasien transportiert. In dieser Zeit sank die Bevölkerung Hongkongs von 1,6 Millionen auf 600 000. Viele Einwohner verließen die Stadt aber auch aus eigenen Stücken und flüchteten per Boot oder über die grüne Grenze nach China, um nicht im exponierten Hongkong leben zu müssen.

Nach der japanischen Kapitulation am 14. August 1945 stellte der britische Admiral Sir Cecil Harcourt am 30. August 1945 die britische Herrschaft über Hongkong wieder her. Die Kolonie wurde für acht Monate zunächst vom britischen Militär verwaltet, welches die Kontrolle über Hongkong von Japan übernommen hatte. Am 1. Mai 1946 kehrte schließlich der britische Gouverneur Young in die Stadt zurück, und die Kolonialverwaltung wurde wieder eingesetzt. Mitglieder der Kolonialverwaltung sowie viele Chinesen kamen nach Hongkong zurück und die Wirtschaft erholte sich zügig. Der Handel erreichte innerhalb eines Jahres 60 % des Vorkriegsniveaus. Bereits in den Jahren 1947/48 verzeichnete die Regierung einen Haushaltsüberschuss. Die Bevölkerung übertraf den Höchststand vor dem Krieg und erreichte Ende 1947 1,8 Millionen Einwohner. Ein noch größerer Zustrom geflüchteter Menschen gelangte nach Hongkong, als der Bürgerkrieg zwischen der nationalistischen Guomindang und der Kommunistischen Partei auf dem Festland 1946 eskalierte und offene Kämpfe ausbrachen.

Hongkongs Wirtschaft profitierte stark von dem Zuzug. Die Chinesen, die sich jetzt auf den Weg in die Kolonie machten, waren fast ausnahmslos gut gebildet und wohlhabend. Sie misstrauten den chinesischen Kommunisten und befürchteten, dass ihre Betriebe verstaatlicht werden könnten. Obwohl Hongkongs industrielle Basis bereits vor dem Krieg einigermaßen gut entwickelt war, wurde sie durch die Zuwanderung von erfahrenen Unternehmern, Finanzspezialisten und Fachleuten erheblich gestärkt. Die Kolonialregierung schätzte später, dass der Transfer von Kapital und Geschäftserfahrung aus Schanghai der Kolonie einen Vorsprung von zehn bis 15 Jahren gegenüber dem Rest Ostasiens verschafft hatte.[38]

Die japanische Besetzung zeitigte über ihr Ende hinaus langfristige Wirkungen, denn sie hatte den zukünftigen Status der Kolonie zur Disposition gestellt. Zwar setzten sowohl die vertriebenen Briten als auch die in Hongkong verbliebenen Chinesen alles daran, Widerstand gegen Japan zu leisten und die Kolonie wiederzugewinnen. Die britische Regierung in London hatte auch ein kleines Team zur Planung der Wiederherstellung der britischen Souveränität nach Kriegsende gebildet. Dennoch brachte die chinesische Regierung erstmals im zeitlichen Kontext der japanischen Okkupation die vorzeitige Rückgabe der Kolonie an China ins Spiel. Die Regierung von Chiang Kai-shek beauftragte den chinesischen Botschafter in London, Wellington Koo, bereits 1941, die britische Position zu einer möglichen Rückgabe an China abzuklopfen.

Die Frage nach Hongkongs Zukunft kam erneut auf, als Großbritannien Ende 1942 mit China über das Ende der Extraterritorialität und anderer Privilegien aus dem Zeitalter des Imperialismus verhandelte. China gehörte zu den alliierten Mächten des Zweiten Weltkriegs. Es war ein allgemeiner Konsens unter den Alliierten, dass China als ein gleichberechtigtes Mitglied anzusehen sei. Infolgedessen hatten sich die imperialistischen Verträge der Vergangenheit überlebt. Ihre Abschaffung sollte China signalisieren, dass es sich im Krieg auf die Unterstützung des Westens verlassen könne. Chiang Kai-shek drängte mit Unterstützung des amerikanischen Präsidenten Franklin Roosevelt in diesem Zusammenhang auch auf die Rückgabe Hongkongs nach dem eventuellen Rückzug der Japaner als Ergebnis des erhofften alliierten Siegs über Japan. Die britische Reaktion darauf war jedoch eindeutig: „Sicher nicht. Wir geben nur extraterritoriale Rechte ab. Hongkong ist britisches Territorium, ob verpachtet oder anderweitig."[39] Am Ende musste China nachgeben, weil die Amerikaner auf einen Kompromiss drängten und den Zusammenhalt der Alliierten nicht gefährden wollten.

Auch auf der internationalen Kriegskonferenz in Kairo im November 1943 wurde das Schicksal Hongkongs besprochen. Bei allen Verhandlungen war die chinesische Position eindeutig. Die nationalistische Regierung von Chiang Kai-shek vertrat abermals den Standpunkt, dass Hongkong als Ganzes ein unveräußerlicher Teil Chinas sei und daher zurückgegeben werden müsse. Die USA teilten Chinas Position. Dies stieß auf starke britische Einwände. Premierminister Winston Churchill betonte, dass Großbritannien zwar keine territorialen Gewinne anstrebe, aber „beabsichtigt, an dem festzuhalten, was es hat, einschließlich Singapur und Hongkong, und seine Kolonien nicht ohne Krieg aufgeben wird".[40] Schließlich wurde, wiederum auf amerikanischen Rat, das Thema vertagt.

Nach dem Ende des Zweiten Weltkriegs zogen die USA ihre Unterstützung für eine vorzeitige Rückgabe Hongkongs zurück. Mit dem steten Vormarsch der chinesischen Kommunisten im Bürgerkrieg auf dem Festland änderten sich die Prioritäten. Je weniger die USA an einen Sieg Chiang Kai-sheks glaubten, desto mehr ging die Bereitschaft zurück, China bei seiner Forderung nach Rückgabe zu unterstützen. Um den Kommunismus in Ostasien einzudämmen, war Hongkong unter dem Union Jack die sicherere Option.[41] Die chinesische Regierung konnte lediglich erreichen, dass keine Vorfestlegungen vorgenommen wurden und dass die Frage der Souveränität Hongkongs im Zusammenhang mit dem Ablaufen der Pacht der New Territories 1997 erneut diskutiert werden konnte. Einmal mehr votierte eine chinesische Regierung, die sich in einer schwächeren Position sah, auf das langfristige Hinausschieben des „Hongkong-Problems" in der Hoffnung, dass die Umstände sich dann zu Chinas Gunsten verändert hätten.

Die japanische Herrschaft war zwar nur von kurzer Dauer, aber die Auswirkungen der japanischen Okkupation zerstörten den Mythos der Unbesiegbarkeit des britischen Empire. Die Pax Britannica wurde zu einem Relikt der Vergangenheit. Selbst der Regierung in London schwante, dass Großbritannien zwar Hongkong wiedererhalten hatte, die britische Herrschaft in Hongkong aber nicht dieselbe bleiben könne wie vor dem Krieg. Die Uhr ließ sich nicht zurückstellen.

An der Frontlinie des Kalten Krieges

Der Bürgerkrieg zwischen der nationalistischen und der Kommunistischen Partei auf dem Festland hielt bis Ende 1949 an. Im aufziehenden Kalten Krieg hatten beide Parteien internationale Unterstützer. Die Amerikaner waren auf Seiten der GMD, und die Sowjets halfen der KPCh, aber keine der beiden Seiten griff militärisch ein. Ein charakteristisches Muster des beginnenden Kalten Krieges zeichnete sich ab: Die Vereinigten Staaten und die Sowjetunion vermieden eine direkte militärische Intervention. Stattdessen bewaffneten beide Supermächte ihre vertrauenswürdigen Stellvertreter, Satellitenstaaten und Verbündeten, um den Ausgang von Konflikten zu ihren Gunsten zu beeinflussen.

Aber der Bürgerkrieg endete 1949 mit einem Ergebnis, das kaum jemand im Westen erwartet hatte: China, das bevölkerungsreichste Land der Erde, wurde kommunistisch. Der Anführer der Kommunistischen Partei, Mao Zedong, rief am 1. Oktober 1949 die Gründung der Volksrepublik (VR) China aus. Im Oktober 1950 überquerten Truppen einer chinesischen Volksfreiwilligenarmee den Yalu-Fluss, um nordkoreanische Armeen zu unterstützen, und beteiligten sich offensiv am Kampf gegen US-Truppen, die den 38. Breitengrad, die Trennlinie zwischen Nord- und Südkorea, überschritten hatten.

Damit wurde Hongkong gleichsam über Nacht zur Frontstadt in dem großen ideologischen Konflikt zwischen Ost und West. Sowohl China also auch die USA waren im Kalten Krieg in der britischen Kolonie aktiv, obgleich die Kolonialregierung offiziell auf Neutralität pochte. Die USA nutzten Hongkong als Basis für Operationen in China und Ostasien. Von hier unternahmen sie Lauschangriffe auf die VR China, schleusten Spione in das Festland ein, horchten den Funkverkehr ab und betrieben antikommunistische Propaganda. Hongkong diente als wichtiger Stützpunkt für die militärischen Operationen in Korea und Vietnam. Aber auch die VR China etablierte eine Präsenz in Hongkong: Sie rekrutierte im Rahmen der Einheitsfront Unterstützer und Helfer. Als Einheitsfront bezeichnete die KPCh ihre Strategie, im kapitalistischen Hongkong Strukturen und Bündnisse aufzubauen, die ihr politischen Einfluss in der Kolonie verschaffen sollten. Außenhandelsorganisationen, Nachrichtendienste, Freundschaftsvereinigungen und Schulen in Hongkong vertraten die Interessen der VR China. Am wichtigsten war allerdings die wirtschaftliche Rolle der Stadt, denn über sie konnte die international weitgehend isolierte Volksrepublik Güter vom Weltmarkt beziehen und Waren auf dem Weltmarkt verkaufen.

Unabhängig von den ideologischen Auseinandersetzungen aber entwickelte sich in Hongkong ein Wirtschaftswunder. Hongkong gelang aus eigener Kraft eine schnelle Industrialisierung, die von vielen Ländern in der Dritten Welt bewundert wurde. Die Stadt belieferte den Weltmarkt vor allem mit günstigen Elektronikprodukten. Steigende Lebensstandards zeugten vom Erfolg Hongkongs. Chinesische Unternehmer waren dabei erfolgreicher als ihre britischen Konkurrenten, die ihre frühere wirtschaftliche Vorrangstellung zunehmend einbüßten.

Das System der britischen Herrschaft in der Nachkriegszeit

Im Dezember 1948 und erneut im August 1949 unterstrich die britische Regierung in London ihre Absicht, Hongkong bis zum Ablauf der Pachtzeit unter britischer Herrschaft behalten zu wollen – obwohl sie sich zuvor allgemein zur Dekolonisierung des britischen Empire bekannt hatte. Angesichts des Bürgerkriegs in China schien die Frage der Rückgabe auch nicht aktuell. Mit der kommunistischen Machtübernahme Chinas im Oktober 1949 wurden alle Überlegungen bezüglich einer vorzeitigen Rückgabe obsolet. Unter Verweis auf das formale Argument, dass die kommunistische Regierung sich weigerte, die Gültigkeit der Verträge aus dem Zeitalter des Imperialismus (die ja unter anderem auch die Abtretung Hongkongs regelten) anzuerkennen, bekräftigte die britische Regierung, Hongkong als Kolonie zu halten. Die Entwicklung bestärkte jene

Kräfte in Großbritannien, die ohnehin davon überzeugt waren, dass die Kolonie für die Verteidigung wirtschaftlicher und militärischer Interessen in der Region unabdingbar sei. Hinzu kam die Krise auf der koreanischen Halbinsel, die im Juni 1950 in den Koreakrieg mündete. Für die USA und ihre Verbündeten bekam Hongkong eine strategische Bedeutung als operative Basis für Militärs, für westliche Geheimdienste und für die Berichterstattung über die Region. Hongkong wurde schnell zu einem wichtigen Bestandteil der US-Planung zur Eindämmung der kommunistischen Expansion in Ost- und Südostasien.

Damit änderte sich auch Hongkongs Rolle. Jetzt war die Stadt nicht mehr nur ein britischer Anachronismus aus dem Zeitalter des Imperialismus. Vielmehr wurde sie zum Brückenkopf der kapitalistischen Welt im zeitgenössischen Kampf gegen die kommunistische Bedrohung.[42] Auch die Selbstdarstellung Hongkongs wandelte sich: An der Frontlinie zum Kommunismus in China war Hongkong in den Augen des westlichen Bündnisses jetzt Symbol der freien Welt und ihrer Werte. Diese neuerliche westliche Inanspruchnahme der Stadt für große geostrategische Belange verhinderte Reformen im Inneren des kolonialen Systems. In der Frontstadt sollten „demokratische Dummheiten“ ausgeschlossen sein: „In Verwaltung und Gesetzgebung bestimmt nackter Kolonialismus die Linie“, so beschrieb Journalist und Autor Richard Hughes 1967 die politischen Verhältnisse in der Stadt.[43] Diese Linie stand allerdings zumindest teilweise im Gegensatz zu Erwartungen der chinesischen und auch der zivilen britischen Bevölkerung nach mehr Selbstbestimmung und tatsächlich gelebter Freiheit nach dem Ende der japanischen Besetzung. Die chinesische Bevölkerung beanspruchte für sich einklagbare Grundfreiheiten, die ihr bislang vorenthalten wurden, und wünschte sich echte Reformen des kolonialen Systems. Vertreter der Chinesen forderten mehr Mitsprache und Teilhabe in den Angelegenheiten der Kolonie, die Beseitigung von Diskriminierung und Korruption, eine kostenlose Ausbildung für die Kinder der Armen sowie die Anstellung britischer Beamter, die Kenntnisse und Verständnis für die Sorgen der chinesischen Bevölkerung hatten.

Gouverneur Young war solchen Forderungen gegenüber offen. Das Ende der japanischen Besetzung Hongkongs zwang die Kolonialregierung dazu, wenn auch widerstrebend, über Reformen und eine Neuausrichtung der Kolonialverwaltung nachzudenken.[44] Nach dem Krieg schlug Young Verfassungsreformen vor, die den Hongkonger Bürgern weitreichendere Rechte geben sollten als jemals zuvor. Young war überzeugt, dass die zivile Bevölkerung mehr politische Mitwirkung erhalten müsse, um langfristig die britische Herrschaft zu akzeptieren. Sein Ziel war es, Hongkong als Stadtstaat innerhalb des britischen Empire und Commonwealth zu etablieren. Daher forderte Young eine größere demokratisch legitimierte Vertretung chinesischer Interessen im Legislativ- und Exekutivrat. Er schlug einen „Municipal Council", also eine Art Gemeinderat vor, der zu zwei Dritteln direkt gewählt werden und für alle kommunalen Angelegenheiten zuständig sein sollte. Die Kolonialregierung sollte hingegen die Kontrolle über Finanzen und Verteidigung behalten. Zudem wollte Young mehr Chinesen in die Kolonialverwaltung holen und europäische Regierungsbeamte durch chinesische ersetzen. Durch die Lokalisierung von Regierung und Verwaltung sollte die Identifikation mit der Kolonie verstärkt werden. Allerdings fanden diese Vorschläge nicht nur positiven Widerhall. Sie wurden unter den Briten in Hongkong sehr kontrovers diskutiert. Viele Briten befürchteten, solche Reformen würden zu Konflikten zwischen der britischen und chinesischen Bevölkerung und außerdem zu einer unzuverlässigeren Verwaltung führen.

Obwohl die Regierung in London nach intensiver Diskussion den sogenannten Young-Plan im Juli 1947 genehmigt hatte, wurde er nur in Teilen umgesetzt. 1946 war zwar bereits die gesetzliche Grundlage für die räumliche Segregation zwischen Europäern und Chinesen aufgehoben worden. Auch wurden mehr Chinesen in die Verwaltung rekrutiert. 1947 aber endete Youngs Amtszeit. Sein Nachfolger, Alexander Grantham, lehnte Youngs Plan einer politischen Reform kategorisch ab. David C. Wilson, selbst Gouverneur zu einem späteren Zeitpunkt, zeigte im Rückblick Verständnis: „Bei all den Unruhen in Hongkong vor und nach dem Sieg der Kommunisten im Jahr 1949 dachte Grantham, dass jeder Versuch einer substanziellen Reform äußerst destabilisierend wäre."[45] Die Reformvorschläge zur Veränderung des Wahlsystems und der Etablierung eines Gemeinderats mit weitreichenden Kompetenzen wurden daher unter Grantham ersatzlos gestrichen. Eine Demokratisierung war im Kalten Krieg nicht mehr auf der Agenda der Kolonialmacht. Die Konsequenzen waren weitreichend: Bis kurz vor der Übergabe an China konnten sich in der Kolonie keine politischen Parteien, kein allgemeines Wahlrecht und keine gewählten Versammlungen herausbilden. Die einzige Ausnahme war der Stadtrat, dessen Mitglieder ab 1952 zum Teil gewählt wurden. Jedoch hatte dieses Gremium nur eine sehr begrenzte Verantwortung: Die wichtigsten Aufgaben waren die Lizenzierung von Spirituosenverkäufen, Abfallentsorgung und Verwaltung von Freizeiteinrichtungen wie Fußballplätzen und Schwimmbädern.

Anstelle einer formalen politischen Beteiligung durch Wahlen baute die Regierung das Prinzip der Konsultation der Bevölkerung aus.[46] So wurden in den städtischen Bezirken Stadtbezirkskomitees, in den ländlichen Teilen Regionalkomitees und Komitees für gegenseitige Hilfe eingerichtet. In diesen Gremien konnten chinesische Bürger eigene Anliegen vorbringen oder Initiativen vorschlagen. Durch die Aufnahme der lokalen Eliten in diese Organe sollten die Mitsprache der Bevölkerung erhöht und mögliche soziale oder politische Konflikte durch Dialog entschärft beziehungsweise ihnen vorgebeugt werden. Unter diesem System wurden – abhängig von der Gunst des Kolonialstaats – auch einige Verbände als Interessenvertretungen bestimmter sozialer und wirtschaftlicher Sektoren etabliert. Zu diesen privilegierten Verbänden gehörten die Hong Kong General Chamber of Commerce, die Federation of Hong Kong Industries und die Hong Kong Association of Banks. Diese Verbände deckten wichtige Wirtschaftssektoren ab. Ihre Vorsitzenden wurden in verschiedene Ausschüsse, den Legislativrat und den Exekutivrat berufen, um unverbindlich und beratend an Entscheidungen mitzuwirken.

Eine Sonderstellung nahm ein Gremium namens Heung Yee Kuk ein. Dieser gesetzlich vorgeschriebene Rat war für die Beratung der

Regierung in ländlichen Angelegenheiten zuständig. Der Rat war insofern einzigartig, als die Mitglieder aus ländlichen Komitees heraus gewählt wurden, die sich aus indigenen Einwohnern der New Territories zusammensetzten. Im Laufe der Jahre spielte die Versammlung eine wichtige Rolle beim Schutz der Landrechte und der sozialen Gepflogenheiten der indigenen Bevölkerung, die in der Einwanderergesellschaft Hongkongs zunehmend an den Rand gedrängt wurde.

In der Nachkriegszeit entwickelte sich das koloniale System zu einer Art Oligarchie aus sektoralen, berufsspezifischen Interessengruppen und -verbänden. Bis zu den 1980er Jahren waren die einzigen übergreifenden zivilgesellschaftlichen Bürgergruppen der Reformklub und die Bürgervereinigung. Beide hatten wenige Mitglieder, formulierten keine klaren politischen Programme und erfreuten sich nur geringer Beliebtheit.

Die Bevölkerung wuchs stetig. 1950 lebten etwas über zwei Millionen, 1960 etwa drei Millionen, 1970 vier Millionen und 1980 fünf Millionen Einwohner in Hongkong. Bei den Zuwanderern handelte es sich in der großen Mehrheit um Flüchtlinge vom Festland, die wegen der politischen Kampagnen und Turbulenzen geflohen waren. Besonders während des Großen Sprungs nach vorn (1958–1960) und der Kulturrevolution (1966–1976) kamen Hunderttausende nach Hongkong.[47] Dort fanden sie Schutz vor der autoritären Politik, die in Maos China in Form von politischen Kampagnen und brutalen Säuberungen durchgesetzt wurde. Die Flüchtlinge bevorzugten nicht nur die politische Stabilität, sondern auch die wirtschaftliche Freiheit in Hongkong vor der Repression und dem Chaos in China. Die englische Kolonialregierung hatte zwar 1950 ein „Quotensystem" eingeführt, das den Zuzug begrenzen sollte, konnte aber den illegalen Zustrom von Flüchtlingen nicht unterbinden.[48] Viele Flüchtlinge aus China lebten anfangs in Slums an Hanggebieten ohne Wasser und Strom, dauernd der Gefahr von Bränden und Schlammlawinen ausgesetzt. Ein fürchterliches Feuer am 24. Dezember 1953 in Shek Kip Mei, Kowloon, machte mehr als 58 000 Menschen obdachlos und veranlasste die Regierung, mehrstöckige Flüchtlingssiedlungen zu errichten.

Fast alle Flüchtlinge in dieser Zeit hatten vor, dauerhaft in Hongkong zu bleiben. Sie gründeten dort Familien und holten weitere Familienmitglieder nach. Für sie wurde Hongkong zu ihrer eigentlichen Heimat. Das einsetzende Wirtschaftswachstum und die Entwicklung eröffneten wirtschaftliche Chancen für ihre Kinder und Familien, die es auf dem viel rückständigeren Festland nicht gab. Und die britische Kolonialverwaltung, obwohl keineswegs nur beliebt, garantierte soziale und politische Stabilität. Sie musste nun allerdings mit einer wachsenden Bevölkerung umgehen, die die Strukturen der Stadt belastete.

Die sozialen Bedingungen der einfachen chinesischen Bevölkerung waren erdrückend: Geringe Löhne und täglich lange Arbeitszeiten von über zwölf Stunden, auch an Wochenenden, waren der Regelfall. Selbst Kinderarbeit war normal. Es existierten faktisch keine Arbeitsrechte. Die Wohnbedingungen für die Arbeiter waren miserabel. Immer wieder gab es Proteste. 1966 lehnte sich die Bevölkerung in den sogenannten Star Ferry-Protesten gegen Fahrpreiserhöhungen auf, die der britische Betreiber angekündigt hatte. Es gab Verletzte und Verhaftungen. Die Spannungen in der Stadt stiegen und entluden sich in den Mai-Krawallen des Jahres 1967, die am Ende weitreichende Änderungen der langjährigen Politik des kolonialen Staates nach sich zogen.

Die Mai-Unruhen 1967

Die Proteste Mitte bis Ende 1967 hatten einerseits lokale Ursachen, waren andererseits aber auch von der Kulturrevolution in der VR China beeinflusst.[49] Der Ursprung lag in einem Arbeitskampf in zwei Fabriken des Plastikblumenherstellers Artificial Flower Works von Li Ka-shing. Die Arbeiter in der größeren der beiden Fabriken in San Po Kong in Kowloon waren empört über Lohnkürzungen und Urlaubsverbote sowie Massenentlassungen. Vertreter der Belegschaft forderten eine bessere Behandlung der Arbeiter und Rücknahme der Lohnkürzungen. Zur Durchsetzung ihrer Forderungen begannen sie einen Streik und blockierten den Zugang zur Fabrik. Als die Manager der Fabrik die Polizei riefen, kam es zu gewaltsamen Auseinandersetzungen und Verhaftungen.

Solche Konflikte um Arbeitsbedingungen und Führungsstil waren in Hongkongs Fabriken an der Tagesordnung und an sich nicht ungewöhnlich. Als die örtlichen, im Untergrund agierenden Zellen der Kommunistischen Partei von diesen Vorfällen erfuhren, sahen sie darin eine günstige Gelegenheit. Sie bildeten Arbeitskomitees und schickten sie zur Fabrik, um die Arbeiter zu mobilisieren und Streiks, Proteste und Fabrikbesetzungen zu organisieren. Diese Aktionen waren von der Kulturrevolution in China inspiriert, die das ganze Festland seit August 1966 in Beschlag nahm. Die Ziele der von Mao Zedong begonnenen Massenkampagne waren, „alles zu stürzen“ und einen „umfassenden Bürgerkrieg“ gegen Abweichler und Kapitalisten in China zu führen. Über Flugblätter, Publikationen und persönlichen Austausch wurden diese Ideen nach Hongkong getragen.

Unter dem Einfluss der aufwieglerischen Rhetorik radikalisierten sich die Proteste in Hongkong. Flugblätter und Plakate riefen zu einem großen öffentlichen Kampf gegen „die britischen imperialistischen Kapitalisten“ und ihre chinesischen Handlanger auf. Konkret wurde Folgendes gefordert: sofortige Freilassung der inhaftierten Arbeiter, Bestrafung der am Konflikt beteiligten Aufseher und Manager, Entschädigung und Gewährleistung der persönlichen Sicherheit der Arbeiter und keine weitere Einmischung der Polizei in Arbeitsstreitigkeiten.[50] Der ursprüngliche Arbeitskampf in der Fabrik in Kowloon wurde nun von einer Reihe von Großdemonstrationen, Märschen, lauten Straßenprotesten und Steinwürfen in der Stadt und vor dem Regierungsgebäude überlagert.

Der Erfolg dieser ersten großflächigen Mobilisierung in der Geschichte Hongkongs war beachtlich: Zehntausende Chinesen, meist junge Arbeiter, aber auch Studierende, gingen auf die Straße, um gegen die britische Kolonialherrschaft zu protestieren. Sie waren gewaltbereit und begingen immer wieder Bombenattentate auf britische Einrichtungen. Auch an der Grenze stiegen die Spannungen,

Abbildung 6: Arbeiter und Studierende demonstrierten im Mai 1967 gegen die britischen Kolonialherren.

weil die Kolonialregierung die Lieferung von Propagandamaterial, Geld und Waffen vom Festland befürchtete. Im Juli kam es zu einem Schusswechsel zwischen britischen Polizisten und chinesischen Grenzposten, bei dem fünf Briten ihr Leben verloren. Infolgedessen rief der Gouverneur, David Clive Crosbie Trench, den Ausnahmezustand aus. Die britische Regierung in Hongkong reagierte konsequent. Die Proteste und Demonstrationen wurden, auch unter Einsatz von Tränengas und Schlagstöcken, aufgelöst. Tausende wurden verhaftet. 51 Menschen wurden bei den Unruhen getötet, darunter zehn Polizisten. Mehr als 800 Menschen wurden verletzt.

Die Unruhen und antibritischen Proteste zogen sich bis Jahresende hin und waren ein Schock für das britische Establishment, offenbarten sie doch eine tiefsitzende Unzufriedenheit der chinesischen Bevölkerung mit den allgemeinen Arbeits- und Lebensbedingungen. Für Entsetzen sorgte auch, dass die Kommunistische Partei ihren Einfluss in der Kronkolonie demonstriert hatte. Die chinesische Bevölkerung in der Geschäftsstadt Hongkong zeigte plötzlich eine andere, rebellische Seite. Der Schmelztiegel aus Ost und West, der sich zumeist mit Hingabe dem Geldverdienen widmete, konnte sich aus Protest oder Gefühlen der ungerechten Zurücksetzung in Windeseile politisieren – das war die Lehre des Jahres 1967. Das gewalttätige Vorgehen auf beiden Seiten führte zu einem erheblichen Vertrauensverlust. Weil sie nicht mehr an eine gute Zukunft der Kolonie glaubten, verkauften viele chinesische Einwohner ihr Eigentum und verließen Hongkong.

Als Antwort auf die Unruhen und den Exodus erweiterte die Kolonialregierung ihre Sozialleistungen, um die soziale Lage der Bevölkerung und die allgemeine Zufriedenheit zu verbessern. Sie verstärkte ihre Investitionen vor allem in den Bereichen öffentlicher Wohnungsbau, Infrastruktur, Erziehungs- und Gesundheitswesen und Sozialfürsorge. Speziell die großen Neuansiedlungsprogramme, die Beseitigung von Slums und der Aufbau einer modernen Infrastruktur wurden zu den wichtigsten Aufgaben des kolonialen Staats. Eine der größten Leistungen war die Bereitstellung von Wohnraum für über drei Millionen Menschen. Außerdem wurden in den 1970er Jahren für die gesamte Bevölkerung eine allgemeine neunjährige Schulpflicht, ein kostenloser medizinischer Dienst und ein Sozialversicherungssystem eingeführt.

Parallel zum System der Konsultation und Partizipation der funktionalen Wählergruppen bildete sich in den 1970er Jahren eine alternative Form der politischen Beteiligung heraus: der Protest im öffentlichen Raum. Organisiert von Studierenden, Kirchenmitgliedern und Sozialarbeitern entstand in Hongkong wie in anderen postindustriellen Gesellschaften eine urbane zivile Protestkultur, die den Beginn einer aktiven politischen Partizipation der Bevölkerung markierte.[51] Gegenstand der kleinen und überschaubaren Proteste waren etwa Missstände im Wohnungsbau, Umweltfragen, Tariferhöhungen im Nahverkehr etc. Die Formen des Protests reichten von Petitionen, Sit- und Sleep-ins bis zu Unterschriftensammlungen und Demonstrationen zu Wasser und zu Lande, wobei gewaltsame Auseinandersetzungen die Ausnahme blieben. Gemäß Polizeiakten stieg die Anzahl von öffentlichen Versammlungen kontinuierlich von 38 im Jahr 1984 auf 365 im Jahr 1990. Straßenumzüge und Demonstrationen stiegen von 31 im Jahr 1984 auf 272 im Jahr 1990. Zu dieser Zeit entstanden die sogenannten Pressure Groups, welche Druck auf die Regierung ausüben wollten und ihre Proteste effektiv und medienwirksam organisierten. Ein Beispiel sind die Hongkong Observers, die in den 1970er und 1980er Jahren aktiv waren. Ihr Ziel war es, die koloniale Regierung durch wissenschaftliche Begleitforschung zu kontrollieren und durch Beeinflussung der öffentlichen Meinung Druck auf die Regierung auszuüben.[52] Trotz wachsenden Wohlstands von Hongkong unter der Kolonialverwaltung fanden sie viel zu kritisieren. Die Observers waren gewissenhafte und engagierte zeitgenössische Sozialkritiker.

Anders als früher verhinderte die britische Kolonialregierung solche Aktionen und Proteste nicht mehr. Auch wurden die dahinterstehenden Organisationen nicht verboten, obwohl das vom Gesetz her möglich gewesen wäre. Vielmehr tolerierte die Regierung nach 1967 die neuen sozialen Bewegungen. Das speziell von der Regierung eingesetzte Standing Committee on Pressure Groups betrachtete die Gruppen und ihre Protestaktionen als politische und soziale Ventile und empfahl ausdrücklich, Vertreter dieser Bewegungen, wann immer möglich, in den politischen Prozess einzubinden.

Dieses Vorgehen der Regierung nahm dem politischen System von Hongkong vor der Übergabe seinen kolonial-autoritären Charakter und beschleunigte seine Entwicklung hin zu einer modernen offenen Gesellschaft. Es trug entscheidend zur innenpolitischen Stabilität bei. Insgesamt führten diese Maßnahmen zu einer Verbesserung des Verhältnisses zwischen der Hongkonger Bevölkerung und der britischen Kolonialmacht nach 1967. Viele Chinesen in Hongkong schätzten nun die effiziente britische Kolonialverwaltung sowie den wirksamen Kampf gegen die Korruption. Auch die öffentlichen Dienstleistungen wie zum Beispiel eine einfache Steuergesetzgebung und eine transparente Finanzverwaltung fanden Zustimmung. Insgesamt lässt sich das britische Kolonialsystem in Hongkong nach dem Krisenjahr 1967 am besten als ein undemokratischer Paternalismus charakterisieren, der sich mit einem Minimum an Bürokratie begnügte.[53] Dahinter stand ein eingespieltes System von Konsultation und Konsensfindung mit den verschiedenen gesellschaftlichen Gruppen unter bewusster Tolerierung und Einbeziehung eines breiten Meinungsspektrums.

Der Wirtschaftsboom

Die koloniale Verwaltung war unbestreitbar wirtschaftsfreundlich. Die Gouverneurs- und fast alle Spitzenpositionen wurden mit Personal aus Großbritannien besetzt. Gegenüber der Geschäftswelt in Hongkong waren sie relativ unabhängig. Sie hatten die klare Aufgabe, die wirtschaftliche Entwicklung voranzubringen, indem sie mit geeigneten Rahmenbedingungen das Wachstum förderten. Die Kolonie sollte wirtschaftlich und finanziell von England unabhängig sein und konnte nicht mit Hilfszahlungen oder Transfers aus dem Mutterland rechnen. Die Kolonialverwaltung gab daher der Wirtschaft Vorrang vor anderen Prioritäten. Sie kooperierte eng mit führenden lokalen Geschäftsleuten, die einen sehr großen Einfluss auf die Kolonialverwaltung hatten. Bis zur Übergabe 1997 behielten die Kolonialbehörden zwar die politische Macht in ihren Händen, aber sie gaben der Wirtschaft weitgehenden Freiraum. Nichtsdestotrotz war der koloniale Staat ein wichtiger Akteur in der lokalen Wirtschaft. Er war der größte Arbeitgeber, der größte Immobilienentwickler, ein führender Bauunternehmer und der größte Vermieter. Er war auch der wichtigste Anbieter von Bildungs- und Gesundheitsdienstleistungen.

Die wirtschaftliche Ausgangssituation nach dem Zweiten Weltkrieg war schwierig. Aufgrund der Beteiligung der VR China am Koreakrieg hatten die Vereinten Nationen 1951 ein Handelsembargo gegen China verhängt. Das traf Honkong hart, denn damit kam der für Hongkong so wichtige Chinahandel fast vollständig zum Erliegen. Nach dem Schock setzte aber bald eine deutliche Erholung ein, weil zwei Faktoren auf glückliche Weise zusammenwirkten. Das war zum einen die Flucht von Menschen und Kapital vom chinesischen Festland in den 1950er Jahren und zum anderen die Notwendigkeit einer wirtschaftlichen Neuorientierung nach dem Koreakrieg (1950–1953) aufgrund des Niedergangs des Chinahandels.

Die Welle von Flüchtlingen vom Festland brachte eine Vielzahl billiger Arbeitskräfte für die Expansion der verarbeitenden Industrie nach Hongkong. Zugleich kamen aber auch viele wohlhabendere und gebildete Flüchtlinge, die bereits in China Unternehmer gewesen waren und über Kapital und Know-how verfügten. Geflüchtete Industrielle aus Schanghai investierten vor allem im Spinnereisektor der Textilindustrie. Die von den Neuankömmlingen errichteten Fabriken waren üblicherweise viel größer und fortschrittlicher als die der bestehenden lokalen Hersteller. Mit der Verlagerung von Spinn- und Webfabriken aus Schanghai kamen auch ein effizienteres Management und fortschrittlichere Technologien sowie neue und teurere Maschinen zum Einsatz. Damit wurde die Basis für den Aufbau einer lokalen Fertigungsindustrie geschaffen, die den Export von Industrieerzeugnissen ermöglichte. Hongkongs Industrie entstand somit zuerst im Textilsektor, bevor sie sich in den 1960er Jahren allmählich in Elektronik, Kunststoffe und andere arbeitsintensive Produktionen hauptsächlich für den Export diversifizierte.

Die wirtschaftliche Entwicklung Hongkongs ist in vielerlei Hinsicht ungewöhnlich. Erstens ging die Industrialisierung eher mit einer Zunahme von kleinen und mittleren Unternehmen einher als mit einer Konsolidierung, wie es in anderen Volkswirtschaften häufig der Fall ist. 1955 beschäftigten 91 % der Fertigungsbetriebe weniger als hundert Arbeiter, und dieser Anteil stieg 1975 auf 96,5 %. Ende 2002 machten kleine und mittlere Unternehmen 98 % aus und waren für 60 % der gesamten privaten Beschäftigung verantwortlich.[54]

Zweitens betrieb die Regierung bis Ende der 1960er Jahre keine aktive Industrieplanung. Dies lag zum Teil daran, dass sie Sozialausgaben für die Unterbringung großer Einwandererströme aufbringen musste, und zum anderen an einem ideologischen Glauben an die Kräfte des freien Markts. Damit unterscheidet sich Hongkong von den üblichen Modellen asiatischer Wirtschaftsentwicklung, die auf staatlich geführter Industrialisierung (Japan, Südkorea, Singapur, Taiwan), auf Dominanz ausländischer Firmen (Singapur) und auf großen Firmen mit engen Beziehungen zum Staat (Japan, Südkorea) beruhten. Niedrige Steuern, laxe Arbeitsgesetze, keine Staatsverschuldung und freier Handel waren die Säulen der wirtschaftlichen Entwicklung Hongkongs.

Die treibende Kraft der Industrialisierung in Hongkong waren daher weder die Regierung noch die britischen Hongs, sondern die einheimischen Familienunternehmen. Sie tätigten den größten Anteil der Investitionen in Produktionsanlagen. Der Großteil der Manager der neu entstandenen Industriebetriebe und fast alle Industriearbeiter waren chinesischer Herkunft. Aufgrund der rasanten industriellen Expansion entstand eine neue wohlhabende Schicht chinesischer Industrieller. Während 1953 nur 30 % von Hongkongs Exporten lokal produziert wurden, war dieser Anteil bis 1959 auf 70 % angestiegen. Diese Transformation vom Handels- zum Produktionsstandort führte zu hohen Wachstumsraten des Bruttoinlandsprodukts (BIP). Das stärkste Wirtschaftswachstum fand Ende der 1960er Jahre und in den frühen 1970er Jahren statt. Das BIP nahm in dieser Phase im Jahresdurchschnitt um ca. 9 % zu.[55]

Die Kolonie produzierte und exportierte eine Vielzahl von Industriegütern wie Textilien und Kleidung, Plastikspielzeug und -blumen, Taschenlampen und Batterien sowie Aluminium-, Emaille- und Rattanwaren. Diese rasante Industrialisierung hätte ohne die zuvor über eine lange Zeit aufgebauten Handels- und Bankennetze nicht stattfinden können. Chinesische Industrielle benötigten die Kredite britischer Banken, die sich der Unterstützung des Kolonialregimes erfreuten. Die britischen Banken verfügten durch ihre exzellenten internationalen Finanznetzwerke über die finanziellen Ressourcen, das Know-how und den schnellen Zugang zum Rest der Welt. Sie waren in der Lage, den lokalen chinesischen Unternehmern für ihre Expansion maßgeschneiderte Finanzierungen anzubieten.

Parallel zu seinem industriellen Boom wurde Hongkong in den späten 1960er und frühen 1970er Jahren auch zu einem regionalen Finanzzentrum.[56] Das koloniale Währungssystem sorgte für Währungsstabilität im zunehmend regulierten internationalen Finanzsystem der Nachkriegszeit. Hongkongs Status sowohl als britische Kolonie als auch als asiatischer Knotenpunkt legte somit den Grundstein für seinen Aufstieg zum internationalen Finanzzentrum, wobei die politische Instabilität in anderen Teilen Ostasiens die wirtschaftliche Attraktivität Hongkongs erhöhte.

Eine besondere Rolle spielte der Immobilienmarkt.[57] Die Immobilienpreise im Nachkriegs-Hongkong waren aufgrund des begrenzten Angebots an Land hoch. Die Nachfrage wuchs wegen der Bevölkerungs- und Industrieexpansion kontinuierlich. Der fast ununterbrochene Anstieg der Immobilienpreise wurde durch die von den Maoisten angezettelte Konfrontation von 1967 nur für kurze Zeit gestört. Den mit dem Rückgang des öffentlichen Vertrauens in die Zukunft Hongkongs verbundenen Wertverlust der Immobilien nutzte eine ganze Generation lokaler Unternehmer, mit Gewinnen aus Handel und Produktion ihre Immobilienportfolios zu erweitern und damit ihr privates Vermögen und ihre Geschäftsimperien aufzubauen. Mit Ausnahme einiger der ältesten und erfolgreichsten britischen Hongs wie Swire und Hong Kong Land (Teil der Jardine-Gruppe) sowie einiger großer lokaler Landbesitzer in den New Territories wie der Familie Hotung und der Hysan-Gruppe wurden die meisten führenden Wirtschaftskonglomerate Hongkongs auf der Grundlage kühner und weitsichtiger Investitionen in die Immobilienbranche in dieser Zeit aufgebaut. Das Cheung Kong-Imperium von Li Ka-shing ist das bekannteste Beispiel. Andere, ebenfalls bekannte sind die New World-Gruppe, Henderson Land, die Hang Lung-Gruppe und die Sun Hung Kai-Gruppe. Diese Konglomerate werden von Tycoons geführt, die als Großindustrielle oder Magnaten ganze Wirtschaftszweige in Hongkong dominieren.

Die Investitionen machten sich für die Tycoons mehr als bezahlt. Ihre anschließenden Gewinne waren exorbitant. Eine kleine Gruppe von Immobilienentwicklern und Bauträgern entwickelte in den 1970er Jahren einen Großteil der Privatwohnungen für den Massenmarkt. Dank der Strategie der Regierung, die Landvergabe zu knapp zu halten, waren die Gewinnmargen immens. Bauträger, die auf günstig gepachteten landwirtschaftlichen Flächen Gebäudekomplexe errichteten, erzielten Gewinnmargen von bis zu 300 %.

Die beachtlichen Gewinne investierten diese Unternehmen an der Börse. In den frühen 1970er Jahren wurden daraus aufgrund des Börsenbooms große Vermögen. Das so angesammelte Kapital wurde wiederum in die Expansion bestehender oder Gründung neuer Hongkonger Unternehmen reinvestiert, die bald die alteingesessenen britischen Hongs überflügelten. Die Entwickler kauften mit ihren enormen Gewinnen auch andere Teile der Hongkonger Wirtschaft auf, darunter einige britische Unternehmen aus der Kolonialzeit.

Ein Symbol für ihren spektakulären Aufstieg war die Übernahme von Hutchison Whampoa (ursprünglich 1828 als John D. Hutchison gegründet) durch Li Ka-shing im Jahr 1978. Die Transaktion wurde durch die Hong Kong and Shanghai Bank finanziert. Während einige wenige alteingesessene Hongs wie Jardine und Swire weiterhin florierten, hatten Unternehmen im Besitz von Li und anderen chinesischen Unternehmern die britischen Hongs in den frühen 1980er Jahren nicht nur überholt, sondern dabei auch einige von ihnen geschluckt.[58]

Spätestens seit den 1970er Jahren waren die Fortschritte in den materiellen Lebensumständen unübersehbar. Die Löhne stiegen und die Arbeitsbedingungen verbesserten sich. Große Teile der Bevölkerung in Hongkong bemerkten die wachsende Diskrepanz zwischen den Lebensbedingungen im sozialistischen China und denen unter der britischen Herrschaft.

Hongkong als Fenster Chinas zur Welt

In den Jahrzehnten des Kalten Krieges spielte Hongkong eine paradoxe Rolle. Das kapitalistische und koloniale Hongkong war eine Basis für die Arbeit westlicher Geheimdienste und Militärs in China und Ostasien und zugleich das wichtigste Fenster für die sozialistische VR China, um unter Umgehung der internationalen Isolation Zugang zur Außenwelt zu erhalten.

Die britische Kolonialregierung sorgte für Recht und Ordnung und beanspruchte für sich eine neutrale Position. Sie wollte weder in innerchinesische Konflikte, etwa zwischen der VR China und Taiwan, hineingezogen werden noch in den Kalten Krieg zwischen China und den USA. Die Stadt fungierte als amerikanischer Abhörposten in das kommunistische China hinein. Hongkong hatte zugleich und ungewollt eine ähnliche Funktion für die KPCh und ihre Operationen in Ostasien. Die britische Kolonialregierung erlaubte stillschweigend ausländischen Mächten und Gruppierungen wie den USA, den chinesischen Kommunisten und auch der Guomindang, in Hongkong nebeneinander zu existieren und sich dort sogar gegenseitig auszuspionieren, solange sie von offener Gewalt und öffentlichen politischen Aktivitäten Abstand nahmen. Im Kalten Krieg ähnelte die Rolle Hongkongs in Ostasien der Rolle Berlins in Europa.

Zugleich tat die britische Regierung wenig, um die Kolonie Hongkong zu unterstützen oder zu stärken. Großbritannien war längst keine imperiale Macht mehr. Die britische Regierung war weder daran interessiert noch in der Lage, Hongkong im Konfliktfall gegenüber China zu verteidigen. Gute Beziehungen mit dem Festland waren für die britische Regierung aus diplomatischen und wirtschaftlichen Gründen viel wichtiger. Private britische Investitionen in die Kolonie gingen deutlich zurück. Anfang der 1960er Jahre waren die britischen Investitionen in Hongkong auf weniger als die Hälfte des Werts der frühen 1930er Jahre geschrumpft. 1967 kam das britische Finanzministerium zu dem Schluss, dass Hongkong für Großbritannien keine wirtschaftlichen Vorteile mehr brächte.[59] Die Wirtschaft Hongkongs war längst fest in chinesischer Hand.

Auch militärisch unternahm Großbritannien nichts, um einen möglichen chinesischen Angriff vom Festland aus abzuwehren. Britische Militärs hatten Ende der 1950er Jahre erkannt, dass Hongkong nicht gegen einen Angriff Chinas verteidigt werden könne. Die Schiffswerft wurde 1958 geschlossen, und kurz darauf wurde die örtliche Garnison auf ein für die innere Sicherheit erforderliches Minimum reduziert. Hinzu kam, dass Großbritannien seine militärische Präsenz in Asien generell reduzierte. So kündigte die britische Regierung 1968 an, bis Ende 1971 alle britischen Truppen östlich vom Suezkanal abzuziehen. Im selben Jahr wurde das britische Colonial Office in das Commonwealth Office integriert, das 1971 im Foreign and Commonwealth Office aufging.

Die britische Politik gegenüber Hongkong war widersprüchlich. Es sollten keine Gelder oder sonstige Investitionen aus Großbritannien in die Kolonie fließen. Zugleich aber weigerte sich die britische Regierung, eine Rückgabe der Kolonie an China zu erwägen. Selten wurde in London über eine Änderung des Status quo in Hongkong diskutiert. Die britische Strategie war kurzfristig, um nicht zu sagen kurzsichtig. Sie blendete das langfristige Schicksal der Kolonie weitgehend aus.

Das führte natürlich dazu, dass Hongkong in immer höherem Maße vom Festland abhängig wurde. Die Stadt war auf Wasser- und Lebensmitteltransporte aus der VR China angewiesen. Zwar hätte die VR diese Abhängigkeit ausnutzen und etwa durch Beendigung der Versorgung eine Rücknahme der Kolonie erzwingen können. Jedoch unternahm sie nichts dergleichen und zeigte keinerlei Interesse an der Einverleibung der Stadt. Im Gegenteil: Die Regierung in Peking wies ihre Vertreter und Agenten in Hongkong an, den strategischen Wert des Territoriums als Chinas einzigem Fenster zum Westen nicht zu gefährden. Die Haltung der VR China gegenüber Hongkong war pragmatisch: Die Stadt galt als „ein historisches Problem", das ohne Eile zum richtigen Zeitpunkt gelöst werde. Im Wesentlichen entschied sich Peking dafür, Hongkong in vollem Umfang für sich zu nutzen. Im Gegensatz zu Großbritannien nahm die chinesische Regierung eine dezidiert langfristige Perspektive ein.

Die Regierung auf dem Festland versuchte nicht, die chinesische Bevölkerung in Hongkong zu beeinflussen. Mit Ausnahme des Jahres 1967 unterließ es die Partei weitgehend, in der Stadt revolutionäre Aktionen anzuzetteln. Vielmehr wollte sie Hongkong als Ort des Kapitalismus erhalten, um Devisen zu verdienen, Technologie zu importieren und Informationen über die Welt zu empfangen. Bis 1978 war das Fenster jedoch nur einen Spalt offen, und die Kontakte des Festlands zu Hongkong waren stark eingeschränkt.

Wirtschaftlich wurde Hongkong für die VR China kontinuierlich wichtiger. In den 1950er Jahren halfen Hongkonger Unternehmen dabei, bestimmte wichtige Materialien zu beschaffen, die unter Umgehung der US- und UN-Embargos in die VR China geschmuggelt wurden. Dazu gehörten Penicillin, andere medizinische Hilfsgüter, Benzin und Reifen für Kraftfahrzeuge. Die chinesische Bevölkerung in Hongkong überwies Gelder an Verwandte auf dem Festland, wodurch wertvolle Devisen in die international isolierte VR China flossen. Während der vielen Naturkatastrophen, Desaster und politischen Kampagnen auf dem Festland sandten die Hongkonger regelmäßig Lebensmittelpakete und andere Hilfsgüter in die VR China. Durch die Versorgung der Stadt selbst konnte der sozialistische Staat begehrte Devisen erlangen. In den 1960er Jahren verdiente die VR China fast die Hälfte ihrer ausländischen Devisen durch den Verkauf von Nahrungsmitteln und Wasser an Hongkong. Die durch das koloniale Hongkong eingenommenen Fremdwährungen wurden zur Gegenfinanzierung von Importen in die VR China benutzt.

Mit Aufnahme der VR China in die Vereinten Nationen 1971 (wo sie den Sitz der Republik China auf Taiwan einnahm, die seit Gründung der UN die Alleinvertretung Chinas innehatte) wurde die Isolation des Landes gegenüber dem Westen aufgehoben. Schnell wurde Hongkong wieder der Haupthafen für das Festland. Das kapitalistische Hongkong spielte eine immer wichtigere Rolle für die Wirtschaft des sozialistischen Staates. Die Wirtschaft der VR China war vor 1978 trotz der großen Bevölkerung klein, und das durchschnittliche Pro-Kopf-Einkommen gehörte zu den niedrigsten der Welt. Hohe städtische Arbeitslosigkeit, schlechte Wohnverhältnisse in den Städten, sinkende Löhne, stagnierende Nahrungsmittelproduktion, weit verbreitete Armut in den ländlichen Regionen und ein schleppendes Produktivitätswachstum belasteten das Land. Außerdem kam China gerade aus einer fast 30-jährigen Isolation und hatte keine Erfahrung mit dem Weltmarkt. Genau aus diesem

Grund war Hongkong so wertvoll. Über Hongkong konnte die VR China die internationalen Märkte mit Fahrrädern, Konserven, Kleidung, Radios und Nähmaschinen beliefern, die halb so viel kosteten wie vergleichbare japanische oder westliche Produkte.

In Hongkong betrieb die Regierung der VR China außerdem selbst eigene Unternehmen: mehr als 50 Kaufhäuser, eine Filiale der Bank of China, die die finanziellen Interessen des Festlands vertrat, und acht weitere kleinere Banken, zwei Versicherungsunternehmen, drei Finanzkonsortien sowie Schuhgeschäfte, Verlage und Restaurants. Die dahinterstehende Holding mit dem Namen China Resources war im Auftrag des chinesischen Außenhandelsministeriums und der chinesischen Regionalregierungen tätig.

Auch politisch war die VR China präsent. Eine Zweigstelle der New China News Agency (*Xinhua*, NCNA) der Kommunisten in Hongkong veröffentlichte Zeitungen, Zeitschriften und Bücher. Sie beobachtete auch die Entwicklungen in der Stadt und informierte die Zentralregierung laufend sowohl geheim als auch öffentlich. Durch verbündete Gruppen betrieb die KP linksgerichtete Schulen und Gewerkschaften in Hongkong. In ihren Berichten neigten diese Organisationen oftmals dazu, die Begeisterung der Hongkonger Bevölkerung für den Kommunismus zu übertreiben. Das führte dazu, dass die Führung auf dem Festland, insbesondere Deng Xiaoping und andere Parteiführer, nicht einschätzen konnten, inwieweit die chinesische Bevölkerung von Hongkong tatsächlich mit der britischen Herrschaft zufrieden war.

Zwar waren viele Hongkonger darüber besorgt, welche Pläne China langfristig im Umgang mit Hongkong hatte. Aber insgesamt waren Regierung und Bevölkerung in Hongkong entschlossen, die Frage nach der Zukunft nicht zu stellen. Diese Strategie des Fokussierens auf die Gegenwart und die nahe Zukunft war vielleicht nicht besonders schlau oder überzeugend, aber sie war eine wirksame und erfolgreiche Überlebensstrategie für Hongkong und erlaubte der Stadt üppige Gewinne und hohen Wohlstand. Die Kehrseite war, dass die Stadt weitgehend unvorbereitet war, als China in den 1980er Jahren die Rücknahme der Kolonie anvisierte.

Welt auf Abruf

1967 publizierte ein intimer Kenner Hongkongs, Richard Hughes, sein bekanntestes Buch mit dem Titel „Hong Kong: Borrowed Place, Borrowed Time" (Die deutsche Übersetzung erschien unter dem Titel „Hongkong: Brückenkopf auf Abruf"). Der Australier war Fernostexperte und Auslands- und Kriegskorrespondent für australische und britische Zeitschriften. Seit 1948 in Hongkong ansässig, berichtete er von dort über den Koreakrieg und den Vietnamkrieg. In dem Buch beschrieb er treffend den merkwürdigen Zustand, in dem die Kolonie sich nach dem Zweiten Weltkrieg befand: Hongkong „ist die einzige Stadt der Welt, die den genauen Zeitpunkt ihres Endes kennt – das Jahr 1997, in dem die Pacht der New Territories ausläuft und neun Zehntel der Kolonie an China rückerstattet werden müssen. Aber niemand zerbricht sich den Kopf über diesen Tag – der jederzeit vorverlegt werden kann, wenn Politik und Laune in Peking wechseln."[60] Er führte weiter aus: „Es ist praktisch unmöglich, die Regierung oder die einflussreichen Kreise in Hongkong zu einem Gespräch über die Zukunft zu bewegen. Hongkong ist die Stadt der Gegenwart – die Stadt der Fünfjahresamortisation. Warum nicht? Wenn man nicht in die Zukunft schauen kann, soll man es bleiben lassen."[61]

Eines der Kennzeichen des Lebens im kolonialen Hongkong der 1970er Jahre war die scheinbare Abwesenheit von politischen Bewegungen und Konflikten. Viele Einwanderer vom Festland hatten durch ihre Flucht ihr Leben riskiert, weil sie politische Stabilität suchten. Doch zugleich wähnten sie sich in einer trügerischen Sicherheit. Viele hofften, dass die VR China Hongkong gar nicht übernehmen wollte. Schließlich brauchte das Festland Hongkong weiterhin. Hongkong wurde von der KPCh als „Gans, die goldene Eier für die VR China legt", angesehen und als solche auch gehegt und gepflegt.[62] Viele Hongkonger erlagen der Illusion, dass der Status quo unantastbar sei und weder China noch Großbritannien oder Hongkong eine Veränderung des (allerdings prekären) Gleichgewichts zulassen würden.

Doch auch wenn Hongkong eine atemberaubende Entwicklung durchlief, tickte die Uhr unerbittlich, und der heikle Status quo musste irgendwann zum Ende kommen. Mit dem Tod Maos ging in der VR China die Ära des totalitären Personenkults und der politischen Kampagnen zu Ende. 1978 sortierte sich die Parteispitze neu, und Deng Xiaoping wurde zum Parteiführer. Er leitete eine umfangreiche Reform- und Öffnungspolitik der chinesischen Wirtschaft ein.

Mit den Veränderungen auf dem Festland würde, wie in der Vergangenheit, auch auf Hongkong ein Wandel zukommen. Zugleich aber konnten spätestens Ende der 1970er Jahre die Akteure in London, Peking und Hongkong das Auslaufen des Pachtvertrags nicht mehr länger ignorieren. Langwierige und konfliktreiche Verhandlungen zum künftigen Status der Kolonie standen bevor.

II. WEICHENSTELLUNGEN FÜR DIE ZUKUNFT

Die beinahe zwei Jahrzehnte vor der Rückgabe an China waren eine Zeit zwischen verschiedenen Herrschaftssystemen und zwischen verschiedenen Epochen. Hongkong befand sich in einem nervösen Wartezustand. Mit den politischen Veränderungen in der VR China ab 1978 brach in China eine neue Ära an. Das von der Kulturrevolution und Mao Zedongs utopischem Ehrgeiz erschöpfte und geschundene Land öffnete sich in einer dramatischen Kehrtwende der Außenwelt und führte als erstes sozialistisches Land gewagte Reformen der Wirtschaft durch. Die von Deng Xiaoping konsequent und kompromisslos verfolgte Politik von „Reform und Öffnung" hatte den Übergang von einer Planwirtschaft zu einer sogenannten sozialistischen Marktwirtschaft zum Ziel. Damit gelang es der VR China, nach der ruinösen Politik der vorherigen 30 Jahre eine dringend notwendige wirtschaftliche Erholung einzuleiten. Aufgrund der marktwirtschaftlichen Liberalisierung erzielte das Land über mehrere Jahrzehnte hinweg ein hohes wirtschaftliches Wachstum und einen steigenden Lebensstandard. Chinas aufstrebende Marktwirtschaft integrierte sich immer stärker in den globalen Markt, und die Auswirkungen der Globalisierung wurden überall sichtbar.

Auch in der Außenpolitik setzte Deng Xiaoping neue Akzente. Das Motto war, „die Gleise zu verbinden". Deng arbeitete an der Normalisierung der Beziehungen zum Westen, allen voran den USA. Er lud die Welt ein, in China zu investieren. Im Juli 1979 bestimmte er die Küstenprovinzen Guangdong und Fujian als Ausgangspunkt für Chinas neue Politik der offenen Tür. Ein Jahr später ernannte die Zentralregierung die südchinesischen Städte Shenzhen, Zhuhai, Shantou und Xiamen, die fast alle in der Nähe von

Hongkong lagen, zu Sonderwirtschaftszonen. Damit beabsichtigte sie, ausländisches Kapital, fortschrittliche Technologien und ausländisches Know-how in die exportorientierten Produktions- und Verarbeitungszentren zu lenken.

Hongkong spielte für die Reformen eine kaum zu überschätzende Rolle: Dieses globale Handels- und Finanzzentrum war ein entscheidender Vorteil, den das Festland zu nutzen wusste. Die Stadt wurde nach 1978 zum wichtigsten Eingangstor, über das die VR China in großem Umfang moderne Technologie, Managementfähigkeiten und Kapital ins Land holen konnte. Im Zuge der Öffnung stieg der Außenhandel der VR China stark an. Über Hongkong wurde immer noch fast ein Drittel der wachsenden Deviseneinnahmen der VR China erzielt. Es stellte auch wichtige Finanzdienstleistungen wie Kredite und Zahlungsverkehr bereit, die in der VR China nicht verfügbar waren. Mehr als die Hälfte aller ausländischen Direktinvestitionen kam aus Hongkong.

Die Reform- und Öffnungspolitik führte auch zu Bewegung in der Hongkong-Frage. Mit dem pragmatischeren Deng Xiaoping schien eine diplomatische Lösung möglich. Die Zeit lief unerbittlich ab: Bis zum Ende der Pacht der New Territories verblieben noch knapp 20 Jahre. Die lange verdrängte ungewisse Zukunft fing an, die Stadt zu belasten. Geschäftsleute und Investoren wollten wissen, wie es nach 1997 weitergehen sollte. Alle wichtigen Gruppen und Institutionen in Hongkong verlangten nach Gesprächen mit Peking und nach Klärung.

Sowohl London als auch Peking hatten es nicht eilig, das dornige Thema anzugehen, aber angesichts des Drängens aus Hongkong wurden – anfangs eher widerwillig – bilaterale Gespräche begonnen. Die Verhandlungen waren schwierig und dauerten bis 1984 an. Es stellte sich schnell heraus, dass Deng zwar pragmatisch, aber keineswegs nachgiebig war. Sein erklärtes und unmissverständliches Ziel bestand darin, eine Vereinigung Hongkongs mit dem Festland herbeizuführen, vorzugsweise auf friedliche Weise, aber wenn nötig auch unter Einsatz von militärischer Gewalt. Großbritannien stimmte zwar prinzipiell einer Rückgabe zu, doch die britischen Verhandlungsführer wollten Großbritanniens Einfluss auf Hongkong auch nach der Rückgabe sichern. Sie stießen auf eine gut vorbereitete, hart verhandelnde chinesische Delegation. In den von England eher ungeschickt geführten Verhandlungen konnten sie sich folglich nicht durchsetzen. Im Abschlussdokument wurde die Rückgabe Hongkongs an die VR China vereinbart, aber wenig sonst.

Die noch offenen Punkte und Details wurden zwischen 1984 und 1990 ohne Beteiligung Englands zwischen Vertretern Chinas und Hongkongs verhandelt. Auch diese Verhandlungen gestalteten sich schwierig. Das zentrale Thema, an dem sich die Geister schieden, waren die Rolle der Demokratie in Honkong sowie das Ausmaß an Autonomie. Die Bevölkerung in Hongkong verfolgte den Fortgang der Verhandlungen atemlos. Das Ergebnis des Prozesses war wiederum ein Dokument, das Grundgesetz von Hongkong (Basic Law), das nur dadurch zustande gekommen war, dass viele kontroverse Punkte vertagt worden waren.

Mit Unterzeichnung der chinesisch-britischen gemeinsamen Erklärung und der Ratifizierung des Grundgesetzes wurden die Weichen für die historische Rückgabe Hongkongs an China im Jahr 1997 gestellt. Dennoch blieb vieles im Dunkeln. Chinesen und Europäer in Hongkong durchliefen eine Achterbahn der Gefühle und pendelten zwischen Euphorie und Panik. Am Tag der Übergabe, der auf dem Festland frenetisch bejubelt wurde, war die Stimmung in der Stadt beklommen.

Die Verhandlungen

Zwischen 1982 und 1984 verhandelten die VR China und Großbritannien offiziell über das Schicksal Hongkongs. Dem voraus gingen einige Treffen und Staatsbesuche seit 1979, in denen das gemeinsame Vorgehen bei den bilateralen Gesprächen festgeklopft wurde. Höhepunkt war die Begegnung zwischen der „Eisernen Lady" (Margaret Thatcher) und dem „Mann aus Stahl" (Deng Xiaoping). Oft war das Scheitern näher als ein konkretes Ergebnis. Aber am

Ende stand, was von den einen erhofft, von den anderen verdammt wurde: die Rückgabe der Kolonie an die VR China.

Erste Vorstöße

Im März 1979 flog Sir Murray MacLehose, der weithin respektierte und des Chinesischen fließend mächtige Gouverneur von Hongkong mit einer britischen Delegation nach Peking, um direkten Kontakt mit der Führung in China herzustellen und die aktuelle Lage Hongkongs zu erläutern. Die Reise war historisch: Nie zuvor hatte ein Gouverneur von Hongkong die chinesische Hauptstadt auf einer offiziellen Mission besucht.

Für den Besuch wurde eine Einladung benötigt. Die aus Peking erbetene schriftliche Einladung besagte nur, dass MacLehose einen hohen Regierungsvertreter treffen würde, nannte aber keine Namen. Umso erfreuter war die britische Delegation, als sie nach ihrer Ankunft erfuhr, dass ein Treffen mit niemand Geringerem als Deng Xiaoping vorgesehen war. Deng hatte gerade eben seine Macht an der Spitze der VR China konsolidiert (ohne allerdings offiziell das Amt des Präsidenten zu bekleiden) und würde von nun an die Geschicke des Landes lenken. Das zeigte, wie ernst das Thema Hongkong auf chinesischer Seite genommen wurde.

Während der Beratung in der Großen Halle des Volkes erklärte MacLehose Deng, warum aus Sicht der Hongkonger bald eine tragfähige Lösung für die Zukunft Hongkongs gefunden werden müsse. Der Brite betonte, dass vor allem die Geschäftswelt unruhig war. Hypotheken mit einer üblichen Laufzeit von 15 Jahren, die 1982 ausgegeben werden würden, wären 1997 fällig.[63] Die Geschäftswelt, insbesondere die Finanzinstitute, pochten auf eine Lösung bis spätestens 1982 und auf Klarheit für die Zeit nach 1997.

Deng hörte sich die Einlassungen von Gouverneur MacLehose geduldig an. Er war nicht bereit, in konkrete Verhandlungen einzutreten, aber er stellte unmissverständlich klar, dass alle Überlegungen zur Zukunft der Kolonie von der Prämisse ausgehen sollten, dass Hongkong ein Teil Chinas sei. Deng versicherte aber, dass China Hongkongs Wohlstand bewahren wolle. Er gestand auch zu, dass Hongkong für einen langen Zeitraum, bis ins nächste Jahrhundert hinein, sein kapitalistisches System fortsetzen sollte, während China den Sozialismus praktizierte.[64] Auch wenn Deng das Prinzip „Ein Land, zwei Systeme" offiziell erst drei Jahre später enthüllte, wurde die Grundidee beim Treffen mit Gouverneur MacLehose bereits vorgestellt.

MacLehose war mit dieser vagen Aussage nicht zufrieden und hakte nach: Was solle man sich darunter vorstellen? Auch hatte er sich konkretere Abmachungen zu den nächsten Schritten gewünscht und wies abermals auf die Erwartungen in Hongkong hin. Beim Abschied winkte Deng den britischen Besuch zu sich. Der über zwei Meter große Gouverneur beugte sich vor, um die Worte seines viel kleineren Gastgebers zu hören: „Wenn Sie der Meinung sind, dass es schwierig ist, Hongkong zu regieren, sollten Sie versuchen, China zu regieren."[65]

Tatsächlich war Deng zu diesem Zeitpunkt vor allem damit befasst, wirtschaftliche und politische Veränderungen gegen erhebliche Widerstände in der Kommunistischen Partei durchzusetzen. Zum Zeitpunkt des Besuchs existierte noch eine einflussreiche und mächtige maoistische Fraktion, die seine auf Wirtschaftswachstum ausgerichtete Politik immer wieder attackierte. Zudem barg das kapitalistische Hongkong erhebliches Konfliktpotenzial, das Deng nicht brauchen konnte. 1978 gab es in der chinesischen Regierung keinen Konsens für den Umgang mit Hongkong nach dem Auslaufen des Pachtvertrags für die New Territories. Einige Stimmen in der Partei befürworteten die Einführung des Sozialismus in Hongkong, also Planwirtschaft und Verstaatlichung.

Aber wie von MacLehose vermutlich beabsichtigt, hatte der Besuch die Hongkong-Frage vor allem auch auf die politische Agenda Großbritanniens gesetzt. Seine einsame Initiative hatte der Gouverneur mit der Regierung in London nicht abgestimmt. Dort war man der Auffassung, es sei die Aufgabe britischer Außenpolitiker (und nicht des Gouverneurs von Hongkong), einen konkreten Plan auszuarbeiten und damit in China vorstellig zu werden. Doch jetzt war der Zug nicht mehr aufzuhalten: Interne Diskussionen und Vorbereitungen wurden in London und Peking begonnen und führten langsam, aber unaufhaltsam zu einer Entscheidung zur Zukunft Hongkongs.

Auch wenn die chinesische Führung sich nicht öffentlich zu einer Linie bekannt hatte, gab es schon zum damaligen Zeitpunkt klare Hinweise darauf, dass China ein unabhängiges Hongkong nicht akzeptieren würde. Nachdem die Volksrepublik China 1971 den Vereinten Nationen beigetreten war, hatte Peking bereits erfolgreich darauf gedrungen, Hongkong (zusammen mit dem benachbarten Macau) von einer Liste der „nichtselbstverwalteten" Gebiete zu streichen. Die Gebiete auf dieser Liste sollten von den Vereinten Nationen in die „völlige Unabhängigkeit und Freiheit" geführt werden.[66]

Allerdings zeigten Regierung und Partei Chinas trotz ihrer vehementen antiimperialistischen Propaganda kein unmittelbares Interesse daran, die Rücknahme der ausländischen Kolonien auf dem Festland konkret einzufordern oder vorzubereiten. Portugal hatte zwei Versuche in den Jahren 1967 (nach Unruhen 1966) und 1974 (nach dem Ende der Militärdiktatur in Portugal) unternommen, Macau an China zurückzugeben.[67] Es fanden sogar geheime Verhandlungen statt und ein allgemeiner Plan wurde abgestimmt. Dann aber zog Peking zurück und gab eine Stellungnahme heraus, dass die Zeit für eine Rückgabe noch nicht reif sei. Ähnliche Stellungnahmen tätigten chinesische Regierungsvertreter in den 1970er Jahren mehrfach auch in Bezug auf Hongkong. Insgesamt war auch die Haltung der chinesischen Regierung eher ambivalent: Sie pochte einerseits auf die unantastbare Zugehörigkeit von Hongkong und Macau zu China, machte aber andererseits keine Anstalten, die Verhandlungen über die Rückgabe der Gebiete aufzunehmen.

Britische Diplomaten im Foreign Office in London vermuteten schon länger, dass Großbritannien mit dem Ablaufen des Pachtvertrags für die New Territories 1997 die Souveränität über Hongkong werde aufgeben müssen. Eines war klar: Hongkong war ohne die New Territories als unabhängige Verwaltungseinheit nicht überlebensfähig. Doch die britischen Diplomaten trauten der Zentralregierung des Festlands, die gerade aus der Kulturrevolution kam und keinerlei Erfahrung mit freier Marktwirtschaft und Privatunternehmen hatte, nicht zu, Hongkong stabil und erfolgreich zu regieren. Sowohl britische Diplomaten als auch einige Hongkonger hofften, dass China einer Fortsetzung der britischen Verwaltung zustimmen könnte, selbst wenn Großbritannien 1997 die Souveränität aufgeben würde. Aber das stellte sich als Wunschdenken heraus.

Nach dem Besuch von MacLehose beschloss Deng offensichtlich, dass die Lösung der Hongkong-Frage nicht länger aufgeschoben werden könne. Etwa ein Jahr vor dem Besuch von MacLehose hatte Deng im April 1978 ein direkt dem Staatsrat unterstelltes Büro für Angelegenheiten in Hongkong und Macau eingerichtet, das für den Umgang mit Hongkong und Macau zuständig war und von einer sogenannten Kleinen Gruppe (*xiaozu*) unter der Leitung von Liao Chengzhi angeführt wurde. Die Abteilung sollte vor allem die wirtschaftlichen Beziehungen sowie den Reiseverkehr zwischen Hongkong (und Macau) und dem Festland ausbauen. Mit Liao Chengzhi hatte Deng jemanden auserkoren, der Hongkong gut kannte. Liao hatte in den 1920er Jahren in Tokio und Berlin studiert. Seine Familie stammte aus einem Dorf in der Nähe von Huizhou, etwa 70 km von Hongkong entfernt am Dong-Fluss, der in das Perlflussdelta mündet. Liao verfügte über gute Verbindungen nach Hongkong. 1937 war er von der KPCh nach Hongkong entsandt worden, wo er sich mit Unterbrechungen bis 1942 aufgehalten hatte. Seine Cousine war zudem die Frau des Obersten Richters von Hongkong.[68] Am 19. August 1978 versicherte Liao Chengzhi einer Gruppe von Hongkonger Geschäftsleuten, dass ihre Sorgen unbegründet seien. Die Stadt werde ihr derzeitiges System für lange Zeit beibehalten können. China plane nicht, politischen Einfluss in Hongkong auszuüben.

Nachdem Deng 1980 mit Hu Yaobang als Generalsekretär und Zhao Ziyang als Premierminister eine neue reformorientierte chinesische Regierung an die Macht gebracht hatte und die innerparteiliche linke Opposition allmählich an Einfluss verlor, konnte das Thema Hongkong angegangen werden. Drei Jahre nach dem denkwürdigen Besuch des Gouverneurs von Hongkong wurde im Frühjahr 1981 auf einer Tagung des Büros für die Angelegenheiten in Hongkong und Macau beschlossen, von Großbritannien ohne Wenn und Aber die Rückgabe der Kolonie zu erwirken.[69]

Der Zeitpunkt der Entscheidung muss im größeren politischen Kontext gesehen werden. Mit der Wahl von Ronald Reagan zum amerikanischen Präsidenten war eine Veränderung des Status quo in Taiwan unwahrscheinlich. Peking sah Taiwan als abtrünnige Provinz unter der Herrschaft des langjährigen politischen Gegners Guomindang. Die Insel Taiwan mit ca. 20 Millionen Einwohnern war für das Festland politisch wesentlich wichtiger als Hongkong. Die neue amerikanische Regierung war zwar nicht willens, Taiwan im Falle eines Angriffs vom Festland militärisch zu verteidigen, lehnte aber die kurz- oder mittelfristige Vereinigung Taiwans mit dem Festland ab.[70] Insofern bot sich für China die Gelegenheit, am Beispiel Hongkong zu demonstrieren, dass die Wiedervereinigung von verlorenen Territorien mit dem Festland eine unverändert hohe Priorität hatte. Zudem signalisierten die USA, sich in die Hongkong-Frage nicht einmischen zu wollen. Das war für China wichtig, denn nach der Annäherung mit den USA sollte die Normalisierung der Beziehungen nicht gestört werden.

Bei einem Treffen mit dem ehemaligen britischen Premierminister Edward Heath im April 1982 gab Deng Xiaoping bekannt, dass die neue chinesische Verfassung die Möglichkeit der Errichtung von Sonderverwaltungsregionen (SVR) eröffne.[71] In den Sonderverwaltungsregionen könnten rechtliche und wirtschaftliche Regelungen getroffen werden, die von denen in der VR China abwichen. Zu diesem Zeitpunkt hatten sich die Pläne der chinesischen Seite zur Zukunft Hongkongs intern weiter konkretisiert: Hongkong sollte ein Freihafen und globales Finanzzentrum bleiben. Es würde von Hongkongern regiert werden. Die lokale „Bourgeoisie" sollte mit anderen Klassen die Führung übernehmen, und das bestehende kapitalistische Wirtschaftssystem sollte fortgesetzt werden. Der Name der SVR sollte „Hong Kong, China" lauten.

Dieses Konzept wurde als „Ein Land, zwei Systeme" beschrieben. Die Formel schuf die Möglichkeit der parallelen Existenz von sozialistischen und kapitalistischen Wirtschafts- und Gesellschaftsstrukturen unter der Oberhoheit der VR China. Der grundlegende Ansatz hinter dem politisch und rechtlich ungewöhnlichen Konzept „Ein Land, zwei Systeme" wurde bereits in den 1960er und 1970er Jahren innerhalb der chinesischen Führung entwickelt. Dabei stand allerdings wiederum der Umgang mit Taiwan im Mittelpunkt. Für den Fall einer eventuellen Wiedervereinigung mit Taiwan sollte eine Methode gefunden werden, welche in einem abgegrenzten geografischen Gebiet ein hohes Maß an Autonomie und Selbstverwaltung ermöglicht, ohne die Souveränität Chinas einzuschränken.

Später wurden diese Überlegungen von dem amtierenden Staatspräsidenten Ye Jianying und von Deng Xiaoping in Bezug auf Hongkong aufgegriffen und präzisiert.[72] Demzufolge sollte die chinesische Souveränität und letztendlich Kontrolle über Hongkong mit einem hohen Maß an lokaler Unabhängigkeit einhergehen. Hongkong sollte weiterhin Nutzen und Wert für China haben. Das Festland sollte wie in der Vergangenheit von der wirtschaftlichen Entwicklung Hongkongs profitieren. Umgekehrt hieß das auch, dass die zukünftige SVR keineswegs zu einer finanziellen Belastung werden durfte. Die Führer von Peking waren auch deshalb bereit, eine kapitalistische Sonderverwaltungsregion innerhalb des größeren sozialistischen Rahmens auf nationaler Ebene zu akzeptieren, weil damit sowohl die lokale Bevölkerung in Hongkong beschwichtigt als auch der möglichen Skepsis der internationalen Gemeinschaft entgegengewirkt werden konnte.

Für China bot eine solche pragmatische Lösung viele Vorteile: Zugang zu den kapitalistischen Wirtschaftssystemen des Westens, direkte Handelsgeschäfte und Devisenzufluss, Experimentierfeld für die Wirtschaftsreformen, ohne im Inland die Regeln des sozialistischen Systems aufzuweichen. Hätte China umgekehrt den Sozialismus in Hongkong eingeführt und etwa Verstaatlichungen vorgenommen, wären Kapitalflucht, Auswanderung und Verlagerung von internationalen Firmen zu erwarten gewesen. Insgesamt hätte die VR mit einer erheblichen Destabilisierung Hongkongs rechnen müssen.

Thatchers missglückter Staatsbesuch

Im September 1982 besuchte die britische Premierministerin Margaret Thatcher Peking.[73] Wieder ein historischer Besuch: Es war die erste Reise eines amtierenden britischen Premiers ins kommunistische China überhaupt. In diesem Rahmen fanden auch offizielle Gespräche über Hongkongs Zukunft statt. Thatcher traf auf gut vorbereitete und unnachgiebige chinesische Verhandlungsführer, die die Rückgabe Hongkongs entschlossen einforderten. Die Verhandlungen, zunächst mit Zhao Ziyang und dann mit Deng Xiaoping, waren konfrontativ. Thatcher, die stolz war auf die erfolgreiche Entwicklung der Kolonie unter britischer Herrschaft, beklagte eine mangelnde Bereitschaft der chinesischen Seite zum Kompromiss und fehlendes Verständnis für die wirtschaftlichen und politischen Gegebenheiten in Hongkong. In ihren Memoiren beschrieb sie ihren Eindruck: „Ich […] hatte während dieser Diskussionen das Gefühl, dass die Chinesen, die ihren eigenen Parolen über die Übel des Kolonialismus glaubten, einfach nicht erkannten, dass wir es in Großbritannien als unsere moralische Pflicht ansahen, unser Bestes zu tun, um die freie Lebensweise der Menschen in Hongkong zu schützen."[74]

Thatchers ursprüngliches Ziel war es, eine britische Verwaltung der Stadt beizubehalten, auch wenn die Souveränität an China zurückfallen sollte. Jedoch war der Vorschlag eher halbherzig. Wie genau sollte eine britische Verwaltung unter chinesischer Oberhoheit funktionieren können? Wie sollte mit Konflikten umgegangen werden? Welche Seite würde die Verantwortung für die Finanzen der Stadt übernehmen? Wer sollte die Polizei befehligen? Der britische Vorschlag ließ viele Fragen offen. Somit war es ein Leichtes für Deng Xiaoping, diesen Plan kategorisch abzulehnen. Die uneingeschränkte und volle Rücknahme der Stadt war für China nicht verhandelbar. Deng drängte darauf, dass eine Vereinbarung innerhalb der nächsten ein bis zwei Jahre getroffen werden müsse, andernfalls würde China einseitig einen Fahrplan zur Rückgabe veröffentlichen.

Nach dem Treffen mit Deng Xiaoping kam es zu einem symbolträchtigen Vorfall, der um die Welt ging. Margaret Thatcher stolperte auf der Treppe der Großen Halle des Volkes und kam zu Fall. Der Sturz symbolisiert den unglücklichen Verlauf des Austauschs zwischen Großbritannien und China über die politische Zukunft Hongkongs. Am Ende des Besuchs gaben beide Seiten gemeinsam ein kurzes Statement heraus, das den Beginn offizieller Verhandlungen zur Rückgabe Hongkongs ankündigte. Es sollte dabei nicht nur über die New Territories gesprochen werden, sondern auch über die Bedingungen der Restitution von Hong Kong Island und Kowloon.

Thatchers Besuch in Peking wurde von den Hongkongern mit großem Interesse verfolgt. Spätestens jetzt wurde den Menschen in Hongkong bewusst, dass ihre Zukunft zwischen London und Peking entschieden wurde – ohne ihre Beteiligung. Nicht einmal der Gouverneur hatte offiziell einen Sitz am Verhandlungstisch. Die meisten Hongkonger gingen zwar davon aus, dass Deng Xiaoping aufgrund seines Pragmatismus und seines Fokus auf wirtschaftliche Entwicklung gegen eine Einführung des Sozialismus in Hongkong war. Als jedoch der kontroverse Verlauf der Verhandlungen deutlich wurde, machte sich Nervosität breit. Der Aktienmarkt, der Immobilienmarkt und der Wert des Hongkong-Dollars gaben um fast ein Viertel nach. Eine neue Zeitrechnung hatte begonnen, in der China die Geschicke Hongkongs unmittelbar bestimmen würde. Hongkong würde nicht mehr von „geliehener Zeit" leben können. Die Rückgabe war nicht länger hypothetisch, sondern real.

Die Verhandlungen über die Rückgabe Hongkongs

Die Verhandlungen zwischen China und Großbritannien begannen im Oktober 1982 und dauerten etwa zwei Jahre. Verhandelt wurde im Wesentlichen zwischen dem britischen Botschafter in Peking und dem chinesischen Außenministerium.[75] Die VR China bestand darauf, dass die Rückgabe Honkongs als außenpolitische Angelegenheit bilateral durch Diplomaten zu lösen sei. Zwar wurde der seit Mai 1982 amtierende Gouverneur Hongkongs, Edward Youde, in das Beratungsteam für die britische Verhandlungsdelegation aufgenommen, aber das Schicksal der Stadt wurde ohne direkte Beteiligung der Hongkonger verhandelt.[76]

Zusätzlich belastet wurden die Verhandlungen durch Reformen des kolonialen Systems in Hongkong. Zum ersten Mal in der Zeit der britischen Herrschaft leitete die Hongkonger Regierung eine vorsichtige Demokratisierung ein. Im Jahr 1982 wurden erstmals Bezirksräte (vergleichbar den Gemeinderäten in Deutschland) für die insgesamt 18 Bezirke eingerichtet. Etwa ein Drittel der Mitglieder der Bezirksräte wurde noch im selben Jahr direkt vom Volk gewählt. Ein weiteres Drittel wurde ernannt, und die anderen Mitglieder waren ex officio in den Räten tätig. 1984 gab die Regierung von Gouverneur Youde ein „Green Paper" heraus, das detaillierte Pläne zur stufenweisen Einführung eines repräsentativeren Systems ausbuchstabierte.[77] Es handelte sich dabei um den weitreichendsten und ehrgeizigsten Entwurf für eine politische Reform des Kolonialsystems seit dem Young-Plan 38 Jahre zuvor. In der Schrift wurden Rolle, Funktion und Zusammensetzung des Legislativrats, des Exekutivrats und die Position des Gouverneurs kritisch reflektiert und auf Möglichkeiten der Demokratisierung hin überprüft. Es wurde vorgeschlagen, dass ein Teil der Mitglieder des Legislativrats in zwei Stufen in den Jahren 1985 und 1988 durch verschiedene Gruppen und Gremien gewählt werden sollte, statt wie bisher ausschließlich vom Gouverneur ernannt zu werden. Außerdem wurde eine Begrenzung der Amtszeit der inoffiziellen Mitglieder (Mitglieder ohne offizielles Amt) in Aussicht gestellt. Die Möglichkeit einer künftigen Direktwahl von Mitgliedern des Legislativrats auf Wahlkreisbasis oder einer einzigen gebietsweiten Liste sollte geprüft werden. Weiterhin wurde die Einführung eines repräsentativen Elements im Exekutivrat vorgeschlagen, etwa durch Wahl der inoffiziellen Mitglieder des Exekutivrats durch die inoffiziellen Mitglieder des

Legislativrats. Zudem sollte die Befugnis des Gouverneurs zur Ernennung von Mitgliedern des Exekutiv- und Legislativrats begrenzt werden.

Die Führung der VR China war über diese Schritte und Pläne empört: Sie sah die Demokratisierungsansätze als hinterhältiges britisches Komplott an, um die Herrschaft über Hongkong beizubehalten. Aus Sicht der VR China versuchten die Briten, das, was sie in den Verhandlungen zu verlieren drohten, durch politisches Taktieren in Hongkong zurückzugewinnen, um sich auch über 1997 hinaus Einfluss zu sichern.[78]

Die insgesamt 22 Verhandlungsrunden gestalteten sich sehr schwierig und blieben lange Zeit festgefahren. Hinzu kam, dass sich London über die Verhandlungsziele uneins war. Einige Diplomaten wollten den Schwerpunkt der britischen Forderungen auf Garantien für die Autonomie Hongkongs nach 1997 legen. Insbesondere aber Kreise um die Premierministerin vertraten die Ansicht, das Ziel müsse eine Fortsetzung der britischen Kontrolle sein. Die Letzteren setzten sich am Ende durch, und die britische Delegation bekam die Anweisung, trotz der seit Thatchers Besuch bekannten Haltung Chinas an der Strategie festzuhalten und auf irgendeine Weise die Fortsetzung der britischen Verwaltung zu ermöglichen.

Chinas Position blieb jedoch klar: Es wollte die volle Souveränität einschließlich des Rechts zur Stationierung chinesischer Truppen zurückerhalten. Beide Seiten verhandelten hart, mehrfach standen die Gespräche vor dem Abbruch. Lange hielt die britische Regierung hartnäckig an ihrem Ziel fest, aber im November 1983 gab die britische Seite schließlich nach und gestand ein, dass ihre Verhandlungslinie einer britischen Verwaltung nach 1997 nicht länger eine realistische Option sei.[79] China wiederum legte einen Zwölf-Punkte-Plan für die Rücknahme vor. Dieser besagte im Wesentlichen, dass Großbritannien bis 1997 für Hongkong verantwortlich sein würde und darüber hinaus das bestehende System in Hongkong 50 Jahre lang unverändert Bestand haben sollte. Nach der Übergabe sollten ausländische und lokale Beamte, die für die britische Regierung gearbeitet hatten, in ihren Ämtern verbleiben können, falls sie das wünschten. Die anderen Punkte betrafen die Beibehaltung der bestehenden Gesetze, der Justiz, des internationalen Finanzgeschäfts, der Schifffahrtsregelungen und des Bildungssystems. Nach dem Abschluss der langwierigen Verhandlungen unterzeichneten Premierministerin Margaret Thatcher und Premierminister Zhao Ziyang am 19. Dezember 1984 schließlich die chinesisch-britische gemeinsame Erklärung, in der die Rückgabe Hongkongs an das sozialistische China zum 1. Juli 1997 vereinbart und die Grundlagen für die Zukunft der Stadt als Sonderverwaltungsregion festgehalten wurden.[80]

Die gemeinsame Erklärung von 1984

Die gemeinsame Erklärung war ein Triumph für China. Für die Volksrepublik ging es um ein wichtiges übergeordnetes Ziel, das unter allen Umständen realisiert werden sollte: die endgültige Überwindung des kolonialen Erbes des 19. Jahrhunderts.

Offenkundig waren den Verhandlungsführern auf britischer Seite die überragenden Grundanliegen des chinesischen Staates, die Bewahrung oder Wiederherstellung der nationalen Einheit sowie der Erhalt des ökonomischen Nutzens Hongkongs, nicht wirklich bewusst. Die britische Seite gab sich vielmehr der Illusion hin, es handele sich bei der Forderung nach Rückgabe um bloße antikoloniale oder nationalistische Rhetorik, und China könne überredet werden, die in den britischen Augen so erfolgreiche Verwaltung in irgendeiner Form weiterzuführen. Außerdem unterschätzten die britischen Verhandlungsführer die Standfestigkeit der chinesischen Seite. Sie glaubten, dass das arme und rückständige Land Investitionen aus Großbritannien benötige und daher kompromissbereit sei. Chinas Spielraum schien begrenzt. Doch China war in der zentralen Frage nach der Kontrolle über Hongkong nicht zu Kompromissen bereit und verhandelte unnachgiebig. In den Verhandlungen wurden alle zur Verfügung stehenden Druckmittel, wie Unterbrechung der Versorgung mit Wasser und Lebensmitteln oder sogar die Drohung einer militärischen Einnahme Hongkongs, eingesetzt.

Abbildung 7: Unterzeichnung der chinesisch-britischen gemeinsamen Erklärung

Die britische Position wurde zusätzlich dadurch geschwächt, dass es keine klare Verhandlungslinie gab. Für die vehement antikommunistisch eingestellte Thatcher war die Übergabe der britischen Kolonie an ein sozialistisches Einparteienregime schmachvoll. Zugleich war ein solcher Plan in der westlichen Staatengemeinschaft umstritten. Viele internationale Stimmen warnten davor, eines der Zentren des globalen Kapitalismus einem kommunistischen Land zu übergeben. Auf der anderen Seite hatte die britische Seite keine echte Lösung parat, die den völkerrechtlichen Ansprüchen Chinas auf Rückgabe gerecht wurde und gleichzeitig eine britische Verwaltung der Kolonie zuließ. Großbritannien befürwortete zwar eine Dekolonisierung Hongkongs, wollte aber weiterhin die Verwaltung der Kolonie beibehalten, ohne finanzielle Verpflichtungen einzugehen. Der britischen Seite fehlten stichhaltige politische oder juristische Argumente für eine Verlängerung der britischen Verwaltung.

Am Ende musste Großbritannien einlenken. Dem britischen und internationalen Publikum wurde die erzielte Einigung trotzdem als Erfolg und Durchbruch präsentiert. Man verwies darauf, dass die gemeinsame Erklärung in Abschnitt 13 klare Worte zum Schutz der Freiheiten in Hongkong beinhalte. Hier heißt es: „Die Regierung der Sonderverwaltungszone Hongkong wahrt die Rechte und Freiheiten, die durch die zuvor in Hongkong geltenden Gesetze bestanden, einschließlich der Freiheit der Person, der Rede, der Presse, der Versammlung, der Vereinigung, der Gründung und des Beitritts zu Gewerkschaften, der Korrespondenz, des Reisens, der Bewegung, des Streiks, der Demonstration, der Berufswahl, der akademischen Forschung, des Glaubens, der Unverletzlichkeit der Familie, der Ehefreiheit und des Rechts auf freie Familienerziehung."

Im historischen Rückblick wird klar, dass die britische Verhandlungsstrategie unglücklich war. Die Diplomaten schätzten die Überzeugungen und Ziele ihrer Gegenüber falsch ein und wähnten sich in einer stärkeren Verhandlungsposition, als es der Realität entsprach. Viel wichtiger als die Fortsetzung der britischen Verwaltung für Hongkong wäre es gewesen, hätten sich die britischen Unterhändler auf konkrete Zusicherungen für die Zeit nach 1997 konzentriert oder auch eine weitgehende Autonomie bis hin zur Unabhängigkeit der Kolonie innerhalb eines föderalen Gefüges auf die Tagesordnung gesetzt.

In Hongkong wurde die gemeinsame Erklärung mit gemischten Gefühlen aufgenommen. Auf Seiten Hongkongs wünschten sich Anfang der 1980er Jahre nur wenige eine Veränderung des Status quo: Die Wirtschaft boomte, die Kolonialregierung war relativ effektiv und agil, die staatliche Versorgung mit sozialen Dienstleistungen und Gütern hatte sich verbessert. Die Stimmung war positiv, und daher gab es in der Kolonie keine großen politischen Konflikte. Viele der Chinesen in Hongkong waren aus politischen Gründen vom Festland in die Kolonie geflohen und brachten der VR China großes Misstrauen entgegen. Wie viel Rückhalt das britische Kolonialsystem in Hongkong gewonnen hatte, zeigte sich in einer Meinungsumfrage von 1982. Darin sprachen sich 85 % der Bevölkerung für einen Verbleib Hongkongs unter britischer Oberhoheit nach 1997 aus. Lediglich 4 % befürworteten eine Rückkehr zu China.[81]

Die Verhandlungen zwischen Großbritannien und China zur Rückgabe Hongkongs schürten Unsicherheit in der erfolgsverwöhnten Stadt. Die Aussicht, dass die Kolonie eine Sonderverwaltungsregion unter der Kontrolle des sozialistischen China werden könnte, löste Ängste aus. Besonders die Wirtschaftskreise waren zunächst pessimistisch und hatten wenig Vertrauen in die Aussichten für die wirtschaftliche Entwicklung.[82] Mit dem Versprechen, den freien Marktkapitalismus und einige der Schlüsselmerkmale des Kolonialsystems (z. B. Rechtsstaatlichkeit) aufrechtzuerhalten, wollte Peking die Hongkonger Gesellschaft überzeugen, dass Hongkong sich trotz einer Änderung des politischen Status nicht wesentlich verändern würde. Der Leitgedanke hinter dem Formelkompromiss „Ein Land, zwei Systeme“ zur Erhaltung des wirtschaftlichen Wohlstands und der sozialen Stabilität traf daher durchaus den Nerv der Stadt, denn die Beibehaltung des bisherigen Systems war ein wesentliches Anliegen der Hongkonger Bevölkerung selbst.

Die Interessen und Rechte der Hongkonger Bevölkerung spielten sowohl für Großbritannien als auch für China in den Verhandlungen nur eine untergeordnete Rolle. China und Großbritannien ging es jeweils um die Kontrolle über ein Symbol: ein Symbol imperialen Stolzes für Großbritannien bzw. ein Symbol nationalistischer Erstarkung für China. Indem sie die Rechte und Belange der Hongkonger Bevölkerung weitgehend ausklammerte, besiegelte die gemeinsame Erklärung das weitere Schicksal Hongkongs. Das Ergebnis war ein weltgeschichtliches Unikat: Entkolonialisierung, aber ohne Perspektive auf Unabhängigkeit oder Selbstverwaltung.[83] Die gemeinsame Erklärung ermöglichte zwar eine Einigung und wies einen Weg aus dem Dilemma, überspielte aber auch fundamentale Differenzen.

Ein Land, zwei Systeme

Die chinesisch-britische gemeinsame Erklärung zur Übergabe von Hongkong an China sah vor, dass Hongkong von 1997 bis 2047 unter der Formel „Ein Land, zwei Systeme“ ein „hohes Maß an Autonomie“ genießen würde und seine „Lebensweise“ in dieser Zeit weitgehend unverändert beibehalten könne. Die genauen rechtlichen Verhältnisse in der künftigen SVR sollten in einem Grundgesetz von Hongkong („Basic Law of Hong Kong") geregelt werden, das auf den in der gemeinsamen Erklärung vereinbarten Grundsätzen beruhte.

Oberflächlich betrachtet klangen diese Vorgaben und Ziele klar. Aber wie sie in die Praxis umgesetzt werden können, war und ist wohl die schwierigste Frage, mit der Hongkong sich seit 1997 beschäftigen muss. In den vier Worten „Ein Land, zwei Systeme" verschränken sich verschiedene Problemlagen. Die Umsetzung des Konzepts war am Ende das Ergebnis von komplexen Aushandlungsprozessen, wobei China und Hongkong jeweils ganz eigene Prioritäten und Ziele verfolgten.[84]

Das Grundgesetz von Hongkong

Verfasst wurde das Grundgesetz von 1985 bis 1990 durch einen vom Nationalen Volkskongress der VR China eingesetzten Ausschuss für den Entwurf eines Grundgesetzes für die Sonderverwaltungsregion Hongkong. Der Ausschuss hatte insgesamt 59 Mitglieder, die alle vom Nationalen Volkskongress ausgewählt und ernannt wurden. Die Mitglieder waren eine diverse Gruppe mit unterschiedlichen Ansichten und Zielen. 23 Mitglieder kamen aus Hongkong und sollten Hongkongs Interessen repräsentieren. Unter den Hongkonger Mitgliedern befanden sich insgesamt zwölf Vertreter der Hongkonger Geschäftswelt, die im Wesentlichen dem Pro-Peking-Lager zuzurechnen waren. Dieses Lager unterstützte allgemein die Politik der VR China. Es gab auch Vertreter der Hongkonger Verwaltung, darunter je ein chinesisches Mitglied des Exekutivrats und des Legislativrats, sowie den Richter des Berufungsgerichts, Simon Li. Ebenfalls ausgewählt wurden Lau Wong-fat, der Vorsitzende von Heung Yee Kuk der New Territories, und zwei Vertreter der Universitäten. Auch der Erzbischof von Hongkong arbeitete im Ausschuss mit, um religiösen Organisationen eine Stimme zu verleihen. Andere Mitglieder waren Fachleute, zumeist Juristen oder aus anderen freien Berufen, sowie ein Gewerkschaftsvertreter. Die Demokratiebefürworter (oder auch Pro-Demokratie-Lager, das dem Pro-Peking-Lager kritisch gegenübersteht) waren durch zwei bekannte liberale Persönlichkeiten, den Anwalt Martin Lee und den Lehrer und Aktivisten Szeto Wah, ebenfalls repräsentiert. Briten waren an dem Ausschuss nicht mehr beteiligt.

Der Ausschuss bildete fünf Unterausschüsse, die das Grundgesetz konkret ausarbeiteten. Es gab insgesamt zehn Plenarsitzungen zu prozeduralen Fragen und grundsätzlichen Themen, wie z. B. den Aufgaben und der Rolle des Regierungschefs (Chief Executive), der künftig die Regierungsgeschäfte in Hongkong führen sollte, wem er Bericht erstatten würde, wie die Legislative gebildet werden würde, wie die Beziehung zwischen der Judikative und der Exekutive gestaltet werden sollte und ob Hongkong ein Berufungsgericht benötigen würde.

Die Diskussionen in den Ausschüssen und den Plenarsitzungen waren oft kontrovers. Zwar gab es ein gemeinsames Interesse an der Aufrechterhaltung der Stabilität und des Wohlstands der Stadt, aber vor allem in Bezug auf Demokratie gingen die Ansichten, auch unter den Mitgliedern aus Hongkong, weit auseinander. Die Vertreter der chinesischen Geschäftszirkel in Hongkong legten kaum mehr Wert auf Demokratie als die Vertreter des Festlands. Die beiden Vertreter des prodemokratischen Lagers verlangten klare rechtliche Garantien zur Absicherung der Eigenständigkeit und Freiheiten Hongkongs. Insbesondere forderten sie die Zusicherung, dass die Entscheidungen des bei den Hongkongern hoch angesehenen Obersten Gerichtshofs von Hongkong von Gerichten oder politischen Gremien in Peking nicht aufgehoben werden konnten. Zudem wollten sie, dass der Regierungschef und die Mitglieder der Legislative von der Bevölkerung in direkten Wahlen gewählt werden würden. 1987 aber erteilte Deng Xiaoping solchen Plänen eine klare Absage. Er kam persönlich zur 4. Plenarsitzung des Ausschusses und kritisierte die Forderungen nach Einführung eines westlichen politischen Systems mit Gewaltenteilung als unangemessen. Ein solches System würde in Hongkong soziale Instabilität und Chaos hervorrufen. Die Bevölkerung werde natürlich auch weiterhin die Freiheit haben, Kritik zu üben, auch an der KPCh, aber politische Proteste oder gar Unruhen würden nicht geduldet.[85] In den Augen der Führung in Peking wurde Hongkong in den vorliegenden Entwürfen bereits mehr Autonomie eingeräumt als je zuvor unter britischer Verwaltung.

Das Grundgesetz wurde schließlich am 4. April 1990 vom chinesischen Präsidenten Yang Shangkun unterzeichnet und sollte zum 1. Juli 1997 mit der Rückgabe Hongkongs an die VR China in Kraft treten. Es gab Hongkong bis zum Jahr 2047 den Status einer Sonderverwaltungsregion mit einer eigenen rechtlichen und wirtschaftlichen Ordnung in Einklang mit Artikel 31 der Verfassung der VR China von 1982. Artikel 5 des Grundgesetzes garantierte den Fortbestand des „kapitalistischen Systems und der kapitalistischen Lebensweise" für die kommenden 50 Jahre.[86] Entsprechend sollte Hongkong seine Verwaltung und die eigene Währung beibehalten, ein Freihafen bleiben, Meinungsfreiheit garantieren, eine eigene Gerichtsbarkeit ausüben und final politische Beschlüsse fassen, solange sie nicht in die Angelegenheiten des Festlands eingreifen. Nach Artikel 22 sollte sich „keine Abteilung der zentralen Volksregierung, keine Provinz, autonome Region oder Stadt in die Angelegenheiten einmischen, die die SVR Hongkong selbst verwaltet". Artikel 8 besagt, dass die zuvor in Hongkong geltenden Gesetze, also das Common Law, Billigkeitsregeln, Verordnungen, untergeordnete Gesetze und das Gewohnheitsrecht, beibehalten werden.

Artikel 45 sieht vor, dass an der Spitze der Hongkonger Verwaltung ein Regierungschef, genannt Chief Executive, steht. Der Regierungschef hat umfassende Vollmachten: Er ernennt Richter und die Mitglieder seines Kabinetts, er erlässt Verordnungen und genehmigt die Einreichung von Gesetzesvorlagen im Legislativrat, die Ausgaben und Einnahmen betreffen. Der Regierungschef ist die Schnittstelle für alle Angelegenheiten, die zwischen der SVR Hongkong und der Führung in Peking geregelt werden müssen. Diese starke und zentrale Stellung des Regierungschefs ähnelt der des Gouverneurs während der Kolonialzeit. Insofern ist hier eine Kontinuität mit der kolonialen Vergangenheit Hongkongs erkennbar.

Das Grundgesetz sieht vor, das der Regierungschef entweder lokal gewählt oder über Konsultationsprozesse bestimmt und von der Zentralregierung in Peking formal ernannt wird. Artikel 45 besagt: „Die Methode der Auswahl des Regierungschefs soll im Lichte der aktuellen Situation und in Übereinstimmung mit einem graduellen und ordnungsgemäßen Fortschritt konkretisiert werden. Das Endziel ist die Auswahl des Regierungschefs durch allgemeine und gleiche Wahlen (universal suffrage), und zwar nach seiner Nominierung durch ein möglichst repräsentatives (broadly representative) Nominierungskomitee im Einklang mit demokratischen Verfahrensweisen." Diese Bestimmungen zur Wahl des Regierungschefs sind vage. Sie deuten zwar die Möglichkeit der Demokratisierung und Weiterentwicklung des politischen Systems in Hongkong an, enthalten aber keine verbindlichen Schritte und Maßnahmen.

Die Befugnisse des Regierungschefs waren auf die inneren Angelegenheiten der Stadt beschränkt. Nach der Rückgabe sollte Peking Hongkong in allen Bereichen der Außen- und Sicherheitspolitik vertreten und auch die Verteidigung der Stadt übernehmen. Aus diesem Grund wurden Einheiten der Volksbefreiungsarmee in Hongkong stationiert.

Das Grundgesetz enthält viele der Garantien für Hongkong, die auch in der gemeinsamen Erklärung aufgelistet werden. Der Text beinhaltet eine klare Anerkennung der Existenz von Grundfreiheiten, der Durchführung demokratischer Reformen und der Bewahrung der Unabhängigkeit der Hongkonger Rechtsprechung. Insgesamt werden in den Artikeln 8, 11 und 36 des Grundgesetzes 16 Grundrechte aufgelistet, die verschiedene Aspekte der Meinungsfreiheit abdecken. In Artikel 39 findet sich sogar ein expliziter Bezug auf den Internationalen Pakt über bürgerliche und politische Rechte (International Covenant on Civil and Political Rights, ICCPR, Zivilpakt) sowie auf den Internationalen Pakt über wirtschaftliche, soziale und kulturelle Rechte (Sozialpakt), die als wichtigste Dokumente des internationalen Menschenrechtsregimes gelten und am 16. Dezember 1966 von der Generalversammlung der Vereinten Nationen gemeinsam verabschiedet wurden.[87] Insbesondere der Zivilpakt garantiert politische Schutz- und Freiheitsrechte, das Recht auf Schutz des Privatlebens, das Recht auf freie Meinungsäußerung, das Recht auf Religionsfreiheit und Versammlungsfreiheit sowie das passive und aktive Wahlrecht. Der Pakt schützt außerdem die Rechte von Minderheiten und formuliert ein allgemeines Diskriminierungsverbot.

Das Grundgesetz hat jedoch zwei fundamentale Konstruktionsfehler.[88] Erstens wurde im Grundgesetz nichts darüber ausgesagt, wie und wann das „Endziel" eines allgemeinen Wahlrechts und somit der demokratischen Reformen erreicht werden sollte. Die Bestimmungen zur politischen Mitwirkung waren so vage, dass sie sofort nach ihrem Bekanntwerden für Unruhe in Hongkong sorgten. Bis zur Einführung eines allgemeinen Wahlrechts zu einem nicht näher festgelegten Zeitpunkt sollte der Regierungschef von Peking ernannt werden. Der zweite Konstruktionsfehler wiegt noch schwerer: Besonders problematisch war, dass die endgültige „Auslegung", d. h. die verbindliche Interpretation des Grundgesetzes, nicht den unabhängigen Gerichten in Hongkong, sondern dem Ständigen Ausschuss des chinesischen Gesetzgebers, des Nationalen Volkskongresses, in Peking oblag. Damit werden alle grundsätzlichen Rechtsfragen final in Peking entschieden.

Pekings uneingeschränktes Recht, das Grundgesetz ohne verbindliche und unabhängige rechtliche Kontrolle auszulegen, stellte ein mächtiges Vehikel für Eingriffe des Festlands dar, die die zugesicherte Autonomie unterlaufen können. Obwohl Peking in den ersten Jahren eine gewisse Zurückhaltung übte, dauerte es nach der Übergabe nicht lange, bis die Auslegungsbefugnis des Nationalen Volkskongresses in Anspruch genommen wurde. Der Nationale Volkskongress wurde vor allem bei den für Peking zentralen Fragen des Wahlsystems oder der inneren Sicherheit tätig. Die Drohung mit Interventionen durch die Behörden des Festlands schwebt bis heute über fast allen politisch sensiblen Fällen. Solche Interventionen Pekings oder offizielle Kommentare, die auf mögliche Interventionen hindeuteten, wurden auch zu einer ständigen Quelle von Kontroversen und Konflikten in Hongkong.

Der Tiananmen-Schock

Kurz vor Abschluss der Verhandlungen zum Grundgesetz erschütterte die Tragödie vom Platz des Himmlischen Friedens (Tiananmen) in Peking das Vertrauen der Hongkonger in die Zusicherungen der VR China für Hongkong. Auf dem Festland entstand im Frühjahr 1989 eine breite Demokratiebewegung – die größte spontane Massenbewegung seit der Gründung der VR China im Jahr 1949. Die anfangs hauptsächlich von Studierenden getragene Bewegung verlangte nach Freiheit und Demokratie, aber die Proteste richteten sich auch gegen die wachsenden sozialen Probleme und wirtschaftlichen Ungleichheiten. Eine außer Kontrolle geratene Inflation hatte die chinesische Wirtschaft in die Krise gestürzt. Vor allem die Einkünfte von Staatsbediensteten, Regierungsleuten und Akademikern und die Stipendien von Studierenden verloren durch den Kaufkraftverlust deutlich an Wert. In der Folge nahm die Korruption auf allen Ebenen der staatlichen Verwaltung stark zu. Insgesamt war die Stimmung auf dem Festland Ende der 1980er Jahre unruhig. Immer häufiger wurden demokratischere Verfahren im Sozialismus verlangt, um soziale Ungerechtigkeit auszugleichen und Korruption zu bekämpfen. Selbst innerhalb der Partei kamen immer mehr Mitglieder zu der Ansicht, dass politische Reformen unausweichlich seien. Die allgemeine Unzufriedenheit wuchs in dem Maß, in dem die Partei eine Entscheidung zu politischen Reformen verzögerte.

Ende April 1989 besetzten die Studierenden den Platz des Himmlischen Friedens, um ihren Forderungen nach Demokratie öffentlich Gehör zu verschaffen. Als die Partei die Aktion verurteilte und eine Räumung ankündigte, strömten Hunderttausende städtischer Sympathisanten auf den Platz des Himmlischen Friedens und demonstrierten zur Unterstützung der Forderungen der Studierenden. Die Bewegung breitete sich landesweit aus. Schließlich rief die Regierung den Ausnahmezustand aus, der jedoch zunächst nicht durchgesetzt werden konnte. Im Glauben, dass die Soldaten die Studierenden auf dem Tiananmen-Platz angreifen würden, gingen die Bewohner Pekings in der Nacht vom 19. Mai wiederum zu Hunderttausenden auf die Straßen, um das Einrücken der Armee zu stoppen. Die Armee musste sich daraufhin zurückziehen. Die Besetzung des Tiananmen-Platzes durch die Studierenden ging den ganzen Mai hindurch weiter. Das Politbüro entschied Anfang Juni ein zweites Mal, den Platz gewaltsam zu räumen. Am 3. Juni marschierte die Armee wieder in Peking ein. Die Truppen trafen auf gewaltsamen Widerstand, kämpften sich aber am 4. Juni bis zum Tiananmen-Platz durch. Bei der blutigen Räumung des Platzes kamen viele Hunderte Menschen ums Leben und Tausende wurden verwundet. Durch den Einsatz des Militärs in Peking und anderen Städten konnte die Bewegung schließlich unterdrückt werden.

Die Demonstrationen in Peking im April und Mai wurden in Hongkong mit großer Anteilnahme und echter Hoffnung auf Veränderung verfolgt. In den Ereignissen sahen die Hongkonger Hinweise darauf, wie die Regierung der VR China mit Kritik und öffentlichen Demonstrationen umgehen würde und wie viel Glauben der Zusicherung von Meinungsfreiheit geschenkt werden könne. Das Verständnis für das Anliegen der Demonstranten in Peking war groß. Hongkonger spendeten sogar Zelte und schickten sie nach Peking.[89] Am 4. Juni, noch vor der gewaltsamen Niederschlagung, gingen rund eine Million Hongkonger auf die Straße, um ihre Unterstützung für die Studierenden auf dem Festland zu zeigen. Jeder fünfte der insgesamt 5,6 Millionen Hongkonger Einwohner nahm an der Demonstration teil. Es war die größte Demonstration, die die Stadt bis dahin gesehen hatte. Niemand hatte mit einem solch starken Signal der Sorge und des Beistands gerechnet. Und nirgendwo außerhalb Hongkongs gab es eine solche Solidarität mit der Demokratiebewegung auf dem Festland.

Die Nachricht der gewaltsamen Niederschlagung der Proteste wurde in Honkong mit Entsetzen aufgenommen. Nach dem Massaker halfen Demokratiebefürworter aus Hongkong Pekinger Studierenden, die von den Festlandbehörden gesucht wurden, das Festland über Hongkong zu verlassen. Jährlich fanden danach am 4. Juni Demonstrationen in Hongkong statt, die an die gewaltsame Niederschlagung der Proteste im Jahre 1989 erinnerten. Zudem wurde in Hongkong das Mahnmal „Säule der Schande" des dänischen Bildhauers Jens Galschiøt errichtet, das an verschiedenen Stellen in der Stadt stand, bis es 1997 auf das Gelände der Hongkong Universität gebracht wurde.

Mit diesen Ereignissen war das Vertrauen, das Hongkong den Versicherungen des Festlands entgegengebracht hatte, schlagartig zerstört und die Zuversicht in eine berechenbare, stabile und freiheitliche Zukunft der Stadt unter der Herrschaft des Festlands tief erschüttert. Waren vor dem Juni 1989 noch 75 % der Bevölkerung optimistisch hinsichtlich der Zukunft Hongkongs, so sank diese Zahl nach dem 4. Juni 1989 auf 52 %.[90] Der Schock, der von Tiananmen ausging, war nachhaltig. Es ist keine Übertreibung zu sagen, dass dieses einzelne Ereignis mehr als jedes andere die Haltung großer Teile der Hongkonger Gesellschaft gegenüber der Rücknahme und dem Festland im Allgemeinen zum Negativen hin veränderte.

Wichtiger noch: Das Tiananmen-Massaker war zweifelsohne ein Katalysator für die Entstehung der demokratischen Bewegung in Hongkong.[91] Vorher forderten einzelne Parlamentarier, Intellektuelle oder lokale Gemeindeführer mehr politische Partizipation – sowohl gegenüber London als auch gegenüber Peking. Das waren individuelle Stimmen, keine breite Bewegung. Das änderte sich mit Tiananmen. Nun wurden vor allem Studierende, aber auch viele andere Hongkonger aus allen gesellschaftlichen Schichten aufgerüttelt. Sie verlangten die Einführung demokratischer Wahlen. Mit Blick auf den Übergabezeitpunkt 1997 verspürten immer mehr Menschen in Hongkong die Notwendigkeit, ein starkes demokratisches System zu etablieren, um ihre Lebensweise gegen die Einmischung derselben Partei und Regierung zu verteidigen, die das Massaker auf dem Platz des Himmlischen Friedens zu verantworten hatten.

Hongkongs Rolle in Chinas Wirtschaftsreformen

Zum Zeitpunkt der chinesisch-britischen Verhandlungen zur Rückgabe war Hongkong auf einem Höhepunkt seiner sozioökonomischen Entwicklung. Diese kleine Kolonie bildete zusammen mit Singapur, Südkorea und Taiwan die sogenannten „Tigerstaaten" Ostasiens. Sie waren weltweit führende Exportregionen. Ihr Wirtschaftswachstum und ihre Entwicklung waren phänomenal, und sie galten als bemerkenswerte Vorbilder für wirtschaftlichen Erfolg und politische Stabilität.

Während Briten und Chinesen in Peking über den zukünftigen Status der Kolonie stritten, entwickelte sich ein symbiotisches wirtschaftliches Verhältnis zwischen der Stadt und der Provinz Guangdong, von dem beide Seiten profitierten. Die chinesischen Unternehmer und Manager in der Kronkolonie verfügten über Zugang zum Weltmarkt, der dem Festland zu diesem Zeitpunkt fehlte. Hongkong als Handels- und Finanzplatz spielte nach den Boomjahren fraglos in derselben Liga wie London, Tokio und New York. Die Stadt bot hervorragende Bedingungen für Schifffahrt, weltweite Kommunikation und internationale Finanzgeschäfte. Was Hongkong aber fehlte, nämlich Platz und Menschen, bot die Provinz Guangdong mit billigen Arbeitskräften und günstigen Grundstücken im Übermaß. Hongkong und das Umland ergänzten sich auf perfekte Weise. Deng Xiaoping unterstützte die Annäherung zwischen Hongkong und Guangdong. Er hoffte, dass die Region am Perlflussdelta zum Tor für China werden würde. Gleichzeitig war die engere wirtschaftliche Anbindung von Hongkong an Guangdong auch politisch opportun: Wenn die Hongkonger Geschäftsleute von der engen Zusammenarbeit mit dem Festland profitierten, wären sie, so hoffte die chinesische Führung, auch nach der Übergabe Unterstützer im Pro-Peking-Lager. Über Hongkong sollten Investitionen nach China fließen, die die Wirtschaftsreformen auf dem Festland beflügeln würden. Geografische Nähe und dieselbe Sprache machten es leicht für Hongkonger Investoren, in Guangdong Fabriken zu eröffnen.

Abbildung 8: Hongkong 1980: Blick vom Peak über Central und Kowloon. Das höchste Gebäude in Central war das Jardine Hochhaus.

Mitte 1977 hatte die US-amerikanische Bank Chase Manhattan bereits den Hauptsitz für den asiatisch-pazifischen Raum nach Hongkong verlegt. 1979 schloss die Bank of China mit Hong Kong Chase eine Vereinbarung, dass Chase die Rolle einer Korrespondenzbank für Überweisungen und Kreditgeschäfte der Bank of China in die USA werden solle. Dieses Arrangement ermöglichte China Zugang zu den globalen Finanzmärkten. Da China nach Jahrzehnten der Stagnation einen gewaltigen Nachholbedarf an Investitionen hatte, war diese Vereinbarung von großer Bedeutung für die Wirtschaftsreformen des Festlands. Die Kronkolonie, die nicht nur über erstklassige finanzielle Verbindungen, sondern auch über Fertigungswissen und Handelserleichterungen beim Zugang zu ausländischen Märkten verfügte, bot China ganz entscheidende Vorteile beim Umbau der Wirtschaft.

Hongkongs Verbindungen in die Welt waren auch ein Faktor bei der Konzeption und Gestaltung der Sonderwirtschaftszonen auf dem Festland. Im April und Mai 1978 statteten Vertreter der

Staatlichen Planungskommission und des Ministeriums für Außenhandel Hongkong einen ungewöhnlichen Besuch ab. Ziel war der Austausch zu Experimenten mit verschiedenen Wirtschaftsformen im Kreis Bao'an, in dem später auch die Sonderwirtschaftszone um Shenzhen eingerichtet werden würde. Von Beginn der Reform- und Öffnungspolitik an war Hongkong ein Ratgeber für die Wirtschaftsreformen auf dem Festland.

Die erfolgreichste Sonderwirtschaftszone war ohne Zweifel das wirklich nur den sprichwörtlichen Steinwurf von Hongkong entfernte Shenzhen, das vor 1978 ein armes und unbedeutendes Dorf war. Als sich China 1978 für den Kapitalismus und ausländische Investitionen öffnete, entschied Deng Xiaoping, die Reformen in Shenzhen als erster chinesischer Sonderwirtschaftszone zu beginnen. Die Entwicklung verlief dort daher schneller als anderswo auf dem Festland. Die Nähe zu Hongkong war ein großer Vorteil. Investitionen aus Hongkong sprudelten reichlich und trieben eine hitzige Entwicklung voran.

Aber umgekehrt profitierte auch Hongkong von den Reformen auf dem Festland. Trotz ihrer Sorgen über die Zukunft realisierten die Unternehmen in Hongkong schnell, dass sich große Chancen für sie in Guangdong auftaten. Besonders attraktiv waren das niedrige Lohnniveau und die geringen Immobilienpreise. Es bot sich aufgrund der relativ hohen Produktionskosten in Hongkong an, große Teile der arbeitsintensiven Fertigung ins Perlflussdelta zu verlagern. Die meisten Verlagerungen erfolgten in Form von Joint-Ventures oder Kooperationen mit lokalen Partnern (oft Verwandte von Hongkongern). Die erste von einem Hongkonger Geschäftsmann auf dem Festland gegründete Firma war die Taiping Handbag Factory in Dongguan nahe Hongkong: 1978 investierte Zhang Zimi zwei Millionen Hongkong-Dollar in eine Firma, die sich wie fast alle Fabriken zur damaligen Zeit im Besitz der Lokalregierung befand. Die in Dongguan hergestellten Handtaschen wurden vom Festland nach Hongkong exportiert und von dort aus auf den Weltmarkt gebracht. Nach dem Erfolg der Taiping Handbag Factory eröffneten viele Unternehmer aus Hongkong Produktionsstätten in

Dongguan und anderen Städten im Perlflussdelta, um dort Schuhe, Taschen, Kleidungsstücke und Koffer für den Export herzustellen. Im Rahmen dieses als „Front Shops-Back Factories" bezeichneten Geschäftsmodells fungierte Hongkong als Marketing-, Logistik- und Managementzentrum für die Produktionsstätten in Guangdong. Die Verlagerung der Produktion nach Guangdong nahm bis in die 1990er Jahre weiter zu. Ende der 1980er Jahre arbeiteten mehr als drei Millionen Festländer für Hongkonger Firmen in den Regionen um Hongkong. Die Direktinvestitionen aus Hongkong machten in den 1980er und 1990er Jahren rund 56 % der gesamten ausländischen Direktinvestitionen nach China aus.

Die Entwicklung zwischen Hongkong und Festland war stürmisch, die Zuwachsraten exorbitant. Die Hongkonger Firmen machten üppige Gewinne. Die Verlagerung der Produktionskapazitäten auf das Festland verwandelte Hongkong von einem Produktionsstandort für leichte Industriegüter wie Elektronik zu einem führenden Finanz-, Logistik- und Dienstleistungszentrum. Während der Dienstleistungssektor Ende der 1970er Jahre weniger als 65 % des Bruttoinlandsprodukts (BIP) Hongkongs ausmachte, waren es Mitte der 1990er Jahre fast 85 %. Bis Ende der 1990er Jahre wurden etwa 90 % der ursprünglich in Hongkong ansässigen Produktionsstätten nach China verlagert.

Die enge wirtschaftliche Kooperation mit Guangdong bot Hongkonger Unternehmen mehr als zwei Jahrzehnte lang viele Vorteile. Hongkong konnte die Notwendigkeit einer wirtschaftlichen Restrukturierung (zum Beispiel geringere Rentabilität oder gar Betriebsschließungen aufgrund wachsender Produktionskosten) durch die Verlagerung der Produktion in das Perlflussdelta abfedern, während sich dieses zur „Fabrik der Welt" entwickelte, in der ein Großteil arbeitsintensiver Endprodukte wie etwa elektronische Verbrauchsartikel, Kleidungsstücke, Schuhe und Kunststoffprodukte, insbesondere Spielzeug für Verbraucher weltweit hergestellt wurde. Die Elektronikindustrie wurde besonders wichtig.

Insgesamt entwickelte sich zwischen Hongkong und dem Festland eine immer engere wirtschaftliche Kooperation. Diese Entwicklung brachte beiden Seiten klare Vorteile, aber nicht alle profitierten in gleicher Weise. Hongkonger Unternehmen konnten mit hoch rentablen Investitionen hohe Gewinne erwirtschaften. Auf dem Festland wuchs die Wirtschaft, überall entstanden Fabriken. Aber der Verlierer war die einfache, niedriger qualifizierte Bevölkerung in Hongkong. Mit der Produktionsverlagerung nach China verschwanden viele Arbeitsplätze für Fabrikarbeiter. Frauen waren überproportional betroffen, da Männer oft auch im Perlflussdelta als Vorarbeiter arbeiten konnten. Vielen entlassenen Arbeitern und Arbeiterinnen in Hongkong fehlten jedoch die notwendigen Qualifikationen oder die Ausbildung, um höherwertige und besser bezahlte Jobs im Dienstleistungssektor zu finden. Die Löhne sanken, und Arbeitslosigkeit und Einkommensunterschiede in Hongkong wuchsen. Feine Risse gingen durch die Hongkonger Gesellschaft. Die Geschäftswelt sah zunehmend die wirtschaftlichen Vorzüge einer Rückgabe Hongkongs an das Festland. Die einfache Bevölkerung aber wurde eher skeptisch und blickte mit wachsender Sorge in die Zukunft.

Der Weg zur Rückgabe

Der Schock von Tiananmen führte zu einer Art politischem Frühling in Hongkong: Mehr als je zuvor begannen sich die Menschen für lokale Politik zu interessieren. Das neue Interesse an der Politik spiegelte einerseits die Befürchtungen vor massiven Eingriffen der Behörden der Volksrepublik China nach 1997 wider. Zugleich verbanden sich mit der Rückgabe aber auch Hoffnungen für Hongkong. Das Ende der Kolonialherrschaft verhieß neue Möglichkeiten, in Selbstbestimmung die Zukunft zu gestalten und möglichen Übergriffen des Festlands Widerstand entgegenzusetzen. In den Jahren vor der Übergabe kam es „zu einer Explosion der Zivilgesellschaft Hongkongs".[92] Viele neue Bürgerorganisationen wurden gegründet. Die Studierenden waren in den verschiedenen studentischen Vereinigungen (Student Unions) aktiv, die es seit vielen Jahren an jeder Universität gab. Die Begriffe Demokratie, Demokraten und Demokratisierung dominierten die Debatten in Hongkonger Zeitungen, in Buchläden und in den Universitäten. Selbst konservative Geschäftsleute und Unterstützer der VR China änderten ihre Einstellung zur Demokratisierung. Unterstützt wurden diese Bestrebungen durch den letzten britischen Gouverneur, der überzeugt war, er müsse in Hongkong eine historische Mission erfüllen.

Der „durchfahrende Zug"

1992 war ein wichtiges Jahr für Hongkong. Deng Xiaoping zog sich aus allen Ämtern zurück, und Hongkong bekam seinen letzten Gouverneur, Chris Patten. Anders als die Gouverneure vor ihm kam Patten nicht aus dem diplomatischen Dienst, sondern war ein führender Politiker der konservativen Partei. Im Kabinett Thatcher hatte er die Ämter des Bildungsministers, Entwicklungsministers und Staatssekretärs für Umwelt bekleidet. Als Generalsekretär der konservativen Partei war er maßgeblich 1992 für den überraschenden Wahlsieg von John Major, dem Nachfolger von Margaret Thatcher, verantwortlich. Für ihn persönlich aber endeten die Wahlen mit einer schmerzlichen Niederlage in seinem Wahlkreis Bath: Er verlor seinen Sitz im britischen Unterhaus. Damit war ein Regierungsamt kaum mehr möglich. In Anerkennung seiner Verdienste wurde Patten schließlich auf Vorschlag von John Major im Juli 1992 zum 28. und letzten Gouverneur von Hongkong ernannt.[93]

Pattens Vorgänger, David Wilson, bekleidete das Amt des Gouverneurs von 1987 bis 1992 und war wie fast alle Gouverneure ein auf China spezialisierter Diplomat. Trotz der Unruhen im Nachgang des Tiananmen-Massakers war es Wilson gelungen, Projekte wie den neuen Hongkonger Flughafen weiterzuführen, der in China aufgrund der hohen Baukosten äußerst kritisch beäugt wurde. Wilson war darum bemüht, auch in Konfliktsituationen die Gesprächskanäle zu Peking aufrechtzuerhalten.

Wilson weitete auch, ohne viel Aufhebens zu machen und basierend auf dem Green Paper von 1984, Schritt für Schritt den Kreis der Wahlberechtigten aus und unterstützte unauffällig Rufe nach mehr Freiheit. Insgesamt wollte er einen Übergang vom Verfahren der Konsultation durch eine kleine Elite und ausgewählte Berufsgruppen zu einer breiteren Repräsentation der Bevölkerung in den verschiedenen Gremien schaffen. 1991 wurden erstmals 18 von insgesamt 60 Mitgliedern des Legislativrats in direkter Wahl vom Volk bestimmt. Der Anteil der Wahlberechtigten an der Gesamtbevölkerung bei den Wahlen zum Legislativrat stieg kontinuierlich von nur 0,4 % im Jahr 1952 auf 17,4 % in 1982, 26,23 % in 1986, 33 % in 1991 und 43 % im Jahr 1995.[94]

Chris Patten ging diese vorsichtige Demokratisierung aber zu langsam. Ohnehin suchte er nach einer Gelegenheit, sich nach dem von ihm als sehr schmerzlich empfundenen Verlust seines Sitzes im Unterhaus zu profilieren. Für ihn, einen überzeugten britischen Konservativen, war die bisherige britische Politik gegenüber dem Festland völlig fehlgeleitet und viel zu nachgiebig. Besonders kritisch eingestellt war er gegenüber dem Foreign Office in London, mit dem er während seiner gesamten Amtszeit beständig im Clinch lag.

Konflikten mit der VR China wollte Patten nicht länger aus dem Weg gehen. Er war überzeugt, dass Großbritannien eine moralische Verantwortung habe, die freiheitliche Ordnung der Stadt so zu sichern, dass sie auch nach 1997 Bestand haben würde. Er verzichtete nicht nur vor seinem Amtsantritt auf einen möglichen Besuch in China, als Gouverneur trat er vehement für die Ausweitung politischer Freiheiten und Rechte ein und strebte eine konsequente Erhöhung der Zahl der vom Volk gewählten Amtsträger an. Er wies die Auffassung hochrangiger Diplomaten des britischen Außenministeriums wie Percy Cradock oder des früheren Gouverneurs MacLehose zurück, dass eine solche Politik eigentlich den Vereinbarungen zwischen China und Großbritannien widerspreche.

Das 1990 verabschiedete Grundgesetz regelte die Zusammensetzung des ersten Legislativrats nach 1997. Der Legislativrat sollte insgesamt 60 Mitglieder haben, davon sollten 20 in geografischen Wahlkreisen direkt gewählt und 30 von funktionalen Wählergruppen bestimmt werden. Die restlichen zehn Mitglieder wurden von einem Wahlkomitee gewählt, das sich aus Bezirksräten zusammensetzte. Dabei ließ das Grundgesetz ausdrücklich zu, dass die amtierenden Mitglieder, sofern sie sich zum Grundgesetz bekannten, auch den ersten Legislativrat nach 1997 bildeten. Konkret bedeutete dies, dass die 1995 gewählten Abgeordneten über die Übergabe 1997 hinweg bis 1999 amtieren könnten. In der Öffentlichkeit wurde dieses Vorgehen als „durchfahrender Zug“ (through train) bezeichnet. Das übergeordnete Ziel dieser Regelungen sollte ein „reibungsloser Übergang“ sein.

Patten hielt von dem Ziel eines reibungslosen Übergangs wenig. Er zitierte die sarkastische Bemerkung eines seiner Berater, ob nicht auch eine Beerdigung als „reibungsloser Übergang“ zu beschreiben sei.[95] Patten legte daher anlässlich seines Amtsantritts als Gouverneur 1992 ein ehrgeiziges politisches Reformprogramm vor. Die vom Grundgesetz vorgegebene Reorganisation des Legislativrats machte eine Reform des Wahlgesetzes ohnehin notwendig. Nach langen und intensiven Debatten in den Hongkonger Medien und im Legislativrat, in denen unter anderem Forderungen vom demokratischen Lager nach sofortiger Einführung eines uneingeschränkten direkten Wahlrechts erhoben wurden, beschloss der Legislativrat am 23. Februar und am 29. Juni 1994 wesentliche Teile des Reformpakets mit nur geringen Änderungen. Die wichtigsten Reformen waren: Die bestehenden 21 funktionalen Wählergruppen wurden durch neun neue Gruppen ergänzt. Die Mitglieder der funktionalen Wählergruppen (ca. 2,7 Millionen Menschen) erhielten als individuelle Mitglieder (bis dahin nur Körperschaften) das direkte Wahlrecht zur Wahl von insgesamt 30 Vertretern im Legislativrat. Das Wahlkomitee für die Wahl der zehn restlichen Mitglieder des Legislativrats setzte sich aus zuvor direkt gewählten Bezirksräten zusammen. Unverändert sollten 20 Mitglieder in geografischen Wahlkreisen durch Direktwahl gewählt werden. Die insgesamt 346 Bezirksräte sollten ebenfalls direkt gewählt werden. Das Wahlalter wurde von 21 auf 18 Jahre herabgesetzt.

Auch wenn Patten seine Reformen als weitreichend und ehrgeizig darstellte, würde am Ende weiterhin nur eine Minderheit der Mitglieder des Legislativrats demokratisch von allen Wählern gewählt werden. Die Reformen waren bescheidener, als er verkündete. Zugleich beharrte er darauf, dass er keine falsche Rücksicht auf Peking nehmen wolle und müsse, und weigerte sich sogar, mit der chinesischen Seite darüber zu reden.

Peking reagierte verärgert. Die chinesische Regierung hatte Patten von Anfang an misstraut und warf ihm vor, seine Vorschläge verstießen gegen die gemeinsame Erklärung, das Grundgesetz und Vereinbarungen zwischen den jeweiligen Außenministerien. Die chinesische Regierung vermutete, dass Patten mit seinen Reformen China unter Druck setzen wolle. Er beabsichtige, der chinesischen Regierung Regeln aufzuzwingen, die Großbritannien selbst während seiner 156-jährigen Regierungszeit in Hongkong nie befolgt habe. Lu Ping, der von 1990 bis 1997 das Büro für Hongkong- und Macau-Angelegenheiten des Staatsrats der VR China leitete, nannte Hongkongs letzten britischen Gouverneur einen „Sünder für tausend Jahre", weil er das Wahlsystem in dem Territorium ohne Absprache mit China verändert hatte.

Die Reformen machten Patten andererseits in Hongkong (und Großbritannien) sehr beliebt. Obwohl Peking forderte, Patten abzuberufen, wussten die Briten, dass dies ihrem Ansehen nicht nur in Hongkong, sondern auch in der internationalen Gemeinschaft schaden würde. Die Reformen erhielten außerdem vor allem unter den jüngeren Bewohnern der Stadt viel Zuspruch. Patten und seine Unterstützer argumentierten, dass es ihnen um die Bedürfnisse der Hongkonger Bevölkerung gegangen und insbesondere er, Patten, mutig für mehr Freiheiten eingetreten sei. Patten habe Hongkong durch die Reformen Erfahrungen in der Demokratie machen lassen, die auch nach 1997 weiterhin als Richtschnur dienen sollten.

Kritiker sowohl in Hongkong als auch in Peking warfen Patten jedoch vor, dass es ihm vor allem um seine eigenen Interessen gegangen sei. Er gewann durch sein Eintreten für Freiheit an Beliebtheit und kehrte als Held und mutiger Kämpfer nach Großbritannien zurück. Aber die chinesische Hongkonger Bevölkerung blieb zurück und musste mit den von ihm hervorgerufenen Konflikten zwischen Hongkong und China leben. Die Stimmung in Hongkong ging in den Keller.

Der „Tod von Hongkong"

Am 26. Juni 1995 erschien in der Zeitschrift *Fortune* ein Leitartikel, der den tiefgehenden Stimmungswandel in Hongkong und in der Welt aufgriff. In unmissverständlichen Worten beschrieb der Journalist Luis Kraar eine düstere Zukunft: „Es ist Zeit aufzuhören, so zu tun als ob. Angeblich wird die Übergabe von Hongkong, der unternehmerfreundlichsten Wirtschaft der Welt, an China, die weltweit größte, nominell noch kommunistische Diktatur, in weniger als 750 Tagen unmaßgeblich sein. [...] Tatsächlich lässt sich die nackte Wahrheit über Hongkongs Zukunft in nur drei Worten zusammenfassen: Es ist vorbei."[96]

Der öffentlich in den Medien ausgetragene Streit zwischen Patten und der chinesischen Regierung sorgte zunehmend für Verunsicherung in Hongkong und in der internationalen Handels- und Geschäftswelt. Immer deutlicher wurden die tiefen Gräben in den politischen Verhältnissen und Vorstellungen auf dem Festland und denen in Hongkong.

Umfragen zeigten den Stimmungswandel. Zwar befürworteten im Februar 1996 46 % der Befragten grundsätzlich die Zugehörigkeit Hongkongs zu China. Ein fast gleich großer Anteil sprach sich jedoch für Alternativen aus, wie zum Beispiel die Unabhängigkeit (14 %), den Status einer britischen Kolonie (18 %) oder für die Zugehörigkeit zum Commonwealth (12 %). Hinsichtlich der politischen Stabilität nach 1997 zeigten sich zum selben Zeitpunkt 57 % leicht und 10 % stark beunruhigt, gegenüber 30 %, die sich keine Sorgen machten. 13 % gaben keine Meinung an.[97]

Die Sorge drückte sich auch in Abwanderung aus. Viele Hongkonger hatten keine andere Wahl, als zu bleiben, aber wer es sich leisten konnte, erwarb Wohneigentum im Ausland und bewarb sich um einen ausländischen Pass. Nach Angaben der Hongkonger Regierung verließen in den Jahren von 1990 bis 1997 jährlich etwa 60 000 Menschen Hongkong.[98] Über die Hälfte aller Emigranten gaben an, dass sie durch früher ausgewanderte Familienmitglieder bereits über Verbindungen nach Übersee verfügten. Etwa

700 000 bis 800 000 von insgesamt 6,2 Millionen Hongkongern im Jahr 1997 hatten einen (meist durch Kauf erworbenen) ausländischen Pass (Zielländer: Australien, Kanada, USA, Neuseeland, Singapur, Malaysia, Indonesien). Weitere 500 000 bis 600 000 verfügten über eine Aufenthaltsgenehmigung in einem anderen Staat. Ungefähr 500 000 stellten zudem in den ersten Monaten des Jahres 1996 einen Antrag auf Ausstellung eines British National Overseas Passport (BNO), der ihnen die visafreie Einreise nach Großbritannien, aber auch in andere Staaten ermöglichte. Rechnet man Kinder und Ältere ab, hatte statistisch jeder dritte Hongkonger die Möglichkeit, im Falle einer Krise Hongkong zu verlassen und in einem anderen Land zu leben. In diesen Angaben sind die Ausländer nicht enthalten, die in Hongkong arbeiteten und jederzeit in ihre Heimatländer zurückkehren konnten.

Hongkong war wichtig für die Weltwirtschaft. Aus diesem Grund wollten die USA die künftige Entwicklung der Stadt stützen. Am 5. Oktober 1992 unterzeichnete der amerikanische Präsident George H.W. Bush den Hong Kong Policy Act zur Regelung des Sonderstatus von Hongkong.[99] Im Wesentlichen wurde darin den in Hongkong ansässigen amerikanischen Unternehmen zugesichert, dass die bisherigen Regelungen auch nach 1997 Bestand haben werden und Hongkong weiterhin als eigenständige, nichtsouveräne Entität behandelt wird. Die USA sicherten auch zu, Hongkongs Status als eigenständiges Zollgebiet weiter anzuerkennen. Hongkong sollte außerdem weiterhin den Meistbegünstigungsstatus erhalten und eigene, von den USA anerkannte Erzeugerbescheinigungen für Industrieprodukte ausstellen können. Hongkong wurde auch Zugang zu Technologien gewährt, deren Export aus den USA in die VR China eingeschränkt war. Auch Hongkongs Rolle als Finanzplatz sollte weitergeführt werden und der US-Dollar dort frei gehandelt werden können.

Die Signalwirkung des Hong Kong Policy Acts war wichtig und sollte angesichts der Unsicherheiten Vertrauen in die wirtschaftliche Zukunft Hongkongs schaffen. Fünf Jahre vor der Rückgabe Hongkongs an China setzte sich der US-Kongress für die Wahrung der wirtschaftlichen Position der Stadt ein und sicherte Kontinuität zu. Allerdings gab es auch ein Caveat: In dem Gesetz bevollmächtigt der Kongress den amerikanischen Präsidenten, Teile davon außer Kraft zu setzen, falls die Autonomie Hongkongs in Frage steht.

Der Tag der Übergabe

Die Omen waren eindeutig: Am Tag der Übergabe begann der jahreszeitlich typische Monsun.[100] Es regnete den ganzen Tag heftig, und auch in den Wochen danach lag Hongkong unter tiefhängenden Regenwolken. Die Porträts der Queen waren bereits aus allen Amtsstuben entfernt worden, die letzten Hongkong-Briefmarken mit dem Konterfei der Queen waren gedruckt und ausgeliefert worden, die Insignie der britischen Krone von den Briefkästen abmontiert. Am Morgen der Übergabe verließ Chris Patten seinen Regierungssitz. Ein Reporter des *Spiegels* sah ihn mit grimmiger Miene aus der Tür treten, vielleicht weil ihm bewusst war, dass seine Demokratiebemühungen zu spät gekommen waren. Im Beisein des Vertreters der königlichen Familie Prince Charles wurde der Union Jack von britischen Offizieren eingeholt und Patten übergeben.

Der Transfer der Souveränität erfolgte in einer live übertragenen Zeremonie in der Nacht vom 30. Juni zum 1. Juli 1997 im Konferenz- und Messezentrum in Wan Chai in Hongkong. Großbritannien war durch den britischen Premierminister Tony Blair und Prinz Charles repräsentiert, für die VR China waren Präsident Jiang Zemin und Premierminister Li Peng zugegen. Anwesend waren auch der scheidende Gouverneur Patten und der ins Amt kommende neue Regierungschef Tung Chee-hwa. Um Mitternacht gab es ein großes Feuerwerk.

Jiang Zemin und Prinz Charles hielten jeweils Ansprachen.[101] Auch wenn die Akzente unterschiedlich gesetzt wurden, betonten beide Redner die Bedeutung von Kontinuität und versicherten der Hongkonger Bevölkerung, dass es nur geringe Veränderungen geben werde. Prinz Charles hob den Erfolg Hongkongs und implizit auch der britischen Kolonialzeit hervor. Jiang Zemin enthielt sich des Ausdrucks von Triumph und sagte: „Nach der Rückkehr Hongkongs wird die chinesische Regierung unbeirrt die grundlegende Politik von ‚Ein Land, zwei Systeme', ‚Verwaltung von Hongkong durch Hongkonger' und ‚ein hohes Maß an Autonomie' umsetzen, das bisherige sozioökonomische System und die Lebensweise Hongkongs unverändert belassen und seine Gesetze grundsätzlich unverändert beibehalten." Nach der Übergabezeremonie verabschiedeten sich Prinz Charles und Gouverneur Chris Patten mit seiner Familie von den Bürgern Hongkongs an der Marinebasis Tamar, nahe dem Verwaltungszentrum der Stadt. Sie gingen an Bord der königlichen Yacht Britannia und segelten nach Manila auf den Philippinen, bevor sie von dort nach Großbritannien zurückkehrten.

Auch wenn sowohl China als auch Großbritannien versuchten, Zuversicht zu verbreiten, war die Stimmung in Hongkong eher gedämpft. Obwohl vermutlich nur wenige der britischen Herrschaft nachtrauerten, blieb großer Jubel aus. Viele Hongkonger blieben sogar zu Hause. Der Regen war ein guter Vorwand, sich den Feierlichkeiten zu entziehen. Ein Beobachter aus Hongkong beschrieb die Atmosphäre mit folgenden Worten: „In den letzten Tagen der britischen Kolonialherrschaft oder zu Beginn der Sonderverwaltungsregion gab es in den Straßen Hongkongs nur wenige Anzeichen von glühendem Patriotismus. Tatsächlich waren die Leute überraschend ruhig und zeigten kaum Emotionen über dieses spektakuläre Weltmedienereignis. Die offiziellen Feiertage vom 28. Juni bis 2. Juli waren eher ein verlängertes Wochenende als eine festliche Zeit zur Feier des endgültigen Endes der Kolonialherrschaft und des erneuerten Nationalstolzes [...] Die allgemeine Haltung zur Übergabe war eher gleichgültig als jubelnd."[102]

Der Feng-Shui-Experte Joseph Wong gab die allgemeine Stimmung treffend wieder, wenn er unkte: „Diesem Bastard, gezeugt vom britischen Löwen und chinesischen Drachen, stehen schwere Zeiten bevor." Tatsächlich gab es schon im ersten Jahr unter chinesischer Herrschaft gleich mehrere Katastrophen, auch wenn China daran keinen Anteil hatte: Bei der von Thailand ausgehenden Asienkrise stürzten die Börsenkurse ab, dann machte die Vogelgrippe das Notschlachten von 1,4 Millionen Hühnern notwendig, und später wurden Fischbestände von Killeralgen vergiftet („Rote Gezeiten").

Aber auch unter den Briten, die an der Zeremonie teilnahmen, überwog Unbehagen. Einige Jahre später wurde durch eine nicht genehmigte Veröffentlichung aus Prince Charles' Tagebüchern ein 3000 Worte langer Essay publik, in dem er die Übergabe bedauerte und den gesamten Prozess kritisierte. Angeblich wurde die Entscheidung von allen möglichen Leuten getroffen, die keine Ahnung davon hatten, worum es wirklich ging. Die Zeremonie selbst beschrieb er als eine „fürchterliche Vorstellung im sowjetischen Stil". Eine große Sorge war für ihn das Verhalten des chinesischen Militärs, das aggressiv schien (anscheinend wurde die Britannia von mehreren Flugzeugen überflogen). Außerdem erwähnte er das korrupte Verhalten des Militärs und sagte „man kann nur hoffen, dass sie in den Baracken eingesperrt bleiben".[103]

Zum Zeitpunkt der Übergabe war der Zustand Hongkongs insgesamt heikel. Viele Veränderungen hatten bereits vor der Übergabe eingesetzt: Wirtschaftlich war Hongkong bereits stark auf dem Festland involviert. Die Hongkonger Unternehmen profitierten davon aber weit mehr als die einfachen Hongkonger, die sich zunehmend Sorgen um ihre Arbeitsplätze machen mussten. Die Grundlagen für wachsende soziale Ungleichheiten waren gelegt. Eine weitere Veränderung betraf die zunehmende Politisierung. Das Thema der Eigenständigkeit der Stadt gegenüber dem Festland und die Frage der Demokratie rüttelten die früher so dezidiert unpolitische Stadt auf. Reformen des politischen Systems waren angestoßen worden, ihr weiterer Fortgang aber war offen.

Die wichtigste und am Ende auch schwerwiegendste Konsequenz war die Spaltung der Hongkonger Gesellschaft. Sowohl die wirtschaftlichen Veränderungen als auch die Politisierung trieben einen Keil zwischen sie. Unterschiedliche Auffassungen über den Umgang mit der wirtschaftlichen Verflechtung mit dem Festland kollidierten miteinander. Mehr als alles andere entzweite die Frage der Demokratie. Sollte Hongkong dem Festland entschieden entgegentreten oder Kompromisse eingehen? Als Hongkong in eine neue Ära als Teil Chinas eintrat, war die chinesische Gesellschaft in Hongkong tief zerstritten über die Frage, mit welcher Strategie den neuen Herrschern in Peking begegnet werden sollte.

III. HONGKONG ALS TEIL CHINAS

Als Teil der VR China brach für Hongkong 1997 eine neue Zeit an. Es war ein gigantisches Experiment: Eines der vitalsten und wichtigsten Zentren des globalen Kapitalismus wurde Teil des größten sozialistischen Landes der Welt. Für einen solchen Vorgang gab es keine Blaupause, keine Vorbilder, keine Parallelen. Dieses Experiment barg erhebliche Risiken, aber es eröffnete auch Chancen. Angesichts des beginnenden Wirtschaftsbooms auf dem Festland verhieß die Rückkehr unter chinesische Souveränität besseren und einfacheren Zugang zum lukrativen chinesischen Markt. Andererseits war unklar, wie viel wirtschaftliche Autonomie und politische Freiheit Peking der Stadt wirklich lassen würde.

Die Beziehungen zwischen Hongkong und der VR China betrafen im Grunde genommen drei verschiedene Bereiche. Zum einen ging es um die Frage, wie viel politische Eigenständigkeit die Stadt innerhalb der VR China bewahren konnte. Der politische Übergang vom Kolonialsystem zum System der Sonderverwaltungsregion warf viele Fragen auf, die nur zum Teil im Vorfeld bedacht worden waren. Der gesamte Vorgang beinhaltete verschiedene, oft juristische oder formalistische Aspekte wie zum Beispiel Sicherheitsgesetzgebung, Wahlverfahren für die Mitglieder des Legislativrats bzw. des Regierungschefs und schließlich ein Auslieferungsgesetz. Das Festland berief sich in jedem dieser Themen darauf, dass es im Krisenfall die Autorität habe, die letzte Entscheidung zu treffen. Was als Krise galt, entschied dabei das Festland. Die Zivilgesellschaft in Honkong wiederum wollte die Freiheit verteidigen, ihr eigenes politisches System nicht nur zu behalten, sondern auch weiterzuentwickeln und auszubauen.

Zweitens war noch offen, wie sich Hongkong in die große chinesische Wirtschaft einfügte und welche konkrete Rolle die Stadt darin einnehmen konnte und sollte. Das erfolgsverwöhnte Hongkong sah sich plötzlich der Konkurrenz des aufstrebenden Festlands unmittelbar ausgesetzt, auch wenn einige wenige Tycoons außerordentlich gute Geschäfte auf dem Festland machten. Zugleich war Hongkong weiterhin stark abhängig von den Entwicklungen des Weltmarkts. Als Finanzzentrum wurde es durch die asiatische Finanzkrise besonders hart getroffen, und es dauerte lange, bis die Stadt sich wieder davon erholte. Insgesamt war die wirtschaftliche Entwicklung Hongkongs als Teil Chinas von großen Herausforderungen und Volatilität gekennzeichnet. Soziale Ungleichheit und Arbeitslosigkeit wuchsen. Diese Entwicklungen beeinflussten die Haltung der Hongkonger Bevölkerung hinsichtlich der Rücknahme und des Festlands eher negativ.

Drittens ging es um gesellschaftliche und kulturelle Dimensionen. Hongkong war nicht nur ein abstraktes „zweites System“, sondern bestand aus einer Bevölkerung mit ganz eigenen Erfahrungen, Ansichten, Vorlieben und Identitäten. Genau diese Dimension, die seitens der Regierungen in Peking oder Hongkong nur relativ wenig Aufmerksamkeit erfuhr, ist aber für das Verständnis der großen Proteste und Konflikte seit der Übergabe ganz entscheidend. Insbesondere die jüngere Generation war von Ängsten geplagt, dass ihr geliebtes Hongkong vom Festland überrannt werden und sich völlig verändern könnte.

Im Prinzip unternahm China seit 1997 an vielen Fronten Vorstöße, um die Formel „Ein Land, zwei Systeme“ aufzuweichen und die Rechte der Hongkonger zu beschneiden. Diese Eingriffe riefen großen Widerstand hervor. Im Kampf der Hongkonger um Selbstbestimmung und klare Abgrenzung vom Festland ging es um Politik, um wirtschaftliche und kulturelle Eigenständigkeit. Die enttäuschende wirtschaftliche Entwicklung in Hongkong, die Entfremdungsängste gegenüber dem Festland und der Kampf um die Bewahrung der rechtlichen Eigenständigkeit und politischen Selbstverwaltung mündeten in die großen Konflikte, die die Welt erschütterten. Was die Protestierer einte, war die Unzufriedenheit mit dem Vorgehen des chinesischen Festlands und den Übergriffen auf die Rechte der Hongkonger. Gleichzeitig waren sie – möglicherweise, weil sie die Aushandlungsprozesse in einem demokratischen Umfeld niemals gelernt hatten – nicht in der Lage, ihre Ziele, unterschiedlichen Auffassungen und Differenzen zu verhandeln und eine tragfähige breite prodemokratische Koalition zu bilden. Ihre größte Stärke, nämlich die Fähigkeit, Menschen verschiedener Herkunft zu mobilisieren, war gleichzeitig auch ihre große Schwäche. Die explosive Mischung aus Angst, Zorn und Rebellion führte zu einer Eskalation, die 2003 begann und mit der Regenschirm-Bewegung im Jahr 2014 und den großen gewaltsamen Protesten des Jahres 2019 den vorläufigen Höhepunkt erreichte.

Übergangsdilemma

Die Auseinandersetzungen um das politische System begannen vor der Rückkehr Hongkongs unter die politische Souveränität Chinas. Die Dekolonisierung britischer Kolonien war normalerweise begleitet von einer sukzessiven Umwandlung der bis dahin von der Kolonialregierung ernannten Legislativräte in gewählte Vertretungen der Bevölkerung durch Einführung des allgemeinen Wahlrechts. Im Zuge dieser Veränderungen sollten die ebenfalls bis dahin ernannten Exekutivräte von den Legislativräten gewählt und somit parlamentarischer Kontrolle unterstellt werden. Auf diese Weise hatte Großbritannien in der Vergangenheit seine Kolonien in Asien und Afrika auf den Weg zur Unabhängigkeit gebracht und dabei zugleich das britische Modell der parlamentarischen Demokratie in den Ex-Kolonien verankert. Im Falle Hongkongs lief allerdings alles anders. Die scheidende Kolonialregierung entließ das Territorium nicht in die Unabhängigkeit, sondern musste eine Übergabe an die VR China mit einem grundsätzlich anderen politischen System aushandeln.

Nach der Rückgabe wurden Fragen wichtig, denen vorher in Peking oder Hongkong eher weniger Beachtung geschenkt worden war, insbesondere das konkrete administrative Verhältnis zwischen der chinesischen Zentralregierung und der lokalen Verwaltung im täglichen Geschäftsbetrieb. Welchen konkreten Handlungsspielraum würde Peking Hongkong zum Beispiel bei grenzüberschreitenden Kapital- und Personenströmen und bei der Gestaltung des Prozesses der Integration mit dem Festland zugestehen?

Auch der Ablauf der politischen Prozesse als wichtiges Element demokratischer Verhältnisse wurde anfangs von den politisch Interessierten oft eher vernachlässigt. Es war von vornherein klar, dass der politische Übergang von einer britischen Kronkolonie zur Sonderverwaltungsregion Chinas nicht ganz reibungslos verlaufen würde. Die chinesische Regierung unterstrich die Notwendigkeit von institutioneller Konvergenz, d. h. einer Annäherung Hongkongs an Prozesse und Strukturen des Festlands. Konkret pochte Peking auf sein Recht, Vorgaben in Bezug auf das Ausmaß und das Tempo der Demokratisierung in der ehemaligen Kolonie machen zu können.

Die vagen Bestimmungen des Grundgesetzes ließen erheblichen Interpretationsspielraum, legten aber genau deshalb auch die Grundlage für künftige Konflikte. Artikel 45 macht die Einführung demokratischer Verfahren abhängig von „der tatsächlichen Situation“ in der SVR. Vor jeder Wahl kam es daher zum Streit, ob die tatsächliche Situation eine allgemeine demokratische Wahl zulasse oder nicht. Das Grundgesetz mit seinen unklaren Regelungen setzte Hongkong einem ständigen und unablässigen Kampf um politische Selbstbestimmung aus. Jede politische Auseinandersetzung in Hongkong mutierte früher oder später zu einem Kampf um das allgemeine Wahlrecht, selbst wenn anfangs ganz andere politische Themen im Vordergrund standen. Durch die Ungenauigkeit des Grundgesetzes wurden Demokratie und Rechtsstaatlichkeit zu dominierenden Themen in der Politik Hongkongs.

Die durch die vage Formel „Ein Land, zwei Systeme“ geprägten Verhältnisse waren weder demokratisch noch autoritär, sondern oszillierten je nach Thema und Zeitpunkt zwischen diesen Polen und machten das politische System in Hongkong nach der Übergabe labil und anfällig. Die Hongkonger Regierung war wenig transparent und nicht ausreichend durch formale Auswahlverfahren legitimiert. Die Opposition konnte zwar Kritik üben, war aber von jeglicher Teilhabe an der Regierung ausgeschlossen.

Schleichende Veränderungen

Im Vorfeld der Übergabe war befürchtet worden, dass die VR China sich nach 1997 mit „sichtbarer Hand" in Form von Polizei oder Militär einmischen würde. Nach 1997 vermieden es die Behörden des Festlands aber zunächst, unmittelbar mit Wort und Tat in die Belange der Stadt einzugreifen. Die Zentralregierung wollte zeigen, dass sie sich an die Vereinbarungen halte, und ging deshalb in allen Hongkong betreffenden Angelegenheiten sehr vorsichtig und sorgsam vor. China wollte unter keinen Umständen die wirtschaftliche Entwicklung Hongkongs schwächen und hatte keine Absicht, die Stadt zu destabilisieren. Insgesamt war die Hongkong-Politik der VR China in dieser ersten Phase von großer Zurückhaltung geprägt. Die chinesische Regierung folgte dem Rat von Deng Xiaoping, „die eigene Stärke verbergen und auf den richtigen Augenblick warten".

Stattdessen nahm das Festland eher indirekt Einfluss. Schon lange vor der Übergabe hatte Peking mit seiner Strategie der Einheitsfront Unterstützer rekrutiert, die die Interessen der VR China in Hongkong vertraten. Diese Unterstützer wurden von Peking als „Patrioten" bezeichnet. Es handelte sich meist um Geschäftsleute, Gemeindeführer oder auch um berufliche Vereine und Genossenschaften. Nach 1997 sollten die „Patrioten" in die Regierung Hongkongs eintreten und in der Verwaltung der Stadt eine aktive Rolle einnehmen. In den Augen Pekings konnte die VR China auf diese Art ihre Ziele am besten erreichen, und die „Patrioten" vertraten tatsächlich eher die Interessen Pekings als die der Hongkonger.

Mit der Übergabe bekam das Büro für Hongkong- und Macau-Angelegenheiten in Peking die alleinige Zuständigkeit für die SVR und spielte die Rolle eines Gatekeepers. In grundsätzlichen Verfassungsangelegenheiten war darüber hinaus der Nationale Volkskongress zu befragen. Das Thema Hongkong fiel somit nicht in die Zuständigkeit der regulären chinesischen Regierungsbürokratie. Die reguläre Verwaltung auf dem Festland von der Zentralregierung bis hinunter auf die Kreisebene (etwa in der Provinz Guangdong) war aufgrund fehlender Zuständigkeit nicht mit der SVR befasst. In der

Folge betrachtete die chinesische Regierung Hongkonger Anliegen immer als separat und nicht als Teil der allgemeinen nationalen Regierungsgeschäfte. Während viele Fraktionen des Festlands ihre Anliegen innerhalb des Regierungssystems wirkungsvoll durchsetzen konnten, fehlte Hongkong in diesem Wettbewerb um Förderungen und Begünstigung eine wichtige Stimme.[104] Bei den üblichen Aushandlungs- und Verhandlungsprozessen zu politischen Entscheidungen auf dem Festland konnte Hongkong keinen Einfluss geltend machen. Tatsächlich hatte Hongkong nicht einmal einen Platz am Tisch, um den innenpolitischen oder wirtschaftspolitischen Debatten über wichtige Fragen zuzuhören. Die SVR wurde unter den politischen Entscheidungsträgern auf dem Festland de facto als „zweites System" behandelt. Es wurde häufiger über Hongkong als mit Hongkong gesprochen. Der Regierungschef musste im Grunde über das Büro für Hongkong- und Macau-Angelegenheiten direkt mit dem Politbüro, dem obersten Entscheidungsgremium in der VR, verhandeln. Es war somit genau dieser kleine Führungszirkel des Festlands, der das Schicksal der ehemaligen Kolonie bestimmte.

Der erste Hongkonger Regierungschef, Tung Chee-hwa, war von 1997 bis 2005 im Amt. Bevor er Regierungschef von Hongkong wurde, hatte er das von seinem Vater gegründete Familienunternehmen Orient Overseas Container Lines, eines der größten Schifffahrtsunternehmen der Welt, geleitet. Während der letzten Phase der britischen Herrschaft war Tung im Exekutivrat tätig. In Tung hatte Peking einen vertrauenswürdigen und in Hongkong bekannten Regierungschef gefunden.

Basierend auf Anlage 1 des Grundgesetzes wurden Tung Cheehwa und seine Nachfolger nicht über eine allgemeine Wahl bestimmt, sondern über eine Auswahl aus maximal drei von Peking nominierten Kandidaten, die gegeneinander für das Amt des Regierungschefs antraten. Alle Kandidaten wurden sorgfältig geprüft, um sicherzustellen, dass der Wahlsieger für Peking akzeptabel war. Zwar gab es geheime Abstimmungen, aber nur eine sehr kleine Anzahl von Menschen durfte ihre Stimme abgeben. Nach Anlage 1 des Grundgesetzes in der Fassung von 1990 sollte ein Wahlausschuss den Regierungschef wählen.[105] Der Wahlausschuss war ein Wahlkollegium bestehend aus insgesamt 800 Mitgliedern (heute 1500), die gemäß Anlage 1 des Grundgesetzes von funktionalen Wählergruppen und Körperschaften wie z. B. dem Legislativrat gewählt werden. Im Wahlausschuss waren bisher stets Pro-Peking-Mitglieder in der Mehrzahl.

Die Tatsache, dass der Regierungschef nicht über einen demokratisch legitimierten Prozess gewählt wurde und sich der Zustimmung der Öffentlichkeit nicht sicher sein konnte, untergrub seine politische Handlungsfähigkeit enorm. Daher war der Regierungschef dem Kreuzfeuer der verschiedenen Interessenlagen und politischen Motive ununterbrochen ausgesetzt. Alle Regierungen seit der Einrichtung der SVR befanden sich im Grunde in einem ständigen Zustand der Krise, weil sie keine oder nur eingeschränkte Legitimität beanspruchen konnten. Verschlimmert wurde die Situation durch das Verhalten Pekings. Die Behörden der VR China weigerten sich beharrlich, ihre Kontrolle über das Auswahlverfahren des Regierungschefs aufzugeben, und unterminierten damit die Fähigkeit der Hongkonger Verwaltung, effizient und gut zu regieren. Gleichzeitig unterliefen sie das in der Verfassung garantierte Vetorecht des demokratischen Lagers, das angesichts seiner Wahlerfolge mehr als ein Drittel der Sitze im Legislativrat innehatte.

Dahinter lag ein unlösbarer Grundkonflikt: Peking wollte das Versprechen einer direkten Wahl des Regierungschefs nur einhalten, solange garantiert war, dass es unerwünschte Kandidaten aussondern konnte. Von Anfang an gab es einflussreiche Stimmen in der Hongkonger Gesellschaft, die eine Direktwahl des Regierungschefs durch die gesamte Bevölkerung verlangten, jedoch schob Peking die Umsetzung der im Grundgesetz gemachten Zusage immer wieder hinaus. Der chinesische Präsident Hu Jintao deutete zwar mehrfach die Möglichkeit an, den Regierungschef direkt vom Volk wählen zu lassen, aber konkrete Schritte blieben aus. Dies führte alle vier Jahre im Vorfeld jeder Wahl zu Protesten der Opposition. Für die Anhänger des demokratischen Lagers sollte die freie Wahl auf jeden Fall ein uneingeschränktes Wahl- und Nominierungsrecht beinhalten – ohne jede Interventionsmöglichkeit Pekings.

Gleichzeitig legte das Grundgesetz fest, dass die in der Regel pekingfreundlichen funktionalen Wählergruppen mehr als die Hälfte der ursprünglich 60 Sitze (heute 90) im Legislativrat wählen durften. Entsprechend waren die prodemokratischen Parteien chancenlos. In den Jahren nach der Übergabe blieb das prodemokratische Lager immer eine Minderheitsopposition im Legislativrat ohne aktive Rolle in der Regierung selbst, obwohl die prodemokratischen Parteien in den Direktwahl-Wahlkreisen durchweg fast 60 % der Stimmen gewannen. Unter diesen Einschränkungen konzentrierten sich die Demokratiebefürworter auf die Einforderung des versprochenen „allgemeinen Wahlrechts". Das war nach der Einschätzung des prodemokratischen Lagers der entscheidende Mechanismus, um die Autonomie und Rechtsstaatlichkeit von Hongkong zu verteidigen.

In diesem Punkt war Peking jedoch resolut: Nach der Übergabe wurden konsequent alle Reformen zur Einführung demokratischer Elemente des letzten britischen Gouverneurs Patten rückgängig gemacht. Den existierenden Legislativrat ersetzte man durch einen neuen Provisorischen Legislativrat. Dieser nahm am 1. Juli 1997 die Arbeit auf und blieb im Amt, bis der erste Legislativrat im Oktober 1998 gewählt wurde. Die auf den Patten-Reformen basierenden Wahlgesetze wurden grundlegend geändert. Peking hatte den „durchfahrenden Zug" von Patten stets kritisiert. Zhou Nan, der als Direktor der Nachrichtenagentur Neues China von 1990 bis 1997 in Hongkong tätig war, brachte die ablehnende Haltung der chinesischen Regierung klar zum Ausdruck. Die während der Zeit von Patten angestoßenen Reformen würden, so gab er an, eigentlich die Absicht verfolgen, „die Regierungsfähigkeit der zukünftigen Regierung der Sonderverwaltungsregion Hongkong zu untergraben".[106]

Die Bezirksrats-, Stadtrats- und Legislativratswahlen, die 1994 und 1995 auf der Basis der Reformen von Patten zum Teil in direkter Wahl durchgeführt worden waren, wurden im Nachhinein von der neuen Hongkonger Regierung ebenfalls für ungültig erklärt.[107] Stattdessen sollten die Bezirks- und Stadträte vom Regierungschef ernannt werden. Es gab erste kleinere Proteste gegen die Abschaffung von Pattens ohnehin eher bescheidenen demokratischen Reformen. Dieser kritisierte im Rückblick: „China brach seine Zusage, dass Hongkong im Legislativrat seine eigene demokratische Regierung bestimmen könne, und in Abständen mischte sich die chinesische Regierung in das städtische Leben ein."[108]

Das Ergebnis war eine Schwächung der politischen Institutionen. Fast alle Beobachter der Hongkonger Politik sind sich darin einig, dass sich das politische System Hongkongs in einer Art Dauerkrise befindet. 2012 veröffentlichte der Journalist Michael Chugani einen oft gelesenen Kommentar in der *South China Morning Post*. Darin sagte er: „Hongkong ist unregierbar geworden. Dies ist keine leichtfertige Aussage. Es ist eine Tatsache. Dafür gibt es zwei Hauptgründe. Erstens hat der Regierungschef kein Mandat, das der heutigen politischen Realität genügt, um effektiv zu regieren. Früher, als die Leute glaubten, machtlos zu sein, spielte ein Mandat keine Rolle. Sie sehen das jetzt anders. Zweitens hat die Regierung keine Ahnung, was die Leute wollen."[109]

Die politischen Parteien

Der Wille der Bevölkerung zur aktiven politischen Partizipation erfuhr eine entscheidende Veränderung durch die gewaltsame Niederschlagung der Studentenbewegung 1989 in Peking. Die daraus resultierende Bewegung für eine Demokratisierung des politischen Systems führte auch zur Gründung und Bildung von politischen Parteien. Sie erlebten im Zeitraum von 1991 bis 1994 die stärkste Wachstumsphase.

Die Parteienlandschaft setzte sich zusammen aus registrierten und nichtregistrierten Parteien. Laut Gesetz waren in Hongkong keine politischen Vereinigungen mit Verbindungen zu Organisationen außerhalb Hongkongs zugelassen. Dies traf auf die beiden wichtigsten chinesischen Parteien des Festlands zu: die Kommunistische Partei Chinas und die nationalistische Partei Guomindang. Sie waren in Hongkong seit ihrer Gründung verboten und unterhielten keine offiziellen Repräsentanzen. Beide Parteien waren aber seit den 1930er Jahren im Untergrund aktiv. Zwar wird vermutet, dass die Vertreter der amtlichen Nachrichtenagentur des Festlands in Hongkong Neues China jeweils auch die Funktion des Ersten Sekretärs der Partei in Hongkong innehatten, allerdings gibt es dafür keine offizielle Bestätigung. Im Jahr 2000 wurde Neues China aufgelöst und durch das Liaison Büro der chinesischen Zentralregierung ersetzt, dem nun unter anderem die Aufgabe zukam, die KP-nahen Organisationen in Hongkong zu koordinieren. Das Büro unterstützt daher die Pro-Peking-Parteien und vertritt die Interessen des Festlands in Hongkong. Es ist bemerkenswert, dass die Kommunistische Partei, die seit 1949 unangefochten über das Festland herrscht, in Hongkong weiterhin keine öffentliche Rolle im politischen System spielt.[110]

Nach dem Tiananmen-Massaker vereinigten sich ungefähr 230 unterschiedliche politische Gruppierungen zur Hongkong Alliance in Support of the Patriotic Democratic Movement in China. Als Reaktion auf die Einführung von Direktwahlen zum Legislativrat im Jahr 1991 und die politischen Reformen von Chris Patten wurden aus dieser Allianz heraus eine Reihe von demokratischen Parteien gegründet, die später zum großen Teil in der Democratic Party (DP, gegründet 1994) aufgingen. Auch die anderen beiden Parteien, die Democratic Alliance for the Betterment and Progress of Hong Kong (DAB, gegründet 1992) und die Liberal Party (LP, gegründet 1993), etablierten sich in dieser Zeit.[111] Nach 1997 kam das Wachstum weitgehend zum Stillstand. Eine wichtige Ursache für die stagnierende Entwicklung der Parteienlandschaft war das Ausbleiben von Fortschritten bei der Demokratisierung. Ohne weiteren Ausbau des politischen Spielraums ergab eine Weiterentwicklung der Parteienlandschaft wenig Sinn.

Die Democratic Party ist die wichtigste Partei der Verfechter für Demokratie in Hongkong. Sie wurde im Oktober 1994 als Zusammenschluss der prodemokratischen Reformgruppen „United Democrats of Hong Kong“ und „Meeting Point“ gegründet. 2008 ging außerdem die Partei „The Frontier“ in der DP auf. Von 1994 bis 2002 war Martin Lee Parteichef, der auch an den Verhandlungen zum Grundgesetz beteiligt war. Bei den ersten drei Wahlen des Hongkonger Legislativrats wurde die Partei auf Anhieb stärkste Kraft. Bei der Wahl des Legislativrats 2004 stürzte sie jedoch auf Position drei ab und wurde seither jeweils zweitstärkste Partei hinter der DAB. Die Democratic Party ist eher pragmatisch als radikal. Sie steht zum Prinzip „Ein Land, zwei Systeme" und tritt für ein autonomes und demokratisches Hongkong ein, aber einen radikalen Weg der Unabhängigkeit von der VR China befürwortet sie nicht.

Die Democratic Alliance for the Betterment and Progress of Hong Kong ist die bedeutendste Partei der Pro-Peking-Vertreter. Sie wurde 1992 auf Initiative Pekings gegründet. Die Mitglieder kommen vorwiegend aus dem Milieu der freien Berufe und Selbstständigen, dem ländlichen Bereich, insbesondere der indigenen Bevölkerung der New Territories sowie aus den Gewerkschaften. Die Unterstützung des Festlands hat es der DAB erlaubt, eine äußerst effiziente Organisation aufzubauen. Durch intensive Arbeit an der Basis und professionelle Wahlkampfführung konnte die Partei in den Wahlen erhebliche Stimmenanteile erringen. In Bezug auf Mitgliederzahl und Sitze im Legislativrat ist die DAB die größte Partei Hongkongs. Sie unterstützt im Allgemeinen die Politik der Hongkonger Regierung und stellt oft Regierungsmitglieder aus ihren Reihen. Insgesamt strebt die DAB eine gedeihliche Zusammenarbeit mit der VR China an, die der Entwicklung der SVR zugutekommen soll. Sie betont den Nationalismus als verbindendes Element. Von ihrer Weltanschauung her ist die Partei als eher konservativ zu beschreiben.

Die 1993 gegründete Liberal Party ist ebenfalls eher pro Peking, hat sich aber auch mehrfach gegen die Hongkonger Regierung positioniert, vor allem wenn es um den Schutz von Freiheitsrechten ging. Nach der Zahl der Sitze im Legislativrat ist die LP die drittgrößte Partei in Hongkong. Allerdings fehlt ihr die Massenbasis, ihre Abgeordneten kommen fast ausschließlich über die funktionalen Wählergruppen in den Legislativrat. Gegründet von Geschäftsleuten und Tycoons aus verschiedenen Wirtschaftssektoren in Hongkong, gilt die LP als konservativ und wirtschaftsfreundlich. Die Liberalen befürworten die Zusammenarbeit mit der VR

China, eine schlanke Regierung, niedrige Steuern, ein hohes Maß an wirtschaftlicher Freiheit und vertreten die Interessen kleiner und mittlerer Unternehmen.

Diese drei großen Parteien dominierten nach der Übergabe den politischen Prozess in der Sonderverwaltungszone Hongkong und beeinflussten die politischen Auseinandersetzungen.

Es gibt auch einige Politiker, die keiner Partei angehören. Unabhängige Kandidaten können bei den Wahlen auch ohne Unterstützung einer Partei aufgrund ihrer persönlichen Beliebtheit sehr erfolgreich sein. Christine Loh, die Regierungsämter innehatte, konnte zum Beispiel als unabhängige Kandidatin ohne Mitgliedschaft in einer Partei Wahlsiege erringen. Als Parlamentarierin trat sie für behutsame Demokratisierung ein.

Neben den drei großen Parteien existiert eine Vielzahl von kleineren Splitterparteien, deren Zahl kontinuierlich wächst. Der Grund für die sichtbare Zersplitterung der Parteienlandschaft liegt aber auch in einer Änderung des Wahlverfahrens. Im Jahr 1998 wurde vom Mehrheitswahlrecht auf das Verhältniswahlrecht umgestellt. Dies sollte es dem Pro-Peking-Lager ermöglichen, bei künftigen Parlamentswahlen mehr Sitze zu erringen. Zwar war allgemein in den politischen Kreisen erwartet worden, dass damit eine Stärkung der Parteien einherging, aber dies trat nicht ein. Weil aufgrund des Verhältniswahlrechts nur die Hälfte der Sitze im Legislativrat durch allgemeine Wahl vergeben wird, besteht nur ein geringer Anreiz für die Wähler, ihre Stimme einer großen Partei zu geben, da selbst die größte Partei nie Regierungspartei werden wird. Dies schafft Anreize für strategisches Wählen, da sich Wähler manchmal in letzter Minute zugunsten von Randkandidaten von führenden Listen abwenden. Es bedeutet auch, dass sich die Wähler in Hongkong bei Wahlkampagnen mehr auf die Persönlichkeit der Kandidaten als auf die Parteiprogramme konzentrieren. All dies behinderte die Bildung und das Wachstum großer und mächtiger parlamentarischer Parteien in Hongkong.

Das politische System nach 1997 war im Grunde sogar darauf ausgelegt, die Entstehung großer Parteien zu verhindern. Dem Regierungschef ist es untersagt, Mitglied in einer Partei zu sein.[112] Folglich haben die Hongkonger Bürger keine Möglichkeit, die Kompetenz einer einzelnen politischen Partei oder einzelner Parteiführer anhand konkreter nachprüfbarer Leistungen oder Erfahrungen in der Regierung zu bewerten. Die Parteien sind für immer dazu verdammt, eine Oppositionsrolle einzunehmen. Bei den Wahlen der funktionalen Wählergruppen hängt der Wahlsieg vor allem von der Fähigkeit eines Kandidaten ab, sich als wirkungsvollster Interessenvertreter der jeweiligen Berufsgruppe darzustellen. Bei Direktwahlen zum Bezirksrat sprechen die politischen Parteien häufig das Vertrauen oder Misstrauen der Bevölkerung gegenüber Peking an und präsentieren sich entweder als Vermittler zwischen Hongkong und Peking oder als Verteidiger der lokalen Interessen gegenüber Peking. Darüber hinaus versprechen die meisten Kandidaten ihren Wählern, sich für Bevorzugungen oder Sonderbehandlungen einzusetzen.

Der Legislativrat entwickelte sich zwar zur wichtigsten Institution für politische Diskussionen zwischen den Parteien. Aber diese waren aufgrund des beschränkten Einflusses auf die Entscheidungen der Regierung meist grundsätzlicher Natur. Der Legislativrat wurde dadurch zunehmend zu einem Schlachtfeld für Prinzipien und Weltanschauungen. Hier kollidieren bis heute völlig unterschiedliche, ja unvereinbare Verständnisse des Konzepts „Ein Land, zwei Systeme". Eine Interpretation betont die Trennung der „zwei Systeme", die andere Lesart hebt vor allem auf „ein Land" ab. Auch in Fragen von grundlegenden politischen Werten kommen Differenzen zum Vorschein, vor allem bei Themen wie Selbstbestimmung, Partizipation, soziale Gleichheit, Regulierung usw. Faktisch besteht eine Pattsituation, in der nur noch selten konstruktive Lösungen gefunden werden können. Das Ergebnis sind unaufhörliche innenpolitische Auseinandersetzungen um Grundsatzfragen, die sowohl aus einer mangelnden Legitimität herrühren als auch aus der Machtlosigkeit der politischen Institutionen.

Das Parteiensystem ist in Hongkong somit schwach und spielt in der politischen Meinungsbildung im Grunde eine untergeordnete Rolle. In Hongkong ist Politik der Parteien neben dem Schlagabtausch im Legislativrat vor allem Interessenvertretung und Vermittlung auf Bezirksebene. Die breite politische Willensbildung findet eher außerhalb der politischen Institutionen in zivilgesellschaftlichen Organisationen, Verbänden und Vereinigungen statt. Angesichts der Ohnmacht der Institutionen wurden öffentliche Plätze in der Stadt wie Straßen, Parks oder öffentliche Gebäude zu den Orten, an denen Politik gemacht wurde.

Die 2003-Proteste

Der Anlass für die erste große politische Krise in der Sonderverwaltungsregion war die Einführung eines Sicherheitsgesetzes 2003. Artikel 23 des Grundgesetzes sah vor, dass die Hongkonger Regierung zu gegebener Zeit gesetzliche Regeln zum Schutz der politischen Ordnung und Sicherheit in Hongkong erlassen solle.[113] Der Aufschub war ein Kompromiss, denn in den Verhandlungen zum Grundgesetz schien eine Einigung unmöglich. Obwohl es in Hongkong diverse Verordnungen zum Schutz der öffentlichen Sicherheit gab, bestand Peking auf einem Sicherheitsgesetz und drängte Hongkong ungeduldig auf die Erfüllung dieser Vorgabe des Grundgesetzes. Für Peking war das Gesetz so wichtig, weil die Regierung seit 1989 befürchtete, Hongkong könnte zu einer Basis der Subversion auf dem Festland werden.[114]

Im September 2002 legte die Regierung unter Tung Chee-hwa schließlich in Erfüllung der Vorgabe des Grundgesetzes einen Entwurf für ein solches Sicherheitsgesetz zur öffentlichen Diskussion vor. Der Entwurf entsetzte Anwälte und Rechtswissenschaftler sowie die demokratischen Aktivisten in der Stadt. Er war drakonisch. Besonders problematisch waren drei Aspekte: Erstens sollte die Polizei weitreichende Vollmachten erhalten, ohne richterliche Anordnung Verdächtige zu durchsuchen und zu verhaften. Zweitens sollten Organisationen, die in der VR China verboten waren, wie z. B. Falun Gong, auch in Hongkong nicht operieren dürfen. Und drittens wurden die Strafen für die Verbreitung von vertraulichen Regierungsinformationen verschärft. Insbesondere den letzten Aspekt werteten Journalisten als möglichen Angriff auf die Pressefreiheit.[115]

Abbildung 9: Hunderttausende Hongkonger demonstrierten am 1. Juli 2003 auf den Straßen Hongkongs.

Die Grundmotivation war klar: Der Gesetzentwurf sollte sicherstellen, dass die Regierung von Hongkong jede Form des „Aufruhrs“ in ihrem Territorium energisch bekämpfen konnte. Zwar ging die Hongkonger Regierung auf die hereinprasselnde Kritik ein und nahm einige kleinere Modifikationen am Gesetzestext vor, aber sie wollte das Gesetz trotz weiterhin bestehender fundamentaler Bedenken der Fachleute im Sommer 2003 beschließen lassen.

Allerdings hatte die Hongkonger Regierung nicht damit gerechnet, dass das Gesetz breiten Widerstand nicht nur bei Juristen oder Experten, sondern auch in der allgemeinen Bevölkerung hervorrufen würde. Einige Anwälte und Rechtswissenschaftler wiesen öffentlichkeitswirksam auf juristische Probleme des Entwurfs hin und identifizierten inhärente Missbrauchsmöglichkeiten. Sie fertigten Flugblätter mit ihren Argumenten an und hielten Pressekonferenzen ab. Unterstützt von der neugegründeten Hong Kong Civil Human Rights Front wurden Demonstrationen organisiert. Zur Überraschung sowohl der

Befürworter als auch der Gegner gingen in der Folge Hunderttausende Einwohner auf die Straße, um gegen die Verabschiedung des Gesetzes zu protestieren.[116] Die Protestwelle brachte unterschiedliche soziale Gruppen, die bis dato wenig miteinander zu tun hatten, zu einer gemeinsamen Sache zusammen, nämlich zur Verteidigung von Freiheit und Rechtsstaatlichkeit. Den prodemokratischen Gruppen und Anwälten schlossen sich Journalisten an. Bald stießen weitere Gruppen hinzu wie Menschenrechtsaktivisten, Wissenschaftler, Ärzte, Angestellte, Arbeiter, Schauspieler, Künstler, Homosexuelle, Studierende und Schüler, Hausbesitzer mit Schulden, Sozialhilfeempfänger, Frauengruppen, christliche Kirchen und Mitglieder der Falun Gong. Plötzlich waren alle, die mit den Entwicklungen nicht einverstanden waren, in einer breiten sozialen Bewegung vereint. Einige der Protestierer wie die Mitglieder von Falun Gong gingen auf die Straße aus Angst, dass sie durch das vorgeschlagene Gesetz kriminalisiert würden. Andere befürchteten, dass mit der Umsetzung des Gesetzes wichtige Freiheiten des Lebens in Hongkong verschwinden würden.

Die internationale Reaktion auf die Hongkonger Proteste war zurückhaltend. China sollte nicht verärgert werden.[117] Die USA erklärten, dass der Erhalt eines transparenten und fairen Rechtssystems sowie der Schutz von Grundfreiheiten und bürgerlichen Freiheiten im Interesse der USA und der internationalen Staatenwelt sei. Großbritannien warnte davor, dass der Gesetzentwurf das Modell „Ein Land, zwei Systeme“ zu gefährden drohe. Den Worten folgten jedoch keine Taten.

Der Widerstand gegen das Gesetz in Hongkong wuchs, und am 1. Juli, dem sechsten Jahrestag der Übergabe, nahmen mehr als eine halbe Million Menschen an einer „Anti-Artikel-23“-Kundgebung im Victoria Park teil. Diese Versammlung war der größte Protest, den die Stadt seit 1989 erlebt hatte. Angesichts des Protests gab die Hongkonger Regierung das Vorhaben am Ende auf. Für die Zivilgesellschaft war das ein Triumph. Für Tung Chee-hwa und seine Regierung hingegen stellte der Rückzug einen schweren politischen Rückschlag dar, von dem sich Tung nie wieder erholte. Zunächst musste Secretary for Security Regina Ip ihren Hut nehmen. Im

März 2005 trat dann der Regierungschef selbst aufgrund der anhaltenden Kritik zurück. Seine Regierung war am Ende. Vermutlich hatte Tung auch das Vertrauen von Peking verloren, das eine energischere Vorgehensweise wünschte.

Überhaupt war man in Peking über die Ereignisse, die so wohl nicht erwartet worden waren, nicht erfreut. Nach dem 1. Juli 2003 musste die KPCh erkennen, dass „Ein Land, zwei Systeme" Risiken barg und sich in Hongkong quasi im Zeitlupentempo eine schwere politische Krise unaufhaltsam entfaltete. Der von Peking ausgewählte Hongkonger Regierungschef war de facto durch eine Machtdemonstration der Massen abgesetzt worden, was spätestens seit Tiananmen für den chinesischen Staat ein Albtraum war. Schlimmer noch, die Menschen in Hongkong forderten aufgrund der Krise eine schnellere Demokratisierung in der Hoffnung, dass damit gute Regierungsführung erreicht werden könnte.

Die Schlussfolgerung aus den Vorgängen in der ehemaligen Kolonie für Peking war, dass diesen Erwartungen schnell und entschieden entgegengetreten werden musste, bevor die Dinge endgültig aus dem Ruder liefen. Daher sollten verschiedene Behörden der Volksrepublik Möglichkeiten prüfen, wie sie sich künftig deutlich stärker in die Gesellschaft und Politik Hongkongs einmischen könnten, um sicherzustellen, dass „das ‚Eine Land' nicht von den ‚zwei Systemen' destabilisiert wird".[118] Das sollte aber auf eine Art und Weise geschehen, die nicht gegen Bestimmungen des Grundgesetzes verstieß und den Sonderstatus der Stadt formal und nach außen hin respektierte. Die Partei kam daher zu dem Schluss, dass es am besten sei, innerhalb von Honkong die Einheitsfront, d. h. ein Bündnis aller Gruppen und Parteien im Pro-Peking-Lager, zu stärken und sie die Interessen des Festlands verteidigen zu lassen. Diese Front sollte im Sinne Pekings tiefer in die Regierungsstruktur und in die Zivilgesellschaft hinein Einfluss nehmen. Damit sollte vermieden werden, dass die von Peking gestützten Hongkonger Behörden noch einmal mit so massiven Protesten konfrontiert würden.

Für die Bevölkerung in Hongkong markierte die Rücknahme des Gesetzentwurfs einen wichtigen Erfolg. Die Zivilgesellschaft hatte erfahren, dass sie die Lebensweise der Stadt durch Protest und öffentlichen Widerstand verteidigen konnte. Die Regierung Hongkongs war durch Demonstrationen und öffentlichen Druck zur Aufgabe einer einschneidenden Regelung gezwungen worden, die nach Wunsch von Peking unter allen Umständen hätte durchgesetzt werden sollen.

Angefacht durch den Erfolg der 2003-Proteste entwickelte sich Hongkong, das ursprünglich einen Ruf als „Wirtschaftsmetropole" und als Stadt des Pragmatismus genossen hatte, nun zu einer Stadt des politischen Aktivismus.[119] Zwar war die Mehrheit der Hongkonger Bevölkerung immer noch eher unpolitisch und vor allem an Themen des Alltags und der Wirtschaft interessiert. Trotzdem brachten die allmählichen und schleichenden Veränderungen in Gesellschaft, Wirtschaft und Politik auch in zunehmendem Maße ganz normale Menschen zu Protesten auf die Straße. Die Massenkundgebung am 1. Juli 2003 mit einer halben Million Demonstranten in Protest gegen die Regierung war praktisch der erste Kristallisationspunkt einer wachsenden Unzufriedenheit in allen Gesellschaftsschichten Hongkongs. Gleichzeitig musste Peking beobachten, wie gering die Fähigkeit der Hongkonger Verwaltung war, effizient und gut zu regieren.

Anfängliche Zurückhaltung

Nach dem Rückzieher der Regierung befand sich Hongkong in einem Patt. Die Fronten verhärteten sich. Sowohl in Bezug auf die Demokratisierung als auch auf das Sicherheitsgesetz gab es in den folgenden Jahren keinerlei Fortschritte. Öffentlich hielten sich die politischen Führer mit Kommentaren zurück. Auch bei anderen Protesten und Konflikten war die Regierung von Tungs Nachfolger Donald Tsang oft bereit nachzugeben. Es ist davon auszugehen, dass das jedes Mal mit Billigung Pekings geschah.

Pekings anfänglich eher zurückhaltender Umgang mit Hongkong wurde international mit Anerkennung belohnt, die im Rückblick naiv erscheint. In den ersten Jahren nach der Übergabe erreichte Hongkong oft den ersten Platz im Index of Economic Freedom der Heritage Foundation. Auch das rechtsstaatliche System der Stadt rangierte an der Spitze der Welt. Die optimistische Stimmung von ausländischen Beobachtern wurde in einem Artikel vom 27. Juni 2007 im *Time Magazine* festgehalten. Rückblickend auf das Jahrzehnt nach der Rückgabe schildert der Journalist Zoher Abdoolcarim die Stimmung in Hongkong mit den Worten: „Hongkong ist lebendiger als jemals zuvor."[120] Allerding verwies er auch auf tiefliegende Unsicherheiten in Bezug auf die künftige Entwicklung: „Heute", so schrieb er, „ist Hongkong nach den meisten Maßstäben in bester Verfassung, aber sein äußeres Erscheinungsbild verdeckt eine kollektive Angst." Der letzte Gouverneur Patten hielt im Rückblick auf die ersten Jahre nach der Übergabe fest: „Insgesamt jedoch gestanden selbst Skeptiker ein, dass sich die Dinge recht gut entwickelten."[121]

Die weitgehend positive Einschätzung von internationalen Beobachtern entsprach der Stimmung in der Hongkonger Bevölkerung. Eine moderate Zuversicht prägte die Atmosphäre in der Stadt, auch wenn Skeptiker und Kritiker weiterhin den Mangel an Demokratie beklagten. In den Augen vieler Hongkonger, aber auch internationaler Beobachter schien es wahrscheinlich, dass die Fortsetzung der Reformen auf dem Festland unter der relativ liberalen Führung von Hu Jintao früher oder später zu einer gesellschaftlichen Liberalisierung führen würde. Die Hoffnung war, dass der Staat schrittweise Einfluss und Kontrolle über Wirtschaft und Gesellschaft zugunsten von mehr fairem Wettbewerb und Offenheit aufgeben werde. Gewissermaßen sollte auf dem Festland, so die optimistische Einschätzung, eine Art gezähmter Sozialismus entstehen. Viele gingen auch davon aus, dass diese Veränderungen Hongkong zugutekämen: Da die Bevölkerung und Wirtschaft von Hongkong mit den Regeln und Verhaltensweisen einer kapitalistischen Marktwirtschaft bestens vertraut waren, könnte die ehemalige Kolonie mit ihren Erfahrungen und Kenntnissen dem Festland beim Übergang zur Marktwirtschaft einen entscheidenden Vorteil bieten.

Zentrum des globalen Kapitalismus

Wie konnte Hongkongs Rolle als Zentrum des globalen Kapitalismus unter den neuen Bedingungen von „Ein Land, zwei Systeme" bewahrt und gestärkt werden? Diese Frage stellte sich nach 1997 nicht nur in Hongkong, sondern auch in Peking. Eines war klar: Peking würde alles daransetzen, der Welt zu demonstrieren, dass das Prinzip „Ein Land, zwei Systeme" funktionierte. Schließlich ging es dabei nicht nur um Hongkong, sondern auch um die mögliche Wiedervereinigung mit Taiwan.

Von Anfang an aber hatte die Formel auch in wirtschaftlicher Hinsicht mit großen Schwierigkeiten zu kämpfen. Gleich nach der Übergabe erschütterten mehrere Krisen die Stadt. Die Folge war ein stagnierendes und zum Teil sogar negatives Wirtschaftswachstum über einen Zeitraum von mehreren Jahren. Die Regierung tat sich schwer, wirkungsvolle Gegenmaßnahmen zu ergreifen. Das hatte weitreichende innenpolitische Konsequenzen, denn die Bevölkerung verlor das Vertrauen in die Kompetenz der neuen Hongkonger Regierung. Auch das Ansehen Pekings litt, weil konkrete Hilfen zur Stützung der Hongkonger Wirtschaft ausblieben.

Zugleich führte die wirtschaftliche Stagnation zu Veränderungen in der Stadt. Einige wenige Konglomerate bauten ihre dominierende Position, auch dank ihrer guten Beziehungen zur Hongkonger Regierung und zu Peking, weiter aus, während viele Arbeiter arbeitslos wurden. Hatte Hongkong früher gleiche wirtschaftliche Chancen für alle Schichten und Gruppen versprochen, wurden nun immer mehr Barrieren sichtbar. Die Ungleichheit wuchs und damit auch die Unzufriedenheit in der Bevölkerung.

Ein holpriger Start

Nach der Rückgabe 1997 war Hongkong mit zwei großen externen Krisen konfrontiert.[122] Die Krisen wurden jeweils von Ereignissen weit ab von Hongkong ausgelöst, beeinflussten die Stadt aber erheblich. Insgesamt verschlechterte sich die wirtschaftliche Lage in den ersten Jahren nach der Übergabe signifikant: Die Wirtschaft der Stadt kontrahierte, der Immobilienmarkt brach ein, und Arbeitslosigkeit breitete sich aus.

Praktisch am Tag nach der Übergabe begann die asiatische Finanzkrise mit der Abwertung des Baht durch die thailändische Regierung. Die Abwertung führte dazu, dass die Anleger ihr Geld aus Thailand und der Region abzogen. In einer Kettenreaktion stürzten die Aktienmärkte in ganz Ostasien einschließlich der Hong Kong Stock Exchange ab. Neben Hongkong waren Indonesien, Südkorea und Thailand am stärksten betroffen. Auch die Volkswirtschaften in Malaysia, den Philippinen und Singapur wurden in Mitleidenschaft gezogen. In Hongkong sprangen die Tagesgeldzinsen im August 1998 über Nacht auf 500 %.

Spekulanten wetteten auch auf ein Nachgeben des Wechselkurses des Hongkong-Dollars (HKD). 1983 hatte die Hong Kong Monetary Authority, das Währungsamt Hongkongs, den Wechselkurs des Hongkong-Dollars zu einem Kurs von 7,80 HKD je US-Dollar an die amerikanische Währung gekoppelt. Dieses Währungssystem garantierte Stabilität, solange der Dollar als Leitwährung ebenfalls stabil blieb.

Zwar konnte die Währungsbehörde diese Attacke mithilfe von Währungsaufkäufen in Höhe von 118 Milliarden HKD abwehren, aber zum ersten Mal seit dem Zweiten Weltkrieg schrumpfte Hongkongs BIP 1998 um fast 6 %. Die Regierung setzte die staatlichen Landauktionen aus und intervenierte am Aktienmarkt, um die Auswirkungen der Finanzkrise auf Hongkong zu dämpfen. Während nach 1998 in der Region bald eine wirtschaftliche Erholung von der Krise einsetzte und sich die Finanzmärkte stabilisierten, hatte Hongkong jedoch außergewöhnlich lange mit den Auswirkungen der Krise zu kämpfen. Für die nächsten sechs Jahre belastete eine Deflation die wirtschaftliche Entwicklung der Stadt.

Eine der Lehren aus der asiatischen Finanzkrise war das Vorhalten von Währungsreserven. Die Monetary Authority hat hohe Reserven aufgebaut, um spekulative Attacken auf den HKD abwehren zu können. Hongkongs Währungsreserven belaufen sich gegenwärtig auf etwa 446 Milliarden US-Dollar. Damit sind die Währungsreserven höher als die von Südkorea, Brasilien und Deutschland, die alle wesentlich größere Volkswirtschaften haben.[123]

Zum 1. Mai 2005 wurde die Kopplung zum US-Dollar gelockert, der HKD darf seitdem in einer Bandbreite um den ursprünglichen Wert schwanken, wobei es keine festen Werte für diese Bandbreite gibt. Somit haben sich die Zinssätze seither im Wesentlichen im Gleichschritt mit denen in den Vereinigten Staaten entwickelt.

Gerade als sich die wirtschaftliche Lage in Hongkong wieder beruhigte, wurde die Stadt von einer weiteren Krise getroffen. Im November 2002 brach auf dem Festland das Schwere Akute Respiratorische Syndrom (SARS) aus, wurde Anfang des Jahres 2003 auch nach Hongkong eingeschleppt und breitete sich dort schnell aus.[124] Hongkongs Charakter als „Global City", also als offene, durch Mobilität, Handel und Austausch geprägte Stadt, machte es besonders anfällig für die neuartige und hochansteckende Infektionskrankheit. Im Frühjahr 2003 setzte ein paralysierender Ausnahmezustand ein. Als die Fallzahlen weiter stiegen, reisten viele Europäer ab. Ein großer Teil der chinesischen Bevölkerung verschanzte sich wochenlang in den Wohnungen und vermied alle Kontakte. Die Universitäten und Bibliotheken wurden geschlossen, der Schulunterricht teilweise eingestellt. Auf dem Höhepunkt der SARS-Krise glich die Stadt einer „wahrgewordenen Dystopie einer von einer Seuche bedrohten Stadt mit leergefegten Straßen und in der Öffentlichkeit zu beobachtenden Panikreaktionen".[125] Dieser Zustand hatte weitreichende wirtschaftliche Folgen. Viele Geschäfte mussten schließen, und die Touristen blieben aus. Einzelhändler und Restaurants hatten die größten Einbußen.

Die Erfahrung von Stagnation und Wirtschaftskrisen war ein Schock für Hongkong, dessen Bevölkerung bis dato die meiste Zeit ihres Lebens nur ein bemerkenswertes Wachstum erlebt hatte. Das BIP war in den 1970er Jahren durchschnittlich um 9 % und in den 1980er Jahren um 7,4 % pro Jahr gestiegen. Nach der Übergabe ging das Wachstum auf etwa 3 % zurück und lag damit hinter Singapur und Taiwan. Die Arbeitslosenquote sprang von 2,2 % im Jahr 1997 auf 4,7 % im Jahr 1998 und stieg weiter auf 6,2 % im Jahr

1999.[126] Sie erreichte 2003 dann sogar fast 9 % (und war auch einer der Treiber für die 2003-Proteste). Die Jugendarbeitslosigkeit stieg ebenfalls kontinuierlich und erreichte im August 2003 ein Allzeithoch von 10,4 %. Diese Zahlen sind angesichts der geringen sozialen Absicherung als sehr hoch einzuschätzen. Der Immobilienmarkt brach ein. Während der Finanzkrise fielen die Immobilienpreise um mehr als 60 %. Viele Eigentümer mussten feststellen, dass ihr Wohneigentum weit weniger wert war als der Restbetrag ihrer Hypothekendarlehen. Dieses damals weit verbreitete Phänomen wurde als „negatives Eigenkapital“ bezeichnet.

Hinzu kamen langfristige und strukturelle Veränderungen in der Stadt und auf dem Festland, die zusammen die wirtschaftlichen Aussichten beeinträchtigten. Der Wohlstand Hongkongs in den 1980er und 1990er Jahren war zu einem großen Teil der boomenden Wirtschaft auf dem chinesischen Festland zu verdanken. Auf dem Festland entstand nun eine eigene erfolgreiche und versierte Unternehmerschaft, die ohne Hilfe aus Hongkong auf dem Weltmarkt Erfolg hatte. Auch verlor die Stadt allmählich ihre Rolle als Tor zum Festland. Dies war zum großen Teil der stürmischen Entwicklung in Shenzhen und auch in Schanghai geschuldet, deren Häfen sich in einem harten Wettbewerb mit Hongkong befanden.

Die Krisen führten zu Differenzen und heftigen Debatten in der Stadt. Während ältere Hongkonger glaubten, dass künftiges Wachstum von enger Kooperation mit dem Festland abhing, war die jüngere Generation, die Hongkongs Nachkriegswunder nicht miterlebt hatte, vom Nutzen der Kooperation mit dem Festland aufgrund der schlechteren Aussichten und zunehmenden Konkurrenz nicht mehr überzeugt.

Angesichts der Krise wurde die Hongkonger Regierung unter Tung Chee-hwa nicht müde, die Chancen herauszustreichen, die sich für Hongkong aus einer schnell wachsenden chinesischen Wirtschaft auf dem Festland eröffneten. In seiner Grundsatzrede von 2001 erklärte Tung, dass „Hongkongs einzigartige Position mit dem Festland als unserem Hinterland und umfangreichen Verbindungen zu allen Ecken der Welt ein großer und beneidenswerter Vorteil ist“.[127] Darüber hinaus beschrieb er die wirtschaftliche Zusammenarbeit zwischen Hongkong und China als „Win-win"-Strategie und unterstrich, dass die Rolle Hongkongs „als Fenster zur Welt für das Festland" weiterhin vielsprechend sei.[128] Angesichts steigender Produktions- und Lohnkosten müsse sich die Stadt aber auch auf die Entwicklung neuer innovativer Sektoren konzentrieren.

Seine Regierung setzte unbeirrt den Schwerpunkt der Wirtschaftspolitik auf die Rolle Hongkongs als Dienstleister für China, besonders in den Bereichen Finanzen, Logistik sowie Forschung und Entwicklung. Während Hongkong sich vorher als unabhängiger Mittler zwischen China und der Welt sah, sollte es sich nun vor allem am Festland ausrichten. Tung betonte die einzigartigen Chancen, die sich für Hongkong daraus ergeben würden: „Im Vergleich zu anderen Orten hat Hongkong tatsächlich Glück. In einer Zeit, in der ausländische Investoren um den Eintritt in den chinesischen Markt buhlen, sind wir bereits gut aufgestellt, um die von ihnen gesuchten Gelegenheiten zu ergreifen."[129]

Auch die soziale Ungleichheit in der Stadt war während der asiatischen Finanzkrise größer geworden. In den 15 Jahren nach der Rückgabe waren die unteren 30 % der Erwerbstätigen besonders benachteiligt. Ihre Durchschnittslöhne blieben nach der Übergabe ein Jahrzehnt lang unverändert. Junge Hongkonger sahen ihrer Zukunft mit Pessimismus entgegen.

Es war auffallend, dass Hongkong länger unter den Folgen der asiatischen Finanzkrise litt als andere Länder. Die anderen asiatischen Staaten wie Korea oder Thailand hatten die Krise bereits nach zwei Jahren überwunden. Die chinesische Volkswirtschaft auf dem Festland war davon ohnehin kaum betroffen, im Grunde setzte sich der Aufschwung ununterbrochen fort. Nur Hongkong fiel zurück. Es dauerte lange, bis die Hongkonger Regierung reagierte. Im Jahr 2002 kündigte sie schließlich eine Reihe von Maßnahmen zur Stabilisierung des eingebrochenen Immobilienmarkts an wie etwa die Ausweitung des sozialen Wohnungsbaus sowie Anreize für einkommensschwache und genossenschaftliche Wohnungsmieter zum Kauf von Immobilien mit Hilfe zinsloser Darlehen. Ebenso beschloss die Regierung die endgültige Einstellung von Landauktionen. Die Vergabe von Land an Investoren sollte nun auf der Basis eines Listensystems erfolgen. Die Regierung listet alle verfügbaren Flächen, auf die Investoren sich mit konkreten Bebauungsvorhaben bewerben können. Die letzten beiden Maßnahmen, die zunächst in einzelnen Stadtvierteln getestet wurden, sollten der Regierung stärkere Kontrolle über den Immobilienmarkt durch bessere Steuerung der Stadtplanung geben. Insgesamt zog die Wirtschaft in den Folgejahren mit positivem Wachstum wieder an.

Etwa zehn Jahre nach der asiatischen Finanzkrise wurde die Stadt von einer weiteren, globalen Krise eingeholt. Diese Krise fiel in die Amtszeit des zweiten Regierungschefs Donald Tsang, der die Politik einer engeren Anbindung an das Festland fortsetzte. Von September 2008 bis März 2009 ging das Handelsvolumen in Hongkong aufgrund der weltweiten Finanzkrise 2008 um 21 % drastisch zurück, und auch der Finanzdienstleistungssektor wurde hart getroffen. Infolgedessen schrumpfte das BIP Hongkongs 2008 und 2009 stark. Im darauffolgenden Jahr erholte sich die Wirtschaft durch Zuwächse im Handel und bei Finanzdienstleistungen wieder. Dies wurde durch eine expansive Geld- und Fiskalpolitik in Hongkong sowie durch Chinas robuste Erholung begünstigt.

Trotz der Einschnitte und heftiger wirtschaftlicher Turbulenzen, die von der Asienkrise 1997/98 und der weltweiten Finanzkrise von 2008/09 ausgingen, konnte Hongkong als Finanzplatz bestehen. Mit wenigen Ausnahmen behielten große globale Geschäfts- und Investmentbanken wie BNP Paribas, Citigroup, Deutsche Bank, Goldman Sachs, HSBC und Morgan Stanley weiterhin ihre Asien-Pazifik-Zentralen in Hongkong. Dazu kamen zahlreiche andere Finanzdienstleister wie Fondsmanagement, Private Equity und Hedgefonds. Singapur fungierte häufig weiterhin als regionaler Standort für Südostasien, der normalerweise an Hongkong berichtete. Insgesamt behielten viele europäische und amerikanische Unternehmen den regionalen Hauptsitz ihrer Unternehmen in Hongkong und gingen nicht nach Shenzhen oder Schanghai.

Mit der beschleunigten Wirtschaftsentwicklung in China und Südostasien verlagerten auch Fertigungsbetriebe aus Europa, Nordamerika und Asien zunehmend ihr regionales Management für Asien nach Hongkong. Obwohl die Fertigung industrieller Güter auf dem chinesischen Festland stattfand, entwickelte sich Hongkong damit zu einem der weltweit größten Zentren für das Management von Industrieunternehmen aus Hongkong oder anderen Regionen in der Welt. Auch der Sektor der Unternehmensdienstleistungen (Rechnungswesen, Recht, Unternehmensberatung) wuchs. Auf diese Art konnte Hongkong seine Stellung als wichtigstes Finanz-, Management- und Dienstleistungszentrum für Asien trotz der wirtschaftlichen Rückschläge nach 1997 weitgehend verteidigen, auch wenn andere Städte auf dem Festland wie Schanghai und Shenzhen kontinuierlich aufholten.

Hongkong bot und bietet weiterhin günstige Rahmenbedingungen: Während der Export von Kapital auf dem Festland strengen Regeln unterliegt, sind Kapitalexporte und -importe in Hongkong unbeschränkt.[130] Dies ist ein großer Vorteil für viele Unternehmen. Allerdings profitieren keineswegs nur ausländische Unternehmen von den Vorzügen des Finanzplatzes. Viele Unternehmen vom Festland nutzen Hongkong, um dort Kredite in US-Dollar, Euro oder Yen aufzunehmen. Ohne Hongkong müssten chinesische Firmen Kredite in einheimischer Währung aufnehmen. Für Renminbi-Kredite müssen aber höhere Zinsen gezahlt werden. Zudem ist die Verfügbarkeit von Krediten für private Unternehmen auf dem Festland beschränkt.

Für chinesische Unternehmen ist Hongkong auch der mit Abstand wichtigste Börsenplatz für die Ausgabe von Unternehmensanleihen. In der SVR können die Firmen Anleihen mit längerer Laufzeit als auf dem Festland an den Markt bringen. Zudem können in Hongkong Unternehmensanleihen auch in Fremdwährungen wie Dollar, Euro oder Yen ausgegeben werden. Das ist etwa für Firmenübernahmen in anderen Ländern wichtig. Aus diesem Grund eröffneten viele Unternehmen aus dem Festland Büros und Repräsentanzen in Hongkong.

Insgesamt offenbarten die schweren wirtschaftlichen Krisen im ersten Jahrzehnt nach der Übergabe die starke Abhängigkeit Hongkongs vom Außenhandel und von globalen Finanzdienstleistungen. Insbesondere die asiatische Finanzkrise hatte die Stadt schwer getroffen. „Das erste Jahrzehnt nach der Übergabe war schlichtweg katastrophal", urteilt Aktivist Joshua Wong.[131] Aufgrund der Abhängigkeit von der Weltwirtschaft war Hongkong in höherem Maße als andere Regionen globalen Krisen relativ schutzlos ausgesetzt. Die Hongkonger Regierungen von Tung Chee-hwa und Donald Tsang reagierten darauf, indem sie die Wirtschaft der Stadt fester an die Entwicklung der großen chinesischen Wirtschaft auf dem Festland koppeln wollten. Dadurch erhofften sie sich stabileres Wachstum und eine größere Widerstandsfähigkeit gegenüber den Schwankungen des Weltmarkts.

Aufschwung auf dem Festland

Zur selben Zeit, als Hongkong an das Festland zurückfiel, trat China in eine Phase ehrgeiziger Reformen seiner gesamten Wirtschaft ein. China bereitete sich außerdem auf den WTO-Betritt im Jahr 2001 vor. Diese Strategien legten den Grundstein für eine atemberaubende Entwicklung, die das Land in den 2000er Jahren in die Reihe der wirtschaftlichen Supermächte katapultierte. Angetrieben durch das schnelle Wirtschaftswachstum und den steigenden Wohlstand in den Großstädten bildete sich in China auch ein neuer riesiger Markt für Konsumgüter und ausländische Investitionen heraus. Schuhe, T-Shirts und Spielzeug wurden in den 2000ern durch Smartphones, Computer und integrierte Schaltkreise als Chinas wichtigste Exportgüter ersetzt. Das Festland war nicht mehr nur eine „Fabrik", sondern arbeitete sich in den globalen Wertschöpfungsketten technologisch nach oben.

In der Wahrnehmung der internationalen Geschäftswelt trat das Bild von China als einem sozialistischen Land in den Hintergrund. Der Sozialismus schien eher rhetorisch und symbolisch, aber er war nach wie vor eine wichtige Terminologie im offiziellen Diskurs Chinas. China hatte zwar voll und ganz das Prinzip des Marktwettbewerbs übernommen, aber dennoch eine vollständige Übernahme des westlichen kapitalistischen Systems vermieden. Staatsunternehmen spielten weiterhin eine wichtige Rolle, und der Staat griff häufig aktiv und steuernd in die Wirtschaft ein. Weiterhin gab es

Fünfjahrespläne, die die kurz-, mittel- und langfristigen Ziele für die Wirtschaft vorschrieben.

Mit dem Rückfall an die VR China wurden die Fünfjahrespläne des Festlands auch für Hongkong wichtig. Die Idee der staatlichen Planung war in Honkong nicht besonders populär. Als offene Volkswirtschaft war Hongkong stolz auf den Ansatz, dass die Regierung nicht in die Wirtschaftsführung eingreift. Angesichts der engeren Beziehungen mit dem Festland, der Zunahme von Investitionen seitens Hongkonger Firmen und der Aussicht auf eine weitere wirtschaftliche Integration war es für Hongkong jedoch unverzichtbar, sich mit den jeweiligen Fünfjahresplänen auseinanderzusetzen und sie zu studieren. Seit der Rückgabe wurde deshalb regelmäßig in Hongkonger Medien analysiert und diskutiert, ob und in welchem Zusammenhang es im jeweils gültigen Fünfjahresplan Chinas vorkam. Die Tatsache, dass Hongkong nicht an der Erstellung der Pläne beteiligt war, rief aber Befürchtungen wach, dass die SVR zunehmend marginalisiert werden würde.

Die atemberaubende Entwicklung auf dem Festland bot Hongkong weiterhin viele Chancen. Das Perlflussdelta war wirtschaftlich hoch attraktiv, da diese Nachbarregion der SVR bei der Umsetzung der chinesischen Reformmaßnahmen am experimentierfreudigsten und mutigsten war. Investitionen aus Hongkong wurden in großem Umfang angeworben. Die massive Verlagerung des Fertigungssektors aus Hongkong setzte sich ungehindert fort. Eine solche Strategie ermöglichte es vielen Herstellern aus Hongkong, ihre Produktion zu erhöhen. Außerdem konnten sie ihre Produktionskosten senken, indem sie die Verfügbarkeit von billigen, aber motivierten und gut qualifizierten Arbeitskräften auf dem Festland nutzten. Im Jahr 2006 waren rund 9,6 Millionen Arbeitnehmer vom Festland bei Arbeitgebern aus Hongkong in der verarbeitenden Produktion beschäftigt.[132]

Mit dem Aufschwung in der Provinz Guangdong entwickelte sich der Hongkonger Victoria Harbour vorübergehend zum größten Containerhafen für Südchina, das zum ökonomischen Kernland Chinas wurde, bis er 2012 von Shenzhen überholt wurde. Hongkongs Besonderheit waren die sogenannten Mid-Stream Operations, also das

Laden und Löschen von Containern, ohne dass die Frachter im Hafen anlegen müssen. Das verkürzt die Liegezeiten enorm. Durch den Umschlag von Waren in Hongkong konnten die höheren Steuern und Zölle des Festlands vermieden werden. Firmen vom Festland lieferten dort hergestellte Güter zum Selbstkostenpreis an ihre Tochtergesellschaften in Hongkong, von wo aus die Ausfuhr in andere Länder erfolgte. Die Umsätze wurden somit in Hongkong verbucht, und dort wurden auch die Gewinne versteuert, weil die Unternehmenssteuer in Hongkong mit maximal 16,5 % sehr niedrig war.[133]

Die intensiveren Wirtschaftsverbindungen führten auch dazu, dass einige wohlhabende Hongkonger Familien in nahe gelegenen Städten auf dem Festland Eigenheime oder Immobilien erwarben. Für viele war das eine aussichtsreiche Form der Geldanlage und Altersvorsorge. Shenzhen und die umliegenden Städte wurden für viele Hongkonger zu beliebten Zielen für Wochenendausflüge. Aufgrund des schnellen industriellen Aufschwungs in der Perlflussregion profitierte aber auch Hongkong von einem Zustrom von Menschen und Geldern vom Festland. Die Bevölkerung wuchs wieder, wobei der Anteil der Festlandchinesen überproportional zunahm.

Angesichts der wirtschaftlichen Stagnation in den Jahren von 1998 bis 2003 suchte auch die Regierung in Peking nach Möglichkeiten zur Ankurbelung der Hongkonger Wirtschaft. Verschiedene Schritte Pekings zur Stärkung der wirtschaftlichen Integration zwischen Hongkong und dem chinesischen Festland trugen zur Erholung des Finanzmarkts und der Wirtschaft in Hongkong bei. Eine wichtige Maßnahme war das 2003 unterzeichnete Abkommen über engere Wirtschaftspartnerschaft (Closer Economic Partnership Agreement, CEPA), das Zölle und andere Beschränkungen für Waren- und Kapitalflüsse zwischen Hongkong und China weiter senkte. Das Abkommen wurde am 29. Juni 2003 unterzeichnet. Gemäß CEPA genießen qualifizierte Produkte, Unternehmen und Einwohner von Hongkong bevorzugten Zugang zum chinesischen Festlandmarkt und teilweise umgekehrt.

Im Juli 2003 wurde auch das Individual Visit Scheme eingeführt, das Besuche und Reisen vom Festland nach Hongkong erleichterte.

Die unmittelbaren wirtschaftlichen Auswirkungen waren zunächst nicht offensichtlich. Das Abkommen und die daraus resultierenden Folgen markierten aber eine signifikante Veränderung in der Positionierung Hongkongs gegenüber China. Insgesamt wurde dadurch eine umfassende Integration von Hongkong in das Festland angestoßen. Der wirtschaftliche Einfluss des Festlands wuchs erheblich. Die durch die Abkommen angebahnten Erleichterungen gingen über den Warenverkehr weit hinaus und führten zu einem deutlichen Zuwachs von Besuchern vom Festland: Immer mehr Mütter vom Festland brachten in Hongkong Kinder zur Welt. In Hongkong geborene Kinder haben automatisch Bleiberecht. Tourismus vom Festland wuchs sprunghaft und der Einzelhandel wurde angekurbelt. Bestimmte Lebensmittel wie beispielsweise Milchpulver wurden Mangelware, da die Besucher vom Festland nach Lebensmittelskandalen in der VR China diese in großem Maßstab aufkauften. Negative Nebeneffekte des großen Zustroms von Touristen vom Festland waren die Erhöhung der Einzelhandelspreise und eine auf den Tourismus hin ausgerichtete Veränderung in der Mischung von Einzelhandelsgeschäften in den beliebten Einkaufsvierteln wie Sheung Shui und Causeway Bay.

Im Zuge der Erleichterungen wurden auch Infrastrukturprojekte begonnen, die die SVR enger mit dem Perlflussdelta verbanden. Am wichtigsten war der Bau einer Schnellbahnverbindung zwischen Hongkong und Kanton. Durch die Integration zwischen Hongkong und dem Perlflussdelta sollte der Handel intensiviert sowie der Personenverkehr zwischen Hongkong und dem Festland erleichtert werden. Die schnelleren Verkehrsverbindungen wurden vor allem von den Unternehmern begrüßt, weil sich damit auch neue Geschäftsmöglichkeiten für Hongkong eröffneten.

Die engere Integration brachte kaum mehr gegenseitiges Verständnis hervor, sondern löste im Gegenteil bei vielen Hongkongern auch Ressentiments, ja sogar eine Anti-Festland-Stimmung aus. Sie sahen einige der wirtschaftlichen Veränderungen, insbesondere den Anstieg des Tourismus und die zunehmende Abhängigkeit vom Festland, kritisch und lehnten sie ab. Vor allem die Jugendlichen gehörten zu den Benachteiligten durch die Verlagerung von Arbeitsplätzen auf das Festland. Bevor Hongkong klare Vorteile aus den Erleichterungen im Austausch mit seinem schnell wachsenden Nachbarn ziehen konnte, fühlte sich die SVR von der Übermacht Chinas und den davon ausgehenden drastischen Veränderungen überwältigt.

Sowohl die Regierung als auch die Gesellschaft in Hongkong kämpften mit der Neupositionierung der Stadt. Die wirtschaftliche Integration mit China war ein zweischneidiges Schwert: Sie bot zwar viele Möglichkeiten, veränderte aber auch die Zukunftsaussichten Hongkongs. Je mehr sich Hongkongs Rolle änderte und es als Drehscheibe für ausländische Unternehmen nach China hinein fungierte, desto abhängiger wurde es vom Festland. Während die Regierung von Hongkong diese Entwicklung förderte, erschienen den Skeptikern und Kritikern alle diese Initiativen der engeren Zusammenarbeit als Teil einer langfristigen Strategie, um Hongkong an China zu binden. Damit, so die Sorgen, würden als Konsequenz auch der politische Spielraum und die Grundrechte und -freiheiten in Hongkong eingeschränkt. Ungeachtet der Tatsache, dass Hongkongs Schicksal immer auf die eine oder andere Weise mit China verbunden war, fand diese Befürchtung viele Anhänger.

Wie in anderen boomenden fertigungsorientierten Wirtschaftsregionen auch nahm die Wettbewerbsfähigkeit der arbeitsintensiven Fertigung aufgrund steigender Produktionskosten in der chinesischen Wirtschaft im Allgemeinen und im Perlflussdelta im Besonderen ab. Damit verlangsamte sich das bisherige erfolgreiche wirtschaftliche Zusammenwirken von Hongkong und den Produktionsstandorten im Perlflussdelta. In der zweiten Hälfte der 2000er Jahre begannen bereits einige Hongkonger Firmen, ihre Investitionen zurückzufahren oder aufgrund der steigenden Lohnkosten die Fertigung in andere Länder in Südostasien zu verlagern.

Im Bewusstsein der Notwendigkeit einer wirtschaftlichen Anpassung setzte die Hongkonger Regierung im Oktober 2008 eine Task Force zu wirtschaftlichen Herausforderungen ein, um die Wettbewerbsfähigkeit Hongkongs langfristig zu sichern. In gewisser Weise war damit eine moderate Kurskorrektur verbunden, denn mit diesen Überlegungen suchte die Hongkonger Regierung nach Wegen zu einer größeren wirtschaftlichen Eigenständigkeit der Stadt gegenüber dem Festland. In ihrem Bericht vom Juni 2009 schlug die Task Force sechs Sektoren vor, die der Hongkonger Wirtschaft mittel- und langfristiges Wachstum ermöglichen sollten: Bildungsdienstleistungen, medizinische Dienstleistungen, Prüfung und Zertifizierung, Umweltdienstleistungen, Innovation und Technologie sowie Kultur- und Kreativwirtschaft.

Dass diese Überlegungen zur Sicherung der wirtschaftlichen Eigenständigkeit notwendig waren, zeigte sich 2015, als es zu einer großen Anpassung der chinesischen Wirtschaft kam. Der Renminbi verlor an Wert und Chinas Aktienmarkt erlebte einen drastischen Einbruch. Der Glaube an eine ständig wachsende chinesische Wirtschaft wurde erschüttert. Und Hongkong musste realisieren, dass es den Risiken von Chinas stürmischer Entwicklung voll ausgesetzt war. Während früher die Regierung immer Optimismus in Bezug auf China verbreitet hatte, wurden nun Warnungen vor Übertreibungen und Exzessen in Chinas Wirtschaft laut.

Für Hongkong bewies die Krise von 2015, dass die Wirtschaft der SVR nicht wirklich widerstandsfähiger und unabhängiger geworden war. Hongkong kam nicht aus der Sandwichposition heraus. Die Stadt war jetzt sowohl von China als auch von globalen Trends, insbesondere Entwicklungen in den USA, stark abhängig und den Auswirkungen externer Schocks unverändert ausgesetzt. Es erwies sich jedoch als schwierig, die Richtung der Wirtschaft zu ändern. Parallel zu den oben angesprochenen Entwicklungen boomte nämlich die seit Jahrzehnten dominierende Immobilienwirtschaft der Stadt. Daran hatte die Politik einen nicht unerheblichen Anteil.

Der Aufstieg der Tycoons

Im Jahr 2010 erschien die chinesische Übersetzung eines hoch politischen, gesellschaftskritischen Buchs, das sich überraschend als Bestseller des Jahres entpuppte und den Hongkonger Buchpreis gewann. Das englische Original erschien bereits 2005 unter dem

Titel „Land and the Ruling Class in Hong Kong" im Eigenverlag in Kanada. Darin kritisierte die Schriftstellerin Alice Poon, dass Hongkongs reichste und mächtigste Familien ihr Vermögen nicht produktiven Tätigkeiten, sondern der Kontrolle über Land verdankten. Wie auch in der Kolonialzeit ist das gesamte Land in Hongkong im Besitz des Staates. Die Regierung verpachtet staatliches Land für einen begrenzten Zeitraum. Mit anderen Worten, jeder „Landbesitzer" in Hongkong ist eigentlich ein Pächter von Land, wobei die von der Regierung gewährte Pachtzeit 50 Jahre oder mehr sein kann.

Obwohl die Stadt immer als eine der freiesten Volkswirtschaften der Welt gerühmt wurde, klagte Poon an, dass Hongkongs Wirtschaft in Wahrheit von einer Handvoll wohlhabender Individuen und Unternehmen dominiert wurde. Diese würden den marktwirtschaftlichen Wettbewerb eher ersticken, anstatt ihn zu fördern. Hongkongs Marktstruktur leide unter hohen Eintrittsbarrieren und einer Regierungspolitik, die vor allem dem Schutz der Marktpositionen dieser riesigen Konglomerate verpflichtet sei. Die nahezu anarchische Situation für Hongkongs Unternehmensschwergewichte mag beeindruckende Jahresberichte liefern, trage jedoch wenig dazu bei, die wachsenden sozialen und wirtschaftlichen Spannungen in Hongkong zu lindern. Poon entlarvte den alles durchdringenden Einfluss des „großen Geldes", das insbesondere durch Lobbying auf gesetzgeberische und rechtliche Verfahren zur Landvergabe Einfluss nimmt. Sie kritisierte damit die Hongkonger Regierung scharf, die einseitig den Interessen der Wirtschaft diene und dadurch der Bevölkerung wirtschaftliche Sicherheit und Wohlstand vorenthalte.[134]

In ihrem Buch griff Poon vor allem die Tycoons von Hongkong an. Sie verdankten ihre großen Vermögen der Kontrolle über ein breites Spektrum von Unternehmen von der Baubranche, Transport, öffentlichen Versorgungsunternehmen bis hin zu Supermärkten und Lebensmittelversorgung. Das Kerngeschäft der Tycoons aber war und ist die Entwicklung und Bebauung riesiger von der Regierung gepachteter Flächen.

Grund und Boden waren seit jeher eine wichtige Einkommensquelle der Regierung. Schon in der Kolonialzeit bestand London stets darauf, dass der Hauptzweck der Kolonie die Förderung der Wirtschaftsbeziehungen war und sie sich selbst finanzieren musste, hauptsächlich durch die Verpachtung von Land. Basierend auf dieser kolonialen Vorgeschichte wurden auch nach 1997 die Steuern niedrig gehalten, um globale Unternehmen anzuziehen. Die Haupteinnahmequelle für Hongkong waren daher nicht Gewerbe- oder Unternehmenssteuern, sondern Einnahmen aus Landtransaktionen. Auch die neue Regierung hatte somit ein Interesse daran, Land zu rationieren, um es teuer zu halten.

Dieses System ebnete einer Handvoll Hongkonger Familien den Weg zu unvorstellbarem Wohlstand, insbesondere denen, die bereits früh Land zu günstigen Konditionen gepachtet hatten. Die vier größten Konglomerate sind Henderson Land Development Co. von Lee Shau Kee, New World Development Ltd. der Familie Cheng, Li Ka-shings CK Asset Holdings Ltd. und Sun Hung Kai Properties Ltd., die sich im Besitz der Familie Kwok befindet. In vielen Fällen bildeten sie Konsortien; an City One Shatin (errichtet 1981–1988), der größten privaten Wohnanlage im Bezirk Sha Tin mit über 10 000 Wohneinheiten, waren beispielsweise alle vier Tycoon-Familien beteiligt.

Mindestens seit den 1990er Jahren expandierten die Tycoons ihre Immobiliengeschäfte auf dem Festland. China in den 1990er Jahren war wie Hongkong Anfang der 1970er Jahre, nur um ein Vielfaches größer. Die Hongkonger Tycoons mussten den riesigen Markt zwar mit schnell wachsenden chinesischen Rivalen teilen, aber das Umfeld war – und ist – ausgezeichnet, insbesondere aufgrund der guten politischen Verbindungen, die die Tycoons auf dem Festland pflegten. Der schnell wachsende Immobiliensektor wurde dort bald zu ihrem Hauptgeschäft. Alle großen Tycoons haben umfangreiche Wohn- und Gewerbeprojekte in den großen chinesischen Städten. Einige investierten auch in chinesische Infrastrukturprojekte wie Mautstraßen, Kraftwerke, Häfen und andere Sektoren, die in den letzten Jahrzehnten überall in China in großer Zahl gebaut wurden.

Der bekannteste Tycoon ist zweifelsohne Li Ka-shing. Der 1928 in Guangdong geborene, aber in Hongkong aufgewachsene Unter-

Abbildung 10: Blick von Victoria Peak auf die Hongkonger Skyline (Hongkong Central, Kowloon und Victoria) in den 2000ern

nehmer errichtete in sieben Jahrzehnten in Hongkong ein globales Wirtschaftsimperium, das heute in über 50 Ländern aktiv ist und etwa 330 000 Mitarbeiter zählt.[135] Mit einem Vermögen von geschätzten 30 Milliarden Dollar ist er weltweit einer der reichsten Menschen. Li Ka-shing galt bis zu seinem Rückzug ins Privatleben 2018 als einer der einflussreichsten Geschäftsmänner Asiens. Ihm werden auch beste Beziehungen zur chinesischen Regierung in Peking nachgesagt. Sein Firmenkonglomerat umfasst neben Immobilien und Baufirmen auch Häfen, Energieversorger, Versicherungen, Einzelhandel, Telekommunikation und Infrastruktur. Auch in Deutschland ist Li Ka-shing aktiv: So gehören ihm 40 % der Drogeriekette Rossmann und die Mehrheit am Essener Energiedienstleister ista.

Lange Zeit bewunderten die meisten Bürger Hongkongs das glückliche Händchen und die entschlossene Art und Weise der Immobilienmagnaten, die das System genutzt hatten und zu Reichtum gekommen waren. Aber der Wendepunkt kam 2009/10 nach der globalen Finanzkrise. Mit der wirtschaftlichen Erholung setzte ein großer Immobilienboom ein. Zusätzlich angeheizt wurde die Nachfrage nach Immobilien durch die Maßnahmen der Regierung, Land über das Antragslistensystem zu verknappen. Die großen Immobilienentwickler nutzten den allgemeinen Wohnungsmangel für ihre Geschäfte und trieben die Preise gnadenlos nach oben. 2011 waren die Immobilienpreise wieder auf dem Stand von 1997. Seitdem sind sie um weitere 50 % gestiegen. Eine immer wichtigere Kundengruppe waren wohlhabende Investoren vom Festland, die vor allem an Luxusprojekten interessiert waren. Normale Hongkonger verloren zunehmend die Hoffnung, sich Wohneigentum leisten zu können. Für viele Menschen bis zur oberen Mittelklasse wurde Wohnraum unerschwinglich teuer. Ein neues Bild der Tycoons verbreitete sich: Immobilienentwickler in Hongkong wurden als „böse, betrügerische, gierige Teufel"[136] dargestellt.

Ein wichtiger Faktor in der öffentlichen Wahrnehmung war die enge Symbiose zwischen den Tycoons und der Regierung, die seit der Finanzkrise immer deutlicher zu Tage trat. Die Regierung tat den großen Tycoons viele Gefallen: Sie nutzte ihre erheblichen Ermessensspielräume bei der Preisfestsetzung für Grundstücke. Mehrfach bauten die Bauträger außerdem Hochhäuser höher als genehmigt – ohne irgendwelche Konsequenzen. Billig erworbene Grundstücke für Hotelstandorte wurden zu weitaus rentableren „Serviced Apartments" entwickelt. Als Gegenleistung für den nachträglich aufgenommenen Bau eines öffentlichen Busbahnhofs rang Henderson Land der Regierung 2001 die Genehmigung ab, die Anzahl der Wohnungen an der Grand Promenade in Sai Wan Ho von 1000 auf 2000 effektiv zu verdoppeln. Das brachte einen zusätzlichen Gewinn von ca. 330 Millionen Euro ein. Die Landvergabetaktiken der Regierung drängten kleinere Bauträger vom Markt und bevorzugten klar die Immobiliengiganten, welche fast ausschließlich allein oder als Konsortium die Zuschläge für große Projekte erhielten.

Seit 1997 entstand somit ein System, das die wirtschaftlichen Interessen der Tycoons schützte, Vetternwirtschaft und Korruption förderte sowie wirtschaftliche Veränderungen bremste. Die enge Symbiose zwischen Tycoons und Regierung in Hongkong machte viele wirtschaftliche Reformen, etwa des Immobiliensektors oder des Wohnungsbaus, schwierig bis unmöglich, denn die Tycoons nutzten ihre politischen Verbindungen, um alle Maßnahmen zu verhindern, die ihnen schaden könnten. Die Zusammenarbeit war zwar auch unter den Briten sehr eng gewesen, aber während die Briten relativ unabhängig von den Hongkonger Tycoons waren, galt das für die Hongkonger Regierung nicht. Im Gegenteil: Unter den diffusen politischen Verhältnissen gelang es den großen Tycoons und der Geschäftswelt, immer größeren Einfluss auf die Regierung zu nehmen, oft zum Ärger der Hongkonger Bevölkerung. Die Bürger Hongkongs lebten in einem Wirtschaftssystem, von dem immer weniger Menschen profitierten.[137] Das war zum einen das Ergebnis von Regierungsversagen, aber auch der vagen Verfassungsregelungen Hongkongs, die eine breite politische Mitwirkung und effektive Kontrolle der Regierung durch das Parlament unmöglich machten. Die Macht der Tycoons kollidierte zunehmend mit der Realität der breiten Bevölkerung, die unter hohen Mieten, steigenden Kosten und stagnierenden Löhnen litt. Das Ergebnis waren eine wachsende Schere zwischen Arm und Reich und eine unaufhaltsame politische Polarisierung.

Soziale Spaltung

Hongkong entwickelte sich zu einer Gesellschaft mit hoher sozialer Ungleichheit. Seit der Übergabe verzeichnete die obere Einkommensgruppe die höchsten Wachstumsraten, während die unterste Gruppe das langsamste Einkommenswachstum aufwies. Schon unter der britischen Verwaltung war die soziale Ungleichheit relativ hoch gewesen. Der Gini-Koeffizient, der die Einkommensverteilung in einer Gesellschaft abbildet, stieg von 0,451 im Jahr 1981 auf 0,518 im Jahr 1996.[138] Diese Entwicklung verursachte jedoch keine allzu großen sozialen Spannungen, da die Bevölkerung als Ganzes vom Wirtschaftswachstum profitierte. Nach der Übergabe wurde die Streuung der Einkommen während der mehrjährigen Rezession breiter. Der Gini-Koeffizient liegt mittlerweile bei 0,54, einer der höchsten Werte in der Welt. Zum Vergleich: In Deutschland lag der Gini-Koeffizient 2018 bei 0,311.[139]

Die Kluft zwischen Arm und Reich ist erschreckend. Während 18 % der Hongkonger im Jahr 2016 unter der Armutsgrenze lebten, machte das Nettovermögen der zehn reichsten Milliardäre Hongkongs 35 % des BIP der Stadt aus. Mittlerweile gibt es 71 Milliardäre in der Stadt, gleichzeitig wohnen die Ärmsten in Wohngemeinschaften auf engstem Raum, in Wohnungen mit gestapelten Metallkäfigen, in denen sie schlafen und ihr Hab und Gut einsperren, oder direkt auf der Straße.

Das von den Briten übernommene Steuersystem ist ein wesentlicher Faktor für die Ungleichheit. Sowohl die Steuern auf Unternehmensgewinne als auch die Einkommenssteuern sind sehr niedrig. Von niedrigen Steuern profitieren besonders die Reichen. Je nach Einkommensgruppe werden zwischen 2 % und 17 % Steuern fällig.[140] Es gibt keine Umsatz- oder Mehrwertsteuer. Auch Dividenden sind steuerfrei. Hongkongs Status als attraktiver Finanzplatz wird durch diese Fiskalpolitik gestärkt, aber sie erhöht die Einkommensungleichheit. Ein Beispiel: Die fünf reichsten Hongkonger bezogen 2016/17 steuerfreie Dividenden in Höhe von 23,6 Milliarden HKD, das sind rund 2,7 Milliarden Euro.[141] Viele Bürger Hongkongs empfinden das als ungerecht.

Gleichzeitig stiegen die Immobilienpreise schnell aufgrund eines Mangels an Wohnraum und der hohen Nachfrage. Hongkongs Immobilienmarkt ist einer der teuersten der Welt. 2021 wurde mit dem Verkauf einer Wohnung (313 m^2) für 49 Millionen Euro ein weltweiter Rekord gebrochen.[142] Die Bürger müssen hohe Miet- oder Kaufpreise für kleine Wohnflächen aufbringen, viele können sich den Kauf nicht leisten und die hohen Mieten belasten den Lebensunterhalt. Die durchschnittliche Wohnfläche beläuft sich auf lediglich 15 m^2 pro Person.

Zwischen 1997 und 2020 wuchs die Bevölkerung von 6,5 Millionen auf 7,5 Millionen.[143] Mit 6740 Einwohnern pro km^2 gehört

Hongkong heute zu den am dichtesten besiedelten Regionen der Erde. Aber die Versorgung mit Wohnraum hielt nicht Schritt. Die Ursachen dafür sind alle hausgemacht. Eine Rolle spielen die intransparente Landvergabepraktik, zu wenig öffentlicher Wohnungsbau und das allzu großzügige Zuschanzen der Grundstücke an die Tycoons. Neues Bauland steht kaum zur Verfügung. Auch verhindern veraltete und komplizierte Regelwerke die Erschließung von Bauland.

Zudem wird Hongkong weiterhin von einer relativ hohen Arbeitslosigkeit um die 4 % geplagt. Viele, vor allem junge Hongkonger arbeiten in schlecht bezahlten Minijobs. Die Knappheit guter und attraktiver Arbeitsplätze hat zu Enttäuschung und Verbitterung in der ehemaligen Kolonie geführt. Die schwierige wirtschaftliche und soziale Situation schürte eine generelle Unzufriedenheit. Die Regierung von Hongkong sowie die Kommunistische Partei Chinas haben die Stagnation lange ignoriert und kaum soziale Maßnahmen zugunsten der ärmeren Bevölkerungsgruppen ergriffen. Die Stimmung kippte. Eine immer frustriertere Bevölkerung, insbesondere die Jugend, verlangte nach mehr Gerechtigkeit und Chancen.

Die Greater Bay Area

2008 begann das Festland mit der Ausarbeitung von sehr weitreichenden und ehrgeizigen Plänen zur Entwicklung des Perlflussdeltas. Ziel war es, eine Hightechregion zu entwickeln, die in Konkurrenz zu anderen Bay Areas der Welt (Silicon Valley, Tokio …) treten könnte. Ambitionierte Ziele wurden definiert und erhebliche Investitionen getätigt, um eine schnelle regionale Modernisierung und Integration anzustoßen. Die Region wurde im typischen VR-chinesischen Stil generalstabsmäßig geplant und jeder Stadt und jedem Dorf eine fest definierte Rolle zugewiesen. Hongkong sollte als Finanzzentrum fungieren, Macau als Erholungsort für die Region, Kanton als Dienstleistungszentrum, Shenzhen als Entwicklungs- und Innovationszentrum, die übrigen Städte im Delta als Fertigungsstätten. Zwischen den Orten sollte das Pendeln kurz und bequem sein, so dass Geschäftsleute morgens in Hongkong starten, vormittags in Shenzhen einen Termin haben, zu Mittag in Kanton im Restaurant essen, nachmittags eine Fabrik besuchen und abends wieder zurückfahren können. Die Reise von der Sonderverwaltungsregion Hongkong nach Macau oder von dort in Städte auf dem Festland sollte ebenso mühelos und selbstverständlich sein wie die Fahrt von San Francisco ins Silicon Valley in der Bay Area in Kalifornien.

Damit war auch Chinas neue Perspektive klar: Hongkong wurde nicht mehr länger in Isolation, sondern vielmehr als einer von mehreren, fest in die wirtschaftlichen Strukturen des Festlands integrierten Bausteinen gesehen. Dabei spielten das Perlflussdelta und vor allem Shenzhen, unweit von Hongkong, eine herausragende Rolle. Heute weist Shenzhen einige von Chinas größten Wolkenkratzern und Einkaufszentren auf und verfügt über eine neu gebaute U-Bahn. Der Großteil aller weltweit verkauften elektronischen Konsumgüter wird in Shenzhen und der umliegenden Region montiert. Das Gebiet ist auch als Magnet für Technologieunternehmer bekannt. Über Shenzhen hinaus weist die Region eine hochdiversifizierte Wirtschaftsstruktur und moderne Verkehrseinrichtungen auf, die für die Weltwirtschaft sehr wichtig sind. Die Wirtschaftszone Perlflussdelta umfasst ein Gebiet von 13 Städten und Landkreisen (Bezirken) auf dem Festland, darunter Kanton, Shenzhen, Zhuhai, Foshan, Jiangmen, Dongguan und Zhongshan. Mit Shenzhen, Hongkong und Kanton liegen drei der acht größten Containerhäfen weltweit im Perlflussdelta, hinzu kommen drei Großflughäfen mit mehr als 25 Millionen Passagieren pro Jahr. Die vorhandenen Industrien arbeiten vor allem in den Bereichen Elektrotechnik, Elektronik, IT, Kfz-Bau, Maschinenbau, Textilindustrie, Chemische Industrie, Biotechnologie, Optik und Photonik. Im Perlflussdelta leben zurzeit rund 67 Millionen Einwohner (mehr als drei Viertel der Bevölkerung Deutschlands) auf einer Fläche von rund 17 000 km². Allein in den drei Städten Kanton, Shenzhen und Hongkong wohnen ca. 40 Millionen Einwohner, darüber hinaus gibt es sechs weitere Millionenstädte.

Abbildung 11: Am Bau der Hongkong-Zhuhai-Macau Brücke waren auch deutsche Unternehmen beteiligt.

2008 wurde der erste Entwicklungsplan für das Perlflussdelta veröffentlicht. Erstellt worden war der Plan von der Entwicklungs- und Reformkommission in Peking. 2014 verabschiedete Chinas Staatsrat die China (Guangdong) Pilot Free Trade Zone. Die Freihandelszone ermöglichte weitere Handelsliberalisierungen zwischen Guangdong, Hongkong und Macau. Der 13. Fünfjahresplan der VR China (2016–2020) definierte das Perlflussdelta als eines der zentralen Metropolcluster. 2017 folgte ein Rahmenabkommen über eine vertiefte Kooperation zwischen Guangdong, Hongkong und Macau. Pekings Plan ist es, im ganzen Land Metropolregionen zu etablieren und diese über die Wirtschaftskorridore der Neuen Seidenstraße global zu vernetzen.

Unter Xi Jinping startete China das Programm „One Belt, One Road" (OBOR) oder auch Neue Seidenstraße. Die Wortwahl ist verwirrend: „belt" (Gürtel) bezeichnet den landgestützten Handelsweg über Zentralasien und Europa, während „road" (Straße) sich auf den Seeweg bezieht, der von Südostasien über den Indischen

Ozean bis in den Nahen Osten, Afrika und Europa verläuft. Mit Hilfe von Krediten, Infrastrukturprogrammen und Akquisitionen sollen die alten Seidenstraßen wiederbelebt und dazu Häfen, Straßen, Schienen und Telekommunikationsverbindungen in (zunächst) 68 Ländern ausgebaut werden, allesamt von China koordiniert. Mit OBOR wollte China Infrastrukturen aufbauen, den Wohlstand erhöhen und die globale Entwicklung vorantreiben, aber auch den Zugang zu wichtigen Ressourcen sichern, seine ungenutzten Produktionskapazitäten exportieren und sogar die Weltordnung zu seinen Gunsten gestalten. Das Perlflussdelta erscheint in diesen Planungen als zentrales Verbindungsglied zwischen dem Festland und dem Raum Südostasien und südlicher Pazifik, insbesondere Vietnam, Thailand, Laos, Borneo, den Philippinen und Indonesien.

2019 wurde die Metropolregion als Projekt der Integration der Wirtschaftsräume Hongkongs und Macaus mit Städten der angrenzenden Regionen im festlandchinesischen Perlflussdelta zu einer Greater Bay Area (GBA) weiterentwickelt.[144] Die Infrastruktur für die Integration soll durch den Bau von Brücken und Tunnelsystemen geschaffen und Transportzeiten durch Hochgeschwindigkeitszüge minimiert werden. Einige der umfangreichen Entwicklungs- und Infrastrukturprojekte begannen bereits vor Bekanntgabe des Plans im Jahr 2019: die 2018 etablierte Schnellzugverbindung zwischen Hongkong und Kanton oder die im Oktober 2018 eröffnete Hongkong-Zhuhai-Macau-Brücke. Der Auf- und Ausbau der Greater Bay Area soll in den 2020er Jahren abgeschlossen werden.

Diese Vorhaben verbanden Hongkong enger mit dem Festland und veränderten seinen Status schleichend. Als Teil der Hochgeschwindigkeitsverbindung Express Rail Link zwischen Hongkong, Shenzhen und Kanton wurde 2018 auch der Express Rail Link-Terminal West Kowloon Station in Hongkong eröffnet. Zuvor konnten Reisende per Bahn oder Boot von Hongkong aus auf das chinesische Festland gelangen. Kontrollen fanden entweder an der Grenze auf dem Festland oder am Ankunftsort statt, wobei Bürger aus Hongkong in der Regel kein Visum benötigen. Mit der Eröffnung der West Kowloon Station wurden die gesamten bahnpolizeilichen Aufgaben sowie die Grenzkontrollen nun aber von Beamten vom Festland in dem Bahnhof selbst ausgeführt. Im Bahnhof hatten die Gesetze Hongkongs damit keine Gültigkeit mehr. Zum ersten Mal wurden reisende Hongkonger noch in Hongkong den Gesetzen des chinesischen Festlands unterstellt. Die Tatsache, dass an Bord der Züge und in den entsprechenden Bahnhöfen das Hongkonger Recht außer Kraft war, führte zu großer Beunruhigung und Kritik in Hongkong.[145]

Neben der Schnellbahnverbindung wurde Hongkong auch durch eine spektakuläre Brücke mit dem Perlflussdelta verbunden. Die Hongkong-Zhuhai-Macau-Brücke, ein 55 km langes Brücken- und Tunnelsystem, bricht als längste Meeresüberquerung und auch als längste Brücke der Welt alle Rekorde. Deutsche Unternehmen waren an diesem Bau der Superlative beteiligt: Thyssen-Krupp stattete den Hafen von Zhuhai mit Rolltreppen und Fahrstühlen aus, ein Hongkonger Tochterunternehmen von HeidelbergCement lieferte die Baustoffe für den Brückenbau, und die Peri-Gruppe beriet bei der Herstellung von Verschalungen für den 6 km langen Wassertunnel 45 m unter dem Meeresspiegel. Die Kosten für das Megaprojekt explodierten: Ursprünglich wurden 4,8 Milliarden Euro veranschlagt. Am Ende lagen die Gesamtkosten für Brücke, Zubringerstraßen und Inseln bei über 15,5 Milliarden Euro.[146]

Im Jahr 2020 verabschiedete Peking für Hongkong ein Pilotprojekt, um den freien Kapitalverkehr innerhalb der GBA zu verbessern. Innerhalb der GBA wurden grenzüberschreitende Investitionen in Vermögensverwaltungsprodukte erlaubt. Damit wollte Peking nicht zuletzt Hongkong als Finanzplatz stärken, weil dort sehr viel Finanzexpertise vorhanden ist.[147]

Diese ehrgeizigen Pläne und Maßnahmen rund um die Schaffung der GBA sollten wirtschaftliche Entwicklungspotenziale für die Region erschließen. Allerdings gibt es auch erhebliche Hindernisse und Probleme. Auf dem Weg zu einer integrierten Region müssen noch zahlreiche konkrete Hürden im Waren-, Dienstleistungs-, Kapital-, Daten- und Personenverkehr abgebaut werden. Hongkong, Macau und das Perlflussdelta haben drei völlig unterschiedliche Rechts- und Verwaltungssysteme. Es fehlt auch eine gemeinsame

Verwaltungsebene – viele Städte und Gemeinden müssen sich miteinander abstimmen. Außerdem beeinträchtigen Handelskonflikte Chinas mit den USA oder Australien die ambitionierten Pläne für die GBA. Die Aussichten für die wirtschaftliche Entwicklung von Hongkong und Macau haben sich generell deutlich eingetrübt, da immer mehr chinesische und internationale Unternehmen Produktionsstätten vom chinesischen Festland nach Südostasien verlagern. Sie wollen das niedrigere Lohnniveau in Südostasien nutzen, aber auch dem Handelsstreit zwischen den USA und China entkommen.

Hinzu kommt, dass Shenzhens rasendes und unkontrolliertes Wachstum auch viele der akutesten Probleme Chinas, wie etwa Übervölkerung, Korruption, Umweltverschmutzung und mangelndes Verantwortungsbewusstsein der Behörden, aufdeckt. Die schlechten Arbeitsbedingungen und fragwürdigen Betriebskulturen in den riesigen Elektronikfirmen wurden 2010 durch eine Welle von Selbstmorden und Unfällen in der größten Foxconn-Fabrik in Shenzhen sichtbar. Foxconn ist ein taiwanesisches Unternehmen, das Apple-Produkte wie iPhones und iPads mit Hunderttausenden von chinesischen Arbeitern herstellt.

Auch die Folgen der Coronapandemie, die in 2020 und 2021 zeitweise zu vollständigen Grenzschließungen bzw. zu erheblichen Einschränkungen zwischen Hongkong und dem Perlflussdelta geführt hat, beinträchtigen die Aussichten. In der Folge suchten viele Unternehmen in Hongkong nach alternativen Lieferanten zu den bisherigen Produzenten in Guangdong. Auch nach Ende der Pandemie dürfte sich die Diversifizierung globaler Lieferketten fortsetzen. Speziell in Macau brach die Wirtschaft ein, weil Tourismus und Spielbankgeschäft große Einbußen hinnehmen mussten.

Mit der GBA verfolgt die Regierung in Peking ein weitreichendes Projekt. Es ist fraglich, ob die hochgesteckten wirtschaftlichen Ziele erreicht werden können. Sicher aber erscheint, dass durch die GBA der Sonderstatus Hongkongs und Macaus lange vor 2047 bzw. 2049 begrenzt werden dürfte. Denn alle Pläne zur GBA gehen von einer vollständigen Einbindung und Integration Hongkongs und Macaus in das chinesische Festland aus. Auf subtile und auch nicht so subtile Weise wird die GBA die Unterschiede zwischen dem Leben in Hongkong und auf dem Festland verschwimmen oder gar ganz verschwinden lassen.

Aufeinanderprallende Identitäten

Ein unverkennbares Merkmal Hongkongs ist die enorme Vielfalt der Menschen, die auf engstem Gebiet zusammenleben. Die Bevölkerung von Hongkong besteht zu ca. 90 % aus Chinesen, die restlichen 10 % der Einwohner des Territoriums setzen sich aus „Expats" aus Europa, den USA, aber auch Süd- und Südostasien zusammen. Hongkong ist eine offene, tolerante und kosmopolitische Metropole, in der viele Sprachen, Kulturen und Traditionen wie Treibholz angeschwemmt wurden. Die unterschiedlichen Gruppen existieren natürlich nicht einfach nur nebeneinander, sondern sind miteinander im Austausch, emulgieren und verbinden sich. Aber zwischen den verschiedenen Gruppen bestehen auch Spannungen und Konflikte. Die jeweiligen Kulturen und Traditionen stellen wiederum die Basis für die Ausprägung unterschiedlicher Identitäten dar.[148] Das gilt sogar für die große Mehrheit der Bevölkerung chinesischer Abstammung. Selbst sie zerfällt in verschiedene Gruppen, die jeweils ihr ganz eigenes Zusammengehörigkeitsgefühl, ihre eigene Sprache und Kultur haben.

Schmelztiegel für Ost und West

Die Alltagskultur vieler Hongkonger weist einen ausgeprägten lokalen Charakter auf, der sich in vielerlei Hinsicht von der Kultur und den Praktiken des Festlands unterscheidet. Ein Erbe der 156-jährigen englischen Kolonialzeit ist die tiefe Verwurzelung des Englischen. Englisch ist bis heute Amtssprache und wird als vorherrschende Sprache in großen Unternehmen, Universitäten und vielen Schulen verwendet. Auch wenn der Gebrauch von Hochchinesisch im Alltag zugenommen hat, sprechen die meisten Hongkonger im täglichen

Leben Kantonesisch. Vielfach wird in traditionellen Langzeichen geschrieben (im Gegensatz zu den Kurzzeichen auf dem Festland). Darüber hinaus enthält die Alltagssprache eine ganz eigene Idiomatik, die subtile Eigentümlichkeiten in den Werten, Gefühlen und Wahrnehmungen der Stadt, insbesondere der alteingesessenen Bevölkerung, widerspiegelt. Der Hongkong-Slang greift Alltagserfahrungen der diversen Einwanderungsstadt Hongkong auf, wo Menschen unterschiedlichster Herkunft auf engstem Raum miteinander leben. Zum Beispiel bezeichnet die kantonesische Phrase *Gai Tung Aap Gong* (wörtlich übersetzt: Ein Huhn und eine Ente sprechen miteinander) Situationen von Missverstehen und Fehlkommunikation.[149] Der Satz beschreibt Menschen, die nicht in der Lage sind, richtig miteinander zu kommunizieren, sei es aufgrund von Sprachbarrieren oder unterschiedlichen Werten. Egal was oder wie es gesagt wird, Huhn und Ente können sich einfach nicht verstehen.

Auf der anderen Seite ist spätestens seit 1997 der Einfluss von Mandarin in allen Bereichen der Gesellschaft zunehmend spürbar. Unter Touristen, Studierenden, Intellektuellen und Nachbarn ist mittlerweile oft Mandarin zu hören. Immer mehr Kinder lernen innerhalb und außerhalb der Schule Hochchinesisch. Die Ausbreitung des Mandarin ist ein Ergebnis des Zuzugs von Festländern aufgrund von Arbeitssuche, Heirat, Studium oder Tourismus. Etwa eine Million Menschen, die seit 1997 nach Hongkong kamen, bezeichnen sich selbst als Festländer. Mehr als 50 Millionen Touristen vom Festland besuchten die Stadt 2019.[150] Die Besucher und Zugezogenen vom Festland bringen aber nicht nur ihre Sprache mit, sondern auch andere Verhaltensweisen, Einstellungen und Überzeugungen. In fast allen Bereichen der Hongkonger Gesellschaft ist der wachsende soziale und kulturelle Einfluss des Festlands erkennbar.

Die Hongkonger begegnen diesen Veränderungen zum Teil mit Akzeptanz, aber auch mit Widerstand. Die Akzeptanz beruht auf den unübersehbar vielen historisch gewachsenen kulturellen Verbindungen zwischen Hongkong und dem Festland, vor allem Guangdong. Die sozialen, wirtschaftlichen und politischen Veränderungen auf dem Festland nach 1949 aber förderten die Herausbildung einer unverwechselbaren Hongkonger Identität. Die Ausrufung der sozialistischen VR China und der Aufbau eines „Bambusvorhangs" schränkten den Austausch und die Mobilität zwischen Hongkong und der Provinz Guangdong stark ein. Nach 1949 hatten die Hongkonger daher immer weniger Kontakt mit dem Festland. In den 1960er und 1970er Jahren wurden die Bande nach China und auch Guangdong kontinuierlich schwächer.

Auch die alteingesessenen Einwohner, die schon vor 1949 in Hongkong wohnhaft waren und enge Kontakte mit dem Festland unterhielten, fingen an, sich stärker mit Hongkong zu identifizieren. Dieses Zugehörigkeitsgefühl wurde vor allem durch dessen steigenden Wohlstand und die freiheitlichere Ordnung geprägt. Es war aber auch den gezielten Bemühungen der britischen Kolonialregierung zu verdanken, bewusst ein lokales Identitätsgefühl zu fördern.[151] Am wichtigsten für das neue Identitätsbewusstsein waren die klaren wirtschaftlichen Erfolge. Vor allem in den 1960er und 1970er Jahren konnten sich immer mehr Menschen den Kauf von Wohnungen leisten und Ersparnisse und Vermögen in die Hongkonger Wirtschaft investieren. Mehr Wohlstand und mehr Freizeit führten sowohl zu mehr Reisen und Aufenthalten im Ausland als auch zu einem wachsenden Interesse an Kultur. Hongkong wurde zu einem Ort des intensiven Austauschs zwischen den chinesischen Traditionen und der europäischen Kultur in der Stadt. Das jährliche Hong Kong Arts Festival mit Orchestern aus Europa und darstellender Kunst aus der ganzen Welt zog viele Zuschauer an. In den späten 1970er und 1980er Jahren stellte die Regierung mehr Mittel für die Förderung der Künste zur Verfügung, was zur Gründung des Arts Center 1979, der Academy for the Performing Arts 1984 und des Hong Kong Museum of Art 1985 führte.

Der Wohlstand war auch Nährboden für die Entstehung einer populären Kultur, deren Einfluss auf die Bildung einer eigenständigen Identität und Lebensart wichtig war. Vor allem die Filmindustrie trug ganz wesentlich zur Entstehung einer einzigartigen Stadtkultur bei. Das Hongkong Kino hat international bekannte Stars wie Bruce Lee, Maggie Cheung, Jackie Chan, Michelle Yeoh, Chow Yun-Fat und Jet Li hervorgebracht. Regisseure wie Wong

Kar-Wei, Johnny To und John Woo sind weltweit geachtet. Einige Filme wie „Der Mann mit der Todeskralle“ (1973) oder „In the Mood for Love“ (2000) spielten auch international hohe Erlöse ein. Der große Erfolg der lokalen Filmindustrie begann Ende der 1960er Jahre und beruhte vor allem auf professionellen Filmstudios wie den Shaw Brothers Studios (gegründet 1961 von Run Run Shaw, der sein Filmvermögen in Singapur machte) und den Golden Harvest Studios (mitgegründet von Ex-Shaw-Manager Raymond Chow). Die Hongkonger waren nicht nur begeisterte Cineasten, sondern auch stolz auf die Kinoproduktionen, die sich in ganz Asien großer Beliebtheit erfreuten und zu einem echten Exportschlager wurden.

Neben dem Film war vor allem auch Musik aus Hongkong erfolgreich und populär. Mitte der 1970er Jahre entstand der Cantopop. Dabei handelt es sich um sentimentale Liebeslieder mit kantonesischen Texten, die von westlicher Popmusik begleitet werden. Die Musik aus Hongkong kam in ganz Asien einschließlich China sehr gut an. In den 1980er Jahren zum Beispiel wurden trotz der Restriktionen auf dem Festland kantonesische Popsongs und Radioprogramme in Guangdong heimlich gehört und Filme sowie Fernsehprogramme schwarz gesehen, zum Entsetzen der chinesischen Behörden, die sich Sorgen über die „spirituelle Verschmutzung“, so der Name einer Kampagne auf dem Festland, machten. Während sich Hongkong vor 1949 vor allem in kultureller Hinsicht an China orientiert hatte, drehte sich das Verhältnis zusehends um. Hongkong übte eine immer stärkere kulturelle, soziale und wirtschaftliche Anziehungskraft auf die chinesische Gesellschaft aus. Kino, Musik und Fernsehen waren wichtige Treiber bei der Entstehung einer spezifischen Kultur und Identität, die auch über Hongkong hinaus ausstrahlte.[152]

Zum Zeitpunkt der Rückgabe an das Festland waren viele Hongkonger stolz auf den hybriden und globalen Status der Stadt: die Mischung aus chinesischer und westlicher Kultur und die Betonung sowohl von wichtigen chinesischen Werten wie Familie und Bildung als auch von demokratischen Grundfreiheiten und Rechtsstaatlichkeit. Durch die immer größere Präsenz und den wachsenden Einfluss des Festlands befürchteten viele Hongkonger, dass ihre

Heimat mehr und mehr einer chinesischen Stadt wie zum Beispiel Schanghai ähneln würde.

„Cousin, du bist gut!“

Konflikte und Auseinandersetzungen zwischen den Hongkong- und Festlandchinesen waren die Folge. Dabei ging es vor allem zu Anfang keineswegs um große Politik. Viele kleine alltägliche Vorfälle reflektierten die wachsenden Spannungen zwischen den Einwohnern in Hongkong und chinesischen Besuchern oder Zuzüglern vom Festland und schafften es bald in die Schlagzeilen der Boulevardpresse der Stadt. In den Berichten und Reportagen wurden Zuzügler oder Besucher vom Festland für den Mangel an Schulplätzen, schlechte Umgangsformen in Geschäften und einen überhitzten Immobilienmarkt verantwortlich gemacht. Viele Hongkonger warfen den Festlandchinesen vor, die Straßen und Einkaufszentren der ehemaligen britischen Kolonie zu verstopfen. Die Festlandchinesen traten üblicherweise mit großem Selbstbewusstsein auf und erwarteten, dass sie in Hongkong überall mit Mandarin empfangen würden. Viele Chinesen auf dem Festland hatte nur wenig Verständnis für das „Getue“ der Hongkonger um ihre besondere Identität. Nathan Law, der später einer der Aktivisten der Demokratiebewegung wurde, erinnert sich an diese Zeit: „Wir sahen kleine Veränderungen in unserer Art zu leben und in der Art, wie unsere Sprache herausgefordert wurde. Wir sahen eine Veränderung in der Einstellung: Touristen, die nicht mehr die Eigenständigkeit Hongkongs respektierten und unsere Heimat als irgendeine chinesische Stadt ansahen; Geschäfte, die lokale Kunden diskriminierten; im Ton und in der Sprache von Beamten und jenen mit Macht. Am wichtigsten: Wir fühlten die Veränderung in unserem Verständnis unserer Heimat, unserer Identität und unserer Geschichte und dass uns gesagt wurde, was wir erinnern durften.“[153]

Eine Fernsehsendung, die gezielt mit diesen Ängsten spielte und sogar ins Visier der Zensur auf dem Festland geriet, liefert ein anschauliches Beispiel für die Veränderungen in der Haltung der Hongkonger gegenüber dem Festland und für die immer größere soziale und kulturelle Kluft zwischen Hongkong und der VR China. Die 2013 ausgestrahlte TV-Serie mit dem vielsagenden Titel „Cousin, du bist gut!“ (engl. „Inbound Troubles“)[154] erzählt die Geschichte zweier Cousins – der eine aus Hongkong und der andere vom Festland. Ihr Verhältnis steht für die Spannungen in einer Stadt, deren Wohlstand zunehmend vom Zuzug von Menschen vom Festland abhängt, die aber zugleich genau diese Zugezogenen für ihre Verschwendungssucht und hinterwäldlerischen Verhaltensweisen belächelt, wenn nicht sogar verachtet. In der Serie wird der Cousin vom chinesischen Festland beim Verschmutzen der Straßen, Überfahren von roten Ampeln und illegalen Parken gezeigt, während der aus Hongkong seinen Lebensunterhalt mit einem spezialisierten Reisebüro verdient, das Neuankömmlingen vom Festland möglichst viel Geld aus der Tasche zieht. Die erste Episode dieser äußerst erfolgreichen TV-Serie hatte bei der Erstausstrahlung mehr als 2,2 Millionen Zuschauer.

Die Kluft hatte verschiedene Ursachen. Die Festlandchinesen fühlten sich durch ihren wirtschaftlichen Erfolg direkt gegenüber im Perlflussdelta, entlang der Küste oder auch in Schanghai den Hongkongern mittlerweile wirtschaftlich und finanziell überlegen. Umgekehrt hatte vor allem die junge Generation von Hongkongern das Gefühl, dass sie wenig mit dem Festland verband und es noch weniger gab, was ihnen dort zusagte. Das Festland übte trotz des wirtschaftlichen Aufschwungs kaum Attraktivität aus. Während frühere Generationen noch durch Gemeinsamkeiten der chinesischen bzw. kantonesischen Kultur miteinander verbunden waren, war die jüngere Generation auf beiden Seiten des Shenzhen-Flusses immer mehr davon überzeugt, dass Kultur, Lebensweise und auch Werte in Hongkong sich fundamental von denen des Festlands unterschieden.

Aber die Konflikte und Missverständnisse machten nicht bei den Vorfällen des Alltags halt: Durch den Vormarsch des Festlands wurden bei den Hongkongern auch Ängste geweckt, was ihre Freiheitsrechte, ihre Autonomie und Lebensweise im Ganzen anging. Die alltäglichen und zum Teil auch banalen Konflikte wurden von beiden Seiten mit den jeweils anderen politischen Weltanschauungen erklärt.

Gegen nationale Erziehung

Der Übergang vom Konflikt des Alltags zum Zusammenprall der politischen Überzeugungen begann vermutlich im Jahr 2011, als sich eine Gruppe von Hongkonger Schülern unter dem Namen Scholarism formierte. Ihr Ziel war es, gegen die Einführung eines neuen nationalen Curriculums für die Schulen in Hongkong vorzugehen. Die Schüler und Studierenden wandten sich konkret gegen ein neues Pflichtfach namens „Moralische und nationale Erziehung", das Werte der KPCh in Hongkongs Schulen vermitteln sollte. Die Schüler waren jung: Joshua Wong oder Agnes Chow, die beide später als Anführer größerer Proteste hervortreten sollten, waren noch keine fünfzehn. Auch die anderen Mitglieder von Scholarism waren zum Zeitpunkt der Übergabe Hongkongs an die VR China 1997 größtenteils gerade erst geboren worden. Die Schüler vermuteten, dass das Festland über das Curriculum versuchte, Propaganda in den Schulen zu verbreiten. „Man wollte", so beschreibt Joshua Wong die Haltung der Schüler im Rückblick, „die erste Generation von Hongkongern in die chinesische Form pressen und uns lehren, die Prinzipien der Kommunistischen Partei zu akzeptieren und zu übernehmen."[155] Mit ihrem Widerstand gegen nationale Erziehung pochten sie auf die Zusagen des Grundgesetzes, das Hongkong ein „hohes Maß an Autonomie" und die Bewahrung der Hongkonger Lebensweise versprach.

Im Sommer 2012 gingen die Mitglieder von Scholarism und ihre Sympathisanten auf die Straße und demonstrierten in der Stadt. Die Beteiligung an den Protestaktionen wurde auf über 100 000 Personen, meist Schüler und Studierende, geschätzt. Im August besetzten Dutzende von ihnen mehr als eine Woche lang den Regierungssitz Hongkongs. Die Proteste hatten zumindest kurzfristig Erfolg: Am 8. September kündigte die Regierung an, die Einführung der „Moralischen und nationalen Erziehung" auszusetzen. Zum ersten Mal in der jüngeren Geschichte Hongkongs hatten Teenager eine soziale Bewegung angeführt. Eine neue Generation von Hongkongern hatte gelernt, dass es sich lohnt, für ihre Ansichten und Überzeugungen zu kämpfen.

Besonders bedeutend war, dass die Bewegung der Schüler das von Peking propagierte Konstrukt eines „patriotischen Chinas" und dessen Übertragung auf Hongkong so deutlich ablehnte – was im Grunde einer bewussten Verteidigung der pluralen, kosmopolitischen Hongkonger Identität und Kultur gegenüber dem Festland entspricht.[156] Je mehr die Kommunistische Partei auf ihren Anspruch pochte, Hongkong die Identität der chinesischen Nation überzustülpen, desto mehr waren die Kritiker in Hongkong überzeugt, dass sie in diesem China keine Rolle wollten. Die Scholarism-Bewegung war auch der erste öffentliche Auftritt für junge politische Anführer wie Joshua Wong. Sie sammelten bei den Protesten wichtige Erfahrungen und waren entschlossen, den Kampf um die Bewahrung der Hongkonger Identität und der offenen pluralistischen Lebensweise aufzunehmen. Im Jahr 2016 gründeten die ehemaligen Führer der Scholarism-Bewegung die politische Plattform Demosistō. Nach den erfolglosen Protesten 2014 erkannten sie, dass sie über reine Proteste nicht weiterkamen und deshalb aktiv im politischen System mitarbeiten mussten.

Die Fischball-Proteste

Eine weitere lokale Protestwelle zur Verteidigung der Hongkonger Lebensweise im Jahr 2015 hatte ihren Ursprung zunächst in einem eher gesellschaftlichen Konflikt: Junge Hongkonger protestierten gegen chinesische Händler, die täglich nach Hongkong kamen und qualitativ hochwertigere Babynahrung, Medikamente und andere Haushaltswaren aufkauften, um sie auf dem Festland wieder zu verkaufen. Die Proteste nahmen aggressive Züge an, als Demonstranten Besucher vom Festland belästigten, behinderten oder beleidigten. Die Vorfälle veranlassten die Regierung, Besuche vom Festland auf einmal pro Woche zu begrenzen.

Kurz danach während des chinesischen Neujahrs 2016 gab es wieder Konflikte um die Bewahrung von Hongkonger Lebensformen, diesmal aber gerieten die Protestierer mit der Hongkonger

Regierung aneinander. Die Vorfälle wurden als Fischball-Proteste bekannt. Der unmittelbare Anlass waren Maßnahmen der Polizei gegen Straßenhändler und Garküchen auf den Straßen, die keine Lizenzen vorweisen konnten. Die beliebten gedünsteten Fischbälle waren ein fester Bestandteil des Angebots auf den Nachtmärkten der Stadt. Viele der Straßenhändler kamen aus armen Schichten und hatten keine Ausbildung. Sie konnten mit den Ständen ihren Lebensunterhalt bestreiten, jedoch waren die Margen gering, daher arbeiteten viele ohne die notwendigen Genehmigungen. Als die Polizei anfing, die Betreiber von Ständen ohne Lizenzen zu vertreiben, solidarisierten sich die jungen Hongkonger mit den Straßenhändlern. Sie wollten die seit Jahrzehnten auf den Nachtmärkten aktiven Garküchen als Teil der Kultur Hongkongs verteidigen. Der Zusammenstoß zwischen Demonstranten und Polizei fiel durch seine Gewalttätigkeit auf.

Der Kampf um Selbstbestimmung

In der angespannten Stimmung brauchte es nur einen kleinen Funken, um das Pulverfass Hongkong in die Luft zu sprengen. Ein größerer Konflikt mit dem Festland war praktisch unausweichlich. Er kam im Spätsommer 2014 mit der Regenschirm-Bewegung (manchmal auch Occupy Central genannt). Diese Bewegung war ein Ventil für die bis dahin noch einmal deutlich gesteigerte Frustration in großen Teilen der lokalen Gesellschaft.

Die Regenschirm-Bewegung

Die seit Sommer 2012 amtierende Regierung von Leung Chun-ying verkündete, künftig eine aktivere Rolle bei der Bewältigung sozialer Ungleichheit und der Regulierung des Wohnungsmarkts spielen zu wollen. Zwar entsprach dies dem Wunsch vieler Hongkonger, aber viele Mitglieder der Mittelschicht misstrauten Leung. Er galt als zu pekingfreundlich. Aber auch unter der traditionellen Wirtschaftselite und den Tycoons gab es Befürchtungen, seine an sozialer Wohlfahrt orientierte Politik könnte ihren Interessen schaden.[157]

Leung hatte noch einen weiteren wichtigen Punkt auf seiner politischen Agenda. In seine Amtszeit fiel die von den Hongkongern lange ersehnte Wahlrechtsreform, die Peking gemäß dem Basic Law nun endlich vornehmen wollte. Das Ziel war, das versprochene „allgemeine Wahlrecht" für die Wahlen des Legislativrats im Jahr 2016 und des Regierungschefs 2017 zu implementieren, wobei Peking natürlich sein ganz eigenes Verständnis von „allgemeinem Wahlrecht" hatte.

Das wurde aus einer Stellungnahme der chinesischen Regierung deutlich. Im Juni 2014 veröffentlichte das Informationsbüro des Staatsrats der VR China ein Weißbuch zu Hongkong, das offenkundig die Wahlrechtsreform vorbereiten sollte. Die Hauptintention des Weißbuchs war, die Position, Rolle und Macht der Zentralregierung gegenüber Hongkong präzise und unmissverständlich zu definieren. Unter dem Titel „The Practice of the ‚One Country, Two Systems' Policy in the Hong Kong Special Administrative Region" wurde die bereits bekannte Zusage Pekings zur Einhaltung des „Ein Land, zwei Systeme"-Prinzips betont. In dem Weißbuch heißt es dann aber weiter: „Im Rahmen dieses Systems übt die Zentralregierung die Gesamthoheit über die HKSVR aus, einschließlich der Befugnisse, die die Zentralregierung direkt innehat, und der Befugnisse, die der HKSVR von der Zentralregierung übertragen wurden, damit diese gemäß dem Gesetz ein hohes Maß an Autonomie ausüben kann."[158] Peking machte mit diesem Weißbuch deutlich, dass die zuständigen Behörden des Festlands sich auf die allumfassende Gesamthoheit (*quanmian guanzhiquan*[159]) über Hongkong nach eigenem Ermessen berufen konnten. Peking war entschlossen, unter allen Umständen an seiner Rolle als letztendlicher Entscheidungsinstanz festzuhalten. Gerechtfertigt wurde dieses Vorgehen damit, dass Peking chaotische Zustände in Hongkong vermeiden wolle, um die Autonomie der Stadt nicht zu gefährden.

Das Weißbuch artikulierte somit den Willen der chinesischen Führung, etwaigen politischen Widerstand in Hongkong zu brechen.[160] Es signalisierte vor allem die klare Zurückweisung einer Vorstellung, an die viele Hongkonger ihre Hoffnung geklammert hatten: dass die bestehenden Gesetze und Verträge Hongkong vor Übergriffen der chinesischen Staatsmacht schützten. Der Ausdruck Gesamthoheit zeigte eine gedankliche Kehrtwende an, auch wenn das zu diesem Zeitpunkt nur wenige erkannten. Peking sah das Konzept „Ein Land, zwei Systeme" nicht mehr länger als eine rechtliche Brandmauer zwischen Hongkong und China. Während der Begriff Gesamthoheit umgehend Proteste von Juristen auslöste, hielt ihn die Öffentlichkeit zunächst für bloße politische Rhetorik ohne rechtliche Konsequenz. Aber es wurde bald klar, dass damit die Durchsetzung neuer Regeln für Hongkong verbunden war.

Am 31. August 2014 verabschiedete der Ständige Ausschuss des Nationalen Volkskongresses einen Beschluss über die Regeln zum Nominierungs- und Wahlverfahren des nächsten Hongkonger Regierungschefs.[161] Das war im Prinzip im Einklang mit dem Grundgesetz. Der Beschluss gab vor, dass die Wahlen für den Regierungschef weiterhin nicht direkt durch die Hongkonger selbst erfolgen sollten, sondern durch den Wahlausschuss, der sich aus 1200 Vertretern der berufsständischen, gesellschaftlichen und religiösen Gruppen Hongkongs, den Mitgliedern des Legislativrats sowie der Hongkonger Abgeordnetengruppe des Nationalen Volkskongresses zusammensetzte. Die Mehrheit der Mitglieder im Wahlgremium wurde dem pekingnahen Lager zugerechnet. Angesichts der Zusammensetzung des Wahlausschusses war damit eine Nominierung oder gar ein Wahlsieg eines prodemokratischen Kandidaten unmöglich. Wieder schien das Festland eine weitere Demokratisierung zu verhindern.

Diese Regelung führte bei ihrer Bekanntgabe in Hongkong umgehend zu einer intensiven Diskussion über die politische Zukunft der Stadt. Als die Regierung in Hongkong mit den vorgeschriebenen öffentlichen Konsultationen begann, zeichnete sich sofort ab, dass es ganz unterschiedliche Erwartungen in Bezug auf das „allgemeine Wahlrecht" gab. Dabei lagen die Einschätzungen der Hongkonger Regierung und der politischen Opposition (den weit gefassten prodemokratischen Gruppen und Parteien) weit auseinander. Die Regierung argumentierte, dass es in Bezug auf die nächsten Schritte der Demokratisierung keinen Konsens in Hongkong gebe. Daher seien noch weitere Klärungen notwendig, um die Interessen aus verschiedenen gesellschaftlichen Bereichen berücksichtigen zu können. Deshalb plädierte sie für eine langsame und schrittweise Demokratisierung, bei der einzelne Elemente sukzessive über einen längeren Zeitraum realisiert werden.

Prodemokratische Gruppierungen dagegen wollten einen schnelleren Prozess. Sie hatten gehofft, dass mit Blick auf die Wahlen 2017 bereits jetzt die Weichen für eine Direktwahl des Regierungschefs gestellt werden würden. Aber angesichts der offenkundig härteren Gangart Pekings war das prodemokratische Lager in Hongkong alarmiert und befürchtete, Peking wolle stattdessen die Kontrolle über die Politik in Hongkong ausweiten. Die Vorgabe, dass auch in Zukunft ein Nominierungskomitee mögliche Kandidaten für das Amt des Regierungschefs vorab benennen sollte, lehnten sie ab. Kritiker Pekings mutmaßten, dass die in Hongkong von NGOs und demokratischen Parteien begonnenen informellen Referenden zu den Wahlmodi der 2017 anstehenden Wahlen unterbunden werden sollten. Außerdem befürchteten sie, dass die Hongkonger Demokratiebewegung gezielt eingeschüchtert werden sollte. In diesem Moment der intensiven öffentlichen Debatten trat eine neue Gruppe von Aktivisten hervor: Die Lokalisten forderten zwar ebenfalls schnelle und freie Wahlen, jedoch waren sie zu einer präzedenzlosen Konfrontation mit den Behörden des Festlands bereit.

Das Ziel des Lokalismus war es, die Hongkonger Lebensweise gegen die Übermacht des Festlands zu verteidigen.[162] Verschiedene neu gegründete Splittergruppen wie Hong Kong Indigenous, Hong Kong National Party (die 2018 aufgrund ihres Eintretens für Unabhängigkeit verboten wurde), Youngspiration, Civic Passion und Hong Kong Resurgence bezeichneten sich selbst als „Lokalisten“.[163] Sie verfolgten zwar unterschiedliche politische Agenden für Hongkong, stimmten aber in ihrer resoluten Ablehnung der chinesischen Behörden des Festlands, des chinesischen Nationalismus, der Festlandbesucher und der Einwanderung vom Festland überein. Sie wollten eine wie auch immer geartete Trennung Hongkongs von China und waren bereit, auch gewaltsame Konfrontationsstrategien anzuwenden.

Zwischen Lokalismus und dem Wunsch nach demokratischer Selbstbestimmung gibt es ein gemeinsames, überlappendes Anliegen, nämlich alle Bürger in sie betreffende Entscheidungen mit einzubeziehen. Folglich fördert der Lokalismus fast automatisch stärkere demokratische Beteiligungsformen. In Hongkong wurde er in dem Maße immer populärer, in dem sich dessen Regierung immer eindeutiger Peking unterordnen musste und die Hongkonger die Nachteile von Millionen chinesischer Touristen, Händler, Käufer, Investitionen und Zuzüge zu spüren bekamen.

Es kam innerhalb des prodemokratischen Lagers zu einer hitzigen Auseinandersetzung um den richtigen Weg des Protests. Einig waren sich die Protestierenden weiterhin in ihrem Verlangen nach Demokratie. In diesem Punkt kam es eher zu einer Stärkung der Position. Gestritten wurde jetzt vor allem darum, was die richtige Strategie im Umgang mit dem Festland sei. Unter Intellektuellen entstand eine neue Bewegung Occupy Central with Love and Peace, die die bisherige Strategie der demokratischen Parteien grundlegend in Frage stellte. Sie wollte nicht mehr länger auf einen Wandel im Legislativrat oder im politischen Prozess setzen, sondern befürwortete stattdessen eine radikalere Strategie zivilen Ungehorsams. Mit dem bewussten Verstoß gegen rechtliche Normen und einzelne Gesetze wollte sie sich für die Einhaltung der gemachten Zusagen einsetzen und auf politische Teilhabe und Gerechtigkeit pochen. Neben dem Demokratiemangel ging es den Initiatoren auch um soziale Missstände in Hongkong wie hohe Einkommensunterschiede, Mangel an erschwinglichem Wohnraum und ungenügende Sozialleistungen. Der Hauptinitiator war Benny Tai, ein Rechtswissenschaftler der Universität Hongkong. Er und Chan Kin-man, ein Soziologe an der Chinese University of Hong Kong, sowie der Priester Chu Yuming argumentierten bereits Anfang 2013, dass alle Versprechen für eine Demokratisierung gebrochen worden waren.[164] Nur ein mutiger Akt des zivilen Ungehorsams könne die Sackgasse überwinden und Demokratie in Hongkong ermöglichen. Benny Tai und seine Mitstreiter waren auf sorgfältige Planung bedacht. Sie begannen Konsultationen mit den verschiedenen Gruppen und unterrichteten sie in Techniken des zivilen Ungehorsams. Das Ziel sollten Massendemonstrationen und ausgedehnte Protestaktionen im zentralen Geschäftsviertel sein.

Die geplanten Aktionen von Occupy Central aber kamen beinahe nicht zustande, da Benny Tai im Spätsommer resignierte und wenig Erfolgsaussichten für eine breite Bewegung sah. Er war vor allem enttäuscht über den Mangel an Einigkeit unter den prodemokratischen Kräften in Hongkong. Den Schülern und jungen Studierenden sowie den lokalistischen Splittergruppen ging dagegen alles zu langsam. Junge Aktivisten wie zum Beispiel Sekundarschüler, die 2011 erfolgreich den nationalen Lehrplan an Hongkonger Schulen blockiert hatten, und Studierende lokaler Colleges und Universitäten übernahmen die Führung der Protestbewegung. Darunter waren Joshua Wong, Nathan Law, Alex Chow und Agnes Chow, die konkrete Aktionen auf der Straße planten und durchführten. Joshua Wong wurde zum Gesicht der Bewegung.

Das Ausmaß und die Dauer der massiven politischen Mobilisierung ab dem 26. September waren vollkommen überraschend. Die Protagonisten von Occupy Central with Love and Peace besetzten als Ausdruck ihres Widerspruchs den Finanz- und Bankendistrikt und forderten neben der Rücknahme der Beschlüsse zu den Wahlen verbindliche Schritte in Richtung einer umfassenden Demokratisierung Hongkongs. Studentische Protestbewegungen – die von Alex Chow geführte Hong Kong Federation of Students und die mit Joshua Wong verbundene Scholarism-Bewegung – forderten parallel dazu neben allgemeinen, freien Wahlen ohne Einflussnahme durch Peking auch den Rücktritt des Regierungschefs Leung Chun-ying. Diesem wurde nachgesagt, enge Kontakte zur KPCh zu unterhalten und die Identität wie auch den Sonderstatus Hongkongs verraten zu wollen. Als Beleg wurde auf seine Antrittsrede verwiesen. Die hatte Leung 2012 nicht auf Kantonesisch, sondern in Mandarin gehalten, was die ohnehin angespannte Lage in Hongkong weiter angeheizt hatte.

Die Ereignisse des 28. September 2014 waren besonders wichtig. An jenem Tag wollten Studierende und Schüler einen kleinen Platz vor dem Legislativrat besetzen. Als die über soziale Medien verständigten Protestierer immer zahlreicher wurden, riegelte die Polizei den Zugang zum Ort der Proteste ab, und an der U-Bahn-Station Admiralität (Admiralty) bildete sich eine lange Menschenschlange. Da immer mehr Protestierer an der U-Bahn-Station ankamen, entstand eine äußerst angespannte Situation. Schließlich wurde der Druck der Menge zu groß, und die Demonstranten sprangen über Barrieren und besetzten die Hauptstraße zwischen ihnen und dem Ort der Proteste vor dem Legislativrat. Als die Polizei Tränengas und Wasserwerfer einsetzte, schützten die heranstürmenden Demonstranten ihre Gesichter mit Regenschirmen vor den mit Tränengas versetzten Wasserstrahlen. Die „Regenschirm-Bewegung" war damit geboren. Ihr Name wurde von dem Gegenstand abgeleitet, der im regnerischen Hongkong allgegenwärtig ist: Ein gelber Regenschirm wurde zum Symbol der Bewegung.

Der Einsatz von Tränengas gegen Demonstranten war besonders folgenreich. Bilder von Menschengruppen, die die Wasserstrahlen mit Regenschirmen blockierten, und das Foto eines einsamen Mannes, der einen gelben Regenschirm hielt, während Gaswolken um ihn herumwirbelten, wurden zu ikonischen Aufnahmen und waren auf der ganzen Welt zu sehen.[165] Nach etwa einem Monat zogen sich Benny Tai und die anderen Mitglieder von Occupy Central von den Protesten zurück, da sie die Demonstranten nicht dem brutalen Vorgehen der Polizei aussetzen wollten. Ihr Ziel war immer eine friedliche Bewegung gewesen. Die Regenschirm-Bewegung wurde als radikale jugendliche Ausweitung der Occupy-Central-Bewegung fortgesetzt.

Da die Studierenden im Oktober weitere Aktionen forderten, begannen die Aktivisten, Kundgebungen an Regierungsgebäuden abzuhalten und wochenlang in Zelten auf der Straße zu schlafen. Es waren wieder vor allem Jugendliche, die die Hauptstraßen in Hongkong sowie das zentrale Geschäftsviertel durch Straßenbarrikaden blockierten, so dass die Stadt für 79 Tage beinahe zum Stillstand

Abbildung 12: Hongkonger Demonstranten mit Regenschirmen sangen am 28. Oktober 2014 unter freiem Himmel.

kam. Die Polizei vermied nach dem 28. September weitere Eskalationen. Größere Polizeieinsätze waren danach selten. Es entstand ein Patt. Nach etwa drei Monaten endeten die Proteste schließlich aus Erschöpfung und Resignation. Insgesamt wurden 955 Protestierer festgenommen und knapp 300 angeklagt. Unter den Verurteilten befand sich auch das Führungstrio der Proteste: Joshua Wong, Nathan Law und Alex Chow. Auch Benny Tai, Chan Kin-man und Chu Yiu-ming wurden später verurteilt.[166]

Die Regenschirm-Bewegung unterschied sich fundamental von den Protesten des Jahres 2003. Die Massenkundgebung im Jahr 2003 war ein spontaner Ausbruch des Protests gegen einen einzelnen Gesetzentwurf. 2014 entlud sich eine lang aufgestaute, viel diffusere Frustration. Sie hatte sich über Scholarism, die Ohnmacht der politischen Institutionen und durch die wachsenden Differenzen zwischen Peking und Teilen der Hongkonger Gesellschaft in Bezug auf den Demokratisierungsprozess langsam aufgebaut. Die herkömmlichen politischen Kräfte des demokratischen Lagers spielten nur noch eine geringe Rolle, stattdessen traten neue Akteure in den Vordergrund. Die zumeist jugendlichen Aktivisten von 2014 waren eher bereit, rhetorisch und durch Aktionen gegen die Regierung vorzugehen. Vor allem waren sie weniger geduldig. Viele der Jugendlichen werden etwa 50 sein, wenn 2047 die 50-jährige Übergangszeit der Sonderverwaltungsregion endet. Anders als die Veteranen der Proteste von 2003 hatten sie auch nie die Erfahrung gemacht, als Bürger zweiter Klasse in einer britischen Kolonie zu leben. Für die Jugendlichen zählte vor allem das Festland als Bezugspunkt, das Hongkong zu überwältigen drohte und damit auch die Lebensweise und Identität der Hongkonger.

Für die jüngere Generation der Aktivisten von 2014 waren auch spezifische wirtschaftliche Themen wichtig. Explodierende Wohnkosten und unsichere berufliche Perspektiven belasten diese Generation weit mehr als frühere. Teilhabe an der Entwicklung der Stadt war auch aus diesem Grund für die Jugendlichen wichtig, und überdies hatten sie weniger zu verlieren.

Im Vergleich zu 2003 waren die Proteste von 2014 auch globaler orientiert. Der ursprüngliche Name für die Bewegung von 2014 verband Hongkongs Kampf für Demokratie mit anderen Occupy-Bewegungen in der Welt. Der Name Occupy Central war an Occupy Wall Street angelehnt. Die Proteste fanden nahe an Hongkongs Finanzdistrikt an den U-Bahn-Stationen Central und Admiralty statt. Tai und seine Kollegen verbanden die Besorgnis über das Fehlen demokratischer Verfahren in Hongkong mit der Kritik am Kapitalismus und an den Tycoons. Politische und soziale Ziele waren eng verknüpft, da die Tycoons als eine kleine Kohorte reicher Kreise der Hongkonger Geschäftselite oft auch eine klare Pro-Peking-Linie vertraten. Die abschließenden Worte im Namen der Bewegung „Mit Liebe und Frieden“ machten deutlich, dass die Hauptorganisatoren der Aktion gläubige Christen waren, die sich von christlichen Befürwortern der Gewaltlosigkeit wie Martin Luther King jr. inspirieren ließen.

Ein Impuls für Hongkong war auch die Sunflower-Bewegung in Taiwan, die Anfang 2014 weltweit Aufmerksamkeit erregte. Junge Aktivisten hatten den wachsenden Einfluss des Festlands in Taiwan kritisiert und den nationalen Legislativ-Yuan in Taipei besetzt. Viele der jüngeren Demonstranten standen im Einklang oder Austausch mit internationalen sozialen Bewegungen.

Am Ende konnten aber auch wochenlange dramatische Straßenproteste im Herbst 2014 die politischen Verhältnisse nicht verändern. Trotz der Anzeichen einer breiten Unterstützung in Hongkong für eine Fortsetzung und Ausweitung der Demokratisierung machten die Hongkonger Regierungsbehörden keinerlei Zugeständnisse. Die Regierungen in Peking und Hongkong waren entschlossen, das bestehende System aufrechtzuerhalten, weil es garantierte, dass auch der oder die nächste Regierungschefin sowohl Peking als auch den lokalen Wirtschaftsbossen und Tycoons chinesischer Abstammung genehm sein würde.

Doch auch wenn konkrete Fortschritte in der Frage der Wahl des nächsten Regierungschefs aussichtslos schienen, hatten viele jugendliche Aktivisten ein Gefühl der Genugtuung und des Triumphs. Es gab sogar ein Gespräch zwischen den Anführern der Hong Kong Federation of Students (Yvonne Leung, Nathan Law, Alex Chow, Lester Shum und Eason Chung) und Regierungsmitgliedern, angeführt von der späteren Regierungschefin Carrie Lam, das am 21. Oktober live im Fernsehen übertragen wurde. Die Aktivisten hatten zudem erhebliche Unterstützung aus der Stadtgesellschaft und durch lokale Prominente wie die Cantopop-Sängerin Denise Ho oder den weltweit bekannten Schauspieler Chow Yun-fat erfahren.

Die Regenschirm-Bewegung war letztlich, von spezifischen Zielen abgesehen, ein Kampf um das Recht auf Protest und Kritik überhaupt. Diesen Kampf glaubten trotz fehlender Zugeständnisse der Regierung viele der Aktivisten zu gewinnen oder hatten ihn in ihren Augen bis Anfang November sogar gewonnen. Sie hatten ihren Protest lautstark gegen Widerstand kundgetan. Das Problem daran: In Peking wurde das genauso gesehen. Dort bereitete man härtere Gegenmaßnahmen vor.

Rote Linien

Ende 2012 war Xi Jinping in Peking an die Macht gekommen. In Hongkong wurde allgemein erwartet, dass Xi wie sein Vorgänger Hu Jintao eine flexible und pragmatische Linie verfolgen würde. Sein Vater Xi Zhongxun war in den frühen 1980er Jahren Gouverneur in der benachbarten Provinz Guangdong gewesen und 1982 ins Politbüro aufgerückt. Er war eher dem liberalen Lager zuzurechnen und gehörte zu den Anhängern der Reformer Deng Xiaoping und Hu Yaobang. In Guangdong wurde auch mit seiner Unterstützung die erste Sonderwirtschaftszone in Shenzhen eingerichtet. Wie sein Vater kultivierte auch Xi Jinping zunächst das Image eines Reformers. Er sicherte dem Regierungschef Leung Chun-ying zu, dass sich „die Politik der Zentralregierung, ‚Ein Land, zwei Systeme' umzusetzen und sich strikt an das Grundgesetz zu halten, nicht ändern wird. Die Entschlossenheit, den Regierungschef und die Regierung der Sonderverwaltungsregion dabei zu unterstützen, ihre Aufgaben im Einklang mit dem Gesetz wahrzunehmen und zu regieren, wird unverändert bleiben."[167] Es schien also zunächst so, als werde Xi Jinping der bisherigen Politik des indirekten Einflusses treu bleiben und sich weiterhin auf die Politiker und Tycoons aus Hongkong als Pekings Stellvertreter und verlängerten Arm verlassen.

Die Regenschirm-Bewegung sah Peking aber als Anzeichen dafür, dass die bisherige Strategie der relativen Zurückhaltung nicht funktioniert hatte. Die chinesische Regierung befürchtete, dass sich Hongkong allmählich zu einem Hort des starrsinnigen Protests entwickeln und die Unruhe auf das Festland übergreifen könnte. Chinesische

Medien begannen, die Proteste als „Farbrevolution" (color revolution) zu beschreiben. Als Farbrevolutionen wurden die meist friedlichen, nach einer Farbe oder Pflanze benannten Regimewechsel im Nahen Osten seit den frühen 2000er Jahren bezeichnet. Auch spekulierten die chinesischen Medien, die Proteste in Hongkong würden vom Westen unterstützt. In den chinesischen sozialen Medien gab es viele kritische Stimmen zu Hongkong. Viele Netizens warfen den Protestierern von Hongkong Undankbarkeit gegenüber dem Festland vor.

In der chinesischen Regierung wuchs das Bestreben, dem politischen Aufbegehren in Hongkong ein für alle Mal einen Riegel vorzuschieben. Chinesische Regierungsleute forderten daher nachdrücklich die Verabschiedung eines Sicherheitsgesetzes für das Territorium, wie es von Artikel 23 im Grundgesetz verlangt wird.

Zwischen den Jahren 2014 und 2017 setzte die chinesische Regierung die Opposition in Hongkong mit gezielten Aktionen unter Druck. Die Aktivisten sollten verstehen, dass Widerstand sinnlos war. Dabei griffen Behörden des Festlands auch direkt in Hongkong ein, was bis dahin vermieden worden war. 2015 verschwanden fünf Personen, die einen Verlag und eine Buchhandlung in Causeway Bay betrieben hatten. Die von ihnen erstellten oder vertriebenen Publikationen beschäftigten sich mit den politischen Führern auf dem Festland und zeichneten kein gutes Bild der chinesischen Elite. Sie offenbarten nicht nur die Ansammlung massiver Reichtümer, sondern auch Klatsch und Enthüllungen über das Privatleben von Pekings Führern. Diese Publikationen erregten den Unwillen der Betroffenen. Einer der Entführten, Gui Minhai, besaß einen schwedischen Pass und war in Thailand auf Reisen, als er aufgegriffen wurde. Die anderen verschwanden aus Hongkong. Einige tauchten kurze Zeit später im chinesischen Fernsehen wieder auf, um „Geständnisse" abzulegen. Nach den „Geständnissen" wurden alle außer Gui Minhai freigelassen, dem die Weitergabe von Staatsgeheimnissen vorgeworfen wurde. Er wurde zu zehn Jahren Haft verurteilt. Die Entführungen machten weltweit Schlagzeilen. In der Folge wurden mehrere Verlage und Buchläden in Hongkong, deren Veröffentlichungen die politischen Verhältnisse auf dem Festland kritisierten, geschlossen.

2017 gab es eine weitere Entführung. In den frühen Morgenstunden des 27. Januar wurde der chinesische Geschäftsmann und Milliardär Xiao Jianhua von einem Dutzend Männer bewusstlos und im Rollstuhl aus dem Four Seasons Hotel in Hongkong gebracht. Lange gab es keine offiziellen Informationen über seinen Verbleib. Gerüchte besagten, dass er wegen Korruptionsvorwürfen in Schanghai unter Hausarrest stand. Xiao soll einigen hochrangigen KPCh-Mitgliedern mit seinen weltweiten Investitionen in die Banken-, Versicherungs- und Immobilienbranche zu Milliarden von Dollars verholfen haben. Er galt als „Bankier" der Kinder hochrangiger KPCh-Führer. Im Juli 2020 wurde von seinem Unternehmen Tomorrow Group dann zum ersten Mal bestätigt, dass sich Xiao Jianhua auf dem Festland aufhielt und mit der Regierung bei der Umstrukturierung seines Konglomerats kooperiere. Er hatte in der Vergangenheit auch eine enge Geschäftsbeziehung mit der Familie von Xi Jinping gehabt. Laut einer Untersuchung der *New York Times* kaufte er Anteile an einer Investmentfirma, die sich im Besitz von Xi Jinpings älterer Schwester und ihrem Ehemann befand. Eine Sprecherin von Xiao Jianhua sagte der *New York Times* im Jahr 2014, das Ehepaar habe die Geschäfte „für die Familie getätigt".[168] Das ist per se nicht anstößig, wirft aber Fragen nach der Herkunft des Vermögens der Familie Xi auf.

Diese Entführungen zerstörten die Illusion, dass die Verlags- oder Geschäftswelt in der Sonderverwaltungszone außerhalb der Reichweite der chinesischen Behörden lag. Die Verhaftungen und Entführungen schüchterten aber auch die politische Klasse auf dem Festland mit ihren zahlreichen Verbindungen zur Hongkonger Wirtschaft ein, nachdem sie bereits ohnehin durch die harte Antikorruptionskampagne von Xi Jinping verunsichert war.

Im Juli 2017 kam eine neue Regierungschefin ins Amt. Carrie Lam, die erste Frau an der Spitze Hongkongs, war zuvor Generalsekretärin der SVR unter Leung Chun-ying. Nach ihrem Amtsantritt begann die Regierung, entschlossen gegen die Demokratiebewegung vorzugehen. Mehrere Abgeordnete des demokratischen Lagers wurden wegen ihrer Haltung zur Autonomie bei den Wahlen des Legislativrats disqualifiziert und verloren ihre Sitze im Parlament. Andere wie Nathan Law und Sixtus Leung, einer der Lokalisten-Führer, mussten trotz Wahlerfolgs ihren Sitz im Legislativrat aufgeben, weil sie sich angeblich bei der Vereidigung geweigert hatten, das offizielle Treueversprechen an die „Sonderverwaltungsregion Hongkong der Volksrepublik China“ vorzulesen, und stattdessen ein eigenes Gelübde abgaben, der „Hongkong-Nation“ zu dienen.[169] Sixtus Leung ersetzte das Wort China durch den beleidigenden Begriff *Chee-na,* der von den Japanern während des Zweiten Weltkriegs verwendet worden war. Obwohl auch schon vorher Abgeordnete während der Zeremonie scharfe Provokationen eingeflochten hatten und trotzdem ihren Sitz im Parlament behalten durften, verlor Leung sein Mandat. Zwei Anklagen wurden gegen ihn erhoben: eine wegen Behinderung des Verfahrens und eine andere wegen der Weigerung, die Abgeordnetendiät zurückzuzahlen, die er für den einen Monat bekommen hatte, bevor er ausgeschlossen wurde. Bis 2019 wurde beinahe ein Drittel der demokratischen Abgeordneten mit ähnlichen Methoden von der Mitwirkung ausgeschlossen.[170] Auch in den Universitäten, Schulen und im öffentlichen Dienst wurde denjenigen mit Entlassung oder Vorruhestand gedroht, die in irgendeiner Weise ihre Sympathie mit der Demokratisierungsbewegung zum Ausdruck gebracht hatten. Anklagen, Ausweisungen und Einschüchterungen sollten eine Wiederholung der 2014er Proteste verhindern.[171] Allerdings erreichten diese Maßnahmen eher das Gegenteil: Eine neue breite Protestbewegung formierte sich.

Als Xi Jinping persönlich anlässlich der Feierlichkeiten zum 20. Jahrestag der Rückgabe an China im Juli 2017 nach Honkong reiste, war die Situation in der ehemaligen Kolonie angespannt und die Lage schien verfahren. Es war sein erster Besuch in Hongkong als Chinas Präsident. Xi nutzte die Gelegenheit, um in seiner Festrede eine unmissverständliche Warnung auszusprechen: „Jeder Versuch, die nationale Souveränität und Sicherheit zu gefährden, die Macht der Zentralregierung und die Autorität des Grundgesetzes der SVR in Frage zu stellen oder Hongkong zu nutzen, um Infiltrations- und Sabotageaktivitäten gegen das Festland durchzuführen,

Abbildung 13: Carrie Lam, Regierungschefin seit 2017

überschreitet eine rote Linie und ist absolut unzulässig", sagte er.[172] Kurz nach seinem Abflug aber versammelten sich Zehntausende zu einem Protest für mehr demokratische Rechte. Damit waren die Fronten für eine drastische Eskalation eröffnet.

In Chinas politischem System haben Äußerungen des Präsidenten unmittelbare Konsequenzen. Wenn der Präsident eine rote Linie zieht, suchen die Regierungsmitglieder nach konkreten Möglichkeiten zur entschlossenen Verteidigung ebendieser roten Linie. Hardliner in der chinesischen Regierung legten einen Plan vor, nach dem China Hongkong ein Sicherheitsgesetz durch verfassungsmäßiges Fiat auferlegen könnte. Chinesische Juristen lieferten Argumente dafür, dass das bestehende nationale Sicherheitsgesetz des Festlands auf Hongkong ausgedehnt werden könnte. Wieder andere schlugen vor, der chinesische Volkskongress solle ein auf Hongkong zugeschnittenes Gesetz verabschieden, um politischen Widerstand in der Stadt zu umgehen.

Die Signale einer mit der üblichen Undurchsichtigkeit der KPCh übermittelten härteren Gangart wurden in den dauernden politischen Auseinandersetzungen in Hongkong zunächst kaum wahrgenommen. Viele gingen davon aus, dass die chinesische Regierung angesichts des Risikos einer internationalen Gegenreaktion und der wichtigen Rolle des Territoriums als globales Finanzzentrum Zurückhaltung üben würde. Die demokratische Opposition der Stadt war zwar schon seit 2014 auf eine Wiederholung langer politischer Proteste gegen die Übergriffe der chinesischen Regierung vorbereitet, aber niemand in Hongkong – selbst Pekings größte Unterstützer – war sich vermutlich im Klaren, wie hart und konsequent Xis Regierung letztendlich agieren würde.

„Keine Auslieferung an China"

Nach dem Scheitern der Regenschirm-Bewegung nahm die Uneinigkeit innerhalb des prodemokratischen Lagers weiter zu. Eine Strömung war der Auffassung, dass auch weiterhin behutsam um mehr Rechte im Rahmen des Formelkompromisses „Ein Land, zwei Systeme" gekämpft werden solle. Eine andere zunehmend frustrierte Richtung sprach sich für offene Konfrontation aus und wollte „alle notwendigen Mittel" einsetzen, um die vermeintlichen Lügen der KPCh aufzudecken. Die Lokalisten um Sixtus „Baggio" Leung gingen sogar so weit, für die völlige Unabhängigkeit Hongkongs einzutreten. Diese radikale Forderung war bis dahin eigentlich nie erhoben worden, aber nun gewann sie vor allem bei der jüngeren Generation an Popularität. Zugleich war klar, dass diese Provokation in Peking garantiert Verärgerung hervorrufen würde.

Die großen Proteste des Sommers 2019 hatten zunächst einen anderen Anlass: den Beschluss eines Auslieferungsgesetzes. Auch dieser Konflikt hat bis in die Kolonialzeit zurückreichende historische Wurzeln. 1992 hatte Großbritannien gemeinsam mit den Behörden in Hongkong ein Auslieferungsabkommen erlassen, das die Menschenrechtsbedingungen der betroffenen Länder berücksichtigte. Konkret wollte das koloniale Hongkong nur Auslieferungsbeziehungen zu Regierungen, deren Justizsystem und Strafbedingungen den internationalen Menschenrechtsstandards entsprachen.[173] Die VR China wurde auf dieser Grundlage von den Vereinbarungen zur Überstellung flüchtiger Straftäter von Hongkong in andere Länder ausgeschlossen. Da aufgrund der Ein-China-Politik Macau und auch Taiwan als Teil Chinas galten, wurden auch diese beiden Regionen vom Auslieferungsabkommen ausgenommen. Nach dem 1. Juli 1997 hielt die neue Regierung der SVR Hongkong an der bis dahin geltenden Praxis fest.

In Ermangelung einer gültigen Auslieferungsvereinbarung durften die Strafverfolgungsbehörden in Hongkong niemanden an die VR China, Taiwan oder Macau ausliefern. Für die VR China lagen die Nachteile dieser Praxis auf der Hand: Jeder straffällige oder verdächtige Bürger der VR China war dem Zugriff der Behörden auf dem Festland entzogen, sobald er sich in Hongkong aufhielt. Die Entführung des wegen Korruption angeklagten Geschäftsmanns Xiao Jianhua zeigte die Entschlossenheit der chinesischen Führung, angeklagte Festlandchinesen auch dann zu verfolgen und zu verhaften, wenn sie in Hongkong Schutz vor den Behörden der VR China suchten. Dadurch wollten die Behörden des Festlands nicht nur verhindern, dass die Täter in Hongkong Zuflucht suchen konnten, sondern auch den Zugang zu ihrem Vermögen aus unklaren Quellen unterbinden. Insofern war es den Behörden der VR China ein Anliegen, ein gültiges Auslieferungsgesetz mit Hongkong abzuschließen.

Unmittelbarer Anlass für den Vorstoß zur Verabschiedung eines Auslieferungsgesetzes im Sommer 2019 war allerdings nicht etwa ein politischer Vorfall oder Wirtschaftsskandal, sondern ein privates Eifersuchtsdrama. Am 17. Februar 2019 endete der Taiwan-Urlaub eines jungen Paars aus Hongkong mit einem fürchterlichen Verbrechen.[174] Laut Dokumenten des Obersten Gerichtshofs von Hongkong zu dem Fall lernten sich im Juli 2017 der damals 19-jährige Chan Tong-kai und die 20-jährige Poon Hiu-wing bei der Arbeit kennen und wurden einen Monat später ein Paar. Poon Hiu-wing war in der fünften Woche schwanger, als Chan für das Paar für den Valentinstag 2019 eine Reise nach Taiwan arrangierte. In der Nacht vor ihrer Rückreise nach Hongkong am 16. Februar kauften die beiden auf einem der beliebten Nachtmärkte von Taipei einen großen rosa Koffer. Videoaufnahmen des Hotels zeigen, wie sie mit dem Koffer in ihr Zimmer zurückkehrten. Das war das letzte Mal, dass Poon Hiu-wing lebend gesehen wurde.

Zurück im Hotel stritt sich das Paar in den frühen Morgenstunden des 17. Februar darüber, wie sie den Koffer packen sollten. Während der Auseinandersetzung erzählte Poon Chan, dass das Baby nicht von ihm, sondern von ihrem ehemaligen Freund sei. Chan sagte, Poon habe ihm dann ein Video gezeigt, in dem sie Sex mit einem anderen Mann hatte. Wütend schlug er ihren Kopf gegen die Wand und erwürgte sie mit beiden Händen von hinten. Hotelkameras zeigten, wie Chan am Morgen des 17. den Koffer zusammen mit anderem Gepäck aus dem Zimmer schleppte. Die Leiche der Frau wurde fast vier Wochen später in dem rosa Koffer in Taipei aufgefunden.

Zurück in Hongkong wurde Chan von der Hongkonger Polizei zum Verbleib seiner vermissten Freundin verhört. Dabei gestand er die Tat. Er konnte aber nicht in Hongkong angeklagt werden, da das Verbrechen in Taiwan begangen worden war. Da es kein Auslieferungsabkommen gab, konnte er aber auch nicht den taiwanesischen Strafverfolgungsbehörden übergeben werden. Er wurde zwar wegen kleinerer Delikte (er hatte nach dem Mord noch Geld vom Konto des Opfers in Hongkong abgehoben) von der Staatsanwaltschaft in Hongkong verhaftet und angeklagt, aber den Eltern der Ermordeten war das nicht genug. Sie wandten sich an die Medien und schrieben mehrmals an die Regierungschefin Carrie Lam. Sie forderten, dass der Täter wegen Mordes vor Gericht gestellt werde.[175]

Dieser tragische Fall wurde zum Auslöser für die größte Krise, die die Stadt bis dato erlebt hatte. Etwa einen Monat nach der Ermordung der jungen Frau brachte die Hongkonger Regierung am 26. März 2019 einen Gesetzentwurf zur Auslieferung flüchtiger Straftäter und Rechtshilfe in Strafsachen zur Verabschiedung vor den Legislativrat. Im Entwurf wurde explizit auf den geschilderten Mordfall Bezug genommen und die Notwendigkeit betont, den Täter schnell nach Taiwan auszuliefern. Der Gesetzentwurf sollte bereits am 29. März im amtlichen Anzeiger veröffentlicht werden und am 3. April die erste Lesung im Legislativrat durchlaufen.

Es kam umgehend zu Protesten gegen das Auslieferungsgesetz. Noch im März 2019 gab es eine erste Demonstration: Tausende von Anwälten gingen für einen Schweigemarsch in Schwarz auf die Straße.

Die Unzufriedenheit richtete sich zunächst vor allem gegen das Auslieferungsgesetz. Solche eher technischen Gesetze hatten bis dahin keine große öffentliche Aufmerksamkeit hervorgerufen. Was die prodemokratische Opposition auf die Straße trieb, waren eher Angst und Wut. Es wurde befürchtet, dass ein solches Gesetz tatsächlich das Ende von Honkongs autonomem Status besiegeln würde. Zur Verteidigung ihres Vorschlags verwies die Regierung auf eine Reihe von Verfahrensgarantien: Nach einem Auslieferungsersuchen müsste eine Anhörung vor einem Hongkonger Gericht stattfinden und das Gericht entscheiden, ob der Angeklagte überhaupt ausgeliefert werde. Das Gesetz sollte auch nur für eine bestimmte Liste von Straftaten gelten, die sowohl in Hongkong als auch in der ersuchenden Gerichtsbarkeit strafbar sein mussten (das sogenannte Erfordernis der doppelten Strafbarkeit), wobei politische Straftaten ausdrücklich ausgeschlossen waren. Schließlich wurde in dem Entwurf dem Regierungschef Hongkongs ein Vetorecht bei allen Auslieferungsersuchen eingeräumt. Durch diese Vorkehrungen sollte sichergestellt werden, dass es keinen Automatismus bei Auslieferungsfällen gab.

Kritiker waren jedoch nicht überzeugt. Überhaupt war das Vertrauen in die Regierung stark beschädigt worden. Aufgrund der Erfahrungen, dass gewählte Vertreter der demokratischen Parteien wie Nathan Law, Sixtus Leung und andere Demokraten aus dem Legislativrat ausgeschlossen worden waren, sowie der Drohungen gegen alle, die mit der Demokratiebewegung sympathisiert hatten, glaubten die Bürger den Versicherungen der Regierung nicht. Die Liste der Straftaten im Vorschlag umfasste nicht nur schwere Verbrechen wie Mord, andere Gewalt- und Drogendelikte, sondern auch leichtere Straftaten wie Meineid und Behinderung der Justiz, Sachbeschädigung, Einwanderungsdelikte, Glücksspiel, Prostitution und Betrug. Wichtig war, dass das Gesetz auch auf Helfer und Unterstützer von Straftätern angewendet werden konnte, was den betroffenen Personenkreis noch weiter ausdehnte.

Allen Versicherungen der Hongkonger Regierung zum Trotz befürchteten die Gegner, dass das Gesetz durch die Hintertür die Auslieferung unliebsamer Kritiker der chinesischen Regierung auf dem Festland ermögliche und dadurch die bürgerlichen Freiheiten wie die Rede-, Meinungs- und Versammlungsfreiheit noch weiter ausgehöhlt würden. Viele der Protestierer glaubten, dass mit dem Auslieferungsgesetz Entführungen wie die der Buchhändler oder Verhaftungen durch den chinesischen Staat wie die von Xiao Jianhua künftig gesetzlich legitimiert und dadurch zum Normalfall werden könnten.

Die Regierung nahm in der Folge noch einige Veränderungen an dem Entwurf vor. Auf Veranlassung von Geschäftskreisen wurden insbesondere einige wirtschaftliche Tatbestände gestrichen. Dies konnte die Kritiker jedoch nicht besänftigen. Allerdings weigerte sich die Regierung, den Entwurf zurückzuziehen. Zwar warnten einige Stimmen innerhalb der Hongkonger Regierung vor den Folgen einer Verabschiedung des Gesetzes und rieten zu einer Vertagung, aber Carrie Lam hielt eisern an dem Vorhaben fest. Über die nächsten beiden Monate gewann der Protest folglich immer mehr an Schwung.

Bemerkungen des Vizepremiers der VR China, Han Zheng, des höchsten Beamten auf dem Festland mit Zuständigkeit für Hongkong, am 20. Mai 2019 wirkten wie ein Brandbeschleuniger. Han Zheng sagte in Bezug auf das Auslieferungsgesetz zu Wirtschaftsleuten aus Hongkong: „Die Zentralregierung unterstützt die von der Regierung Hongkongs eingeleitete Arbeit voll und ganz und ist fest davon überzeugt, dass durch die harte Arbeit der Regierung und die rationale Debatte, die in verschiedenen gesellschaftlichen Bereichen geführt wird, Zweifel ausgeräumt und ein Konsens erzielt werden können.“[176] Mit diesen Äußerungen stellte sich Peking voll und ganz hinter den Gesetzentwurf. Das brachte das Fass zum Überlaufen.

Die Gegner des Gesetzentwurfs organisierten eine große öffentliche Demonstration. Am 9. Juni gingen ungefähr eine Million

Abbildung 14: Demonstranten mit Schildern und Bannern „Keine Auslieferung an China!" am 9. Juni 2019

Menschen in Hongkong gegen das Gesetz auf die Straße. Sie hielten Schilder und Banner hoch, auf denen zu lesen war „Keine Auslieferung an China!". Die Zahl der Demonstranten war beeindruckend und überraschte sogar die Aktivisten. Jeder siebte Einwohner Hongkongs war bei den Protesten dabei. Laut einer Umfrage beteiligte sich beinahe ein Drittel der Demonstranten zum ersten Mal an einem öffentlichen Protest. Viele der Zuhausegebliebenen waren wohl eher aus Furcht vor Nachteilen nicht aufgetaucht denn aus mangelnder Unterstützung. Die Massendemonstration war eine der größten in der Geschichte Hongkongs und ein Zeichen für die tiefsitzende Sorge über die Erosion der bürgerlichen Freiheiten. Mit Nachdruck und Geschlossenheit zeigten die Hongkonger, dass sie ihre Rechte nicht ohne Widerstand aufgeben wollten.

Ein so hoher Mobilisierungsgrad ist selten. Zum Vergleich: Bei den Demonstrationen gegen den Brexit wurden auch eine Million Demonstranten gezählt, aber Großbritannien hat 66 Millionen Einwohner. Es handelte sich somit um eine beindruckende öffentliche

Willensbekundung der Hongkonger Gesellschaft, die ein hohes Maß an demokratischer Reife bewies.

Neben der Kritik am Auslieferungsgesetz richtete sich die Empörung zunehmend gegen die Regierung und vor allem die unpopuläre Regierungschefin. Die Demonstranten waren enttäuscht über den Versuch der Regierung, das Gesetz in Eile und ohne ein ordnungsgemäßes Verfahren durchzusetzen. Viele Demonstranten beklagten das Fehlen echter öffentlicher Konsultationen. Die Öffentlichkeit war der Auffassung, dass die Regierung die Sorgen der Menschen in vorauseilendem Gehorsam gegenüber Peking nicht wirklich ernst nahm.

Trotz der deutlichen Ablehnung am 9. Juni lenkte die Regierung nicht ein, sondern hielt an ihrem Plan fest, das Gesetz am 12. Juni im Legislativrat zu verabschieden. Daher wurde von jugendlichen Aktivisten eine weitere Demonstration für diesen Tag geplant. Dabei ging es aber nicht mehr nur um eine bloße öffentliche Willensbekundung, sondern vielmehr sollten die Abgeordneten daran gehindert werden, das Legislativrat-Gebäude zu betreten und über das Gesetz abzustimmen. Zehntausende Demonstranten umzingelten das Regierungsgebäude und das Legislativrat-Gebäude und skandierten: „Zurückziehen!“[177] Die mit Schutzschilden, Schlagstöcken und Gewehren ausgerüstete Polizei bildete drei Verteidigungslinien um das Gebäude, um es abzuriegeln. Am Ende gelang es den Demonstranten tatsächlich, die Zugänge zum Gebäude zu blockieren und die Abstimmung unmöglich zu machen. Die Auseinandersetzungen waren gewalttätig. An diesem einen Tag allein feuerte die Polizei 150 Patronen Tränengas sowie mehrere Runden Gummigeschosse und 20 sogenannte Beanbag-Geschosse ab. Die Protestierer setzten Wasserflaschen und Steine ein. Auf Seiten der sehr jungen Protestierer herrschte eine verbissene Entschlossenheit. Eine Studentin beantwortete die Frage, warum sie trotz der Gefahr einer Verletzung an den Protesten teilnehme: „Meine Eltern machen sich Sorgen, unser Protest könne unseren künftigen Karrieren schaden. Was ich aber sagen möchte, ist: Wenn man nicht erkennen kann, dass der Ort, an dem man lebt, eine Zukunft hat, wie kann ich selbst dann überhaupt eine Zukunft haben?"[178] Viele Protestierer wurden verletzt und 32 verhaftet. Die Eskalation hatte begonnen. Die auf Friedfertigkeit bedachte Stadt war entsetzt über die Brutalität der Polizei.

Als Reaktion auf diese Ereignisse kündigte die Regierungschefin Carrie Lam nach Rücksprache mit Regierungsvertretern der VR China während eines nächtlichen Besuchs in Shenzhen an, die Verabschiedung des Gesetzes zu verschieben.[179] Sie machte allerdings auch klar, dass das Vorhaben nicht endgültig aufgegeben werde, sondern eben hinausgeschoben, um weitere Beratungen zu ermöglichen.

Befeuert durch den Erfolg am Legislativrat, aber auch wütend über den harten Polizeieinsatz und die Weigerung der Regierung nachzugeben, organisierten sich die Demonstranten für eine weitere Kundgebung am 16. Juni. Hinter den Protesten stand keine echte Führungsorganisation; kommuniziert wurde dezentral mit Hilfe von Onlineforen, Messengerdiensten, Crowdsourcing-Apps und sozialen Medien.[180] Das ermöglichte es der Protestbewegung, sehr flexibel und auch sehr kurzfristig zu agieren. Am 16. Juni, einem Sonntag, kamen mehr als zwei Millionen Menschen auf den Straßen zusammen, um gegen das Auslieferungsgesetz zu protestieren. Der Marsch begann am frühen Nachmittag und dauerte bis spät in die Nacht. Die Leute warteten stundenlang geduldig in der Hochsommerhitze, um sich zu beteiligen. Die Polizeigewalt vom 12. Juni schreckte die Hongkonger Bevölkerung offenbar nicht ab. Im Gegenteil stellte die Demonstration ein klares Zeichen der Solidarität mit der Gruppe dar, die vor dem Legislativrat gekämpft hatte. Auch wurde deutlich, dass der zeitweilige Aufschub des Gesetzesvorhabens allein nicht mehr ausreichte. Die Hongkonger verlangten die endgültige Aufgabe. Ihre Unzufriedenheit über die Hinhaltetaktik der Regierung wuchs. Die Beteiligung von mehr als einem Viertel der Bevölkerung an den Protesten zeigte, dass Carrie Lam bei den Hongkongern ein Ausmaß an Wut und Angst entfacht hatte, wie man es seit 1989 nicht mehr gesehen hatte.

Die Hongkonger Bewegung fand ihrerseits in anderen Ländern Nachahmer. Sie wurde auch in Thailand aufgegriffen und die Demonstranten dort benutzten die gleichen Symbole.[181] In Thailand wurde erstmals kritisch über die Rolle des Königshauses diskutiert. Die Hongkonger Aktivisten sprachen den thailändischen Protestanten ihre Anteilnahme aus. Diese gegenseitige Sympathie wurde auch als #MilkTeaAlliance (Milchteeallianz, weil beide ihren Tee mit Milch und süß trinken) bezeichnet.

„Sei Wasser"

Der Erfolg der großen Mobilmachung am 16. Juni erzeugte Euphorie unter den Protestierenden. Ein Gefühl von Stolz, Durchsetzungsvermögen und Solidarität verbreitete sich in der ganzen Stadt. Ermutigt von den Ereignissen begannen die radikaleren Gruppen unter den Jugendlichen sogenannte Aktionen von „Nichtkooperation": Die Türen der U-Bahn wurden blockiert, um den Betrieb zu stören. Kleinere Gruppen betraten die Gebäude verschiedener Regierungsabteilungen und behinderten deren Arbeit. Sabotage und Obstruktion stellten eine neue Strategie dar, die als „Sei Wasser" (be water) bezeichnet wurde. Der Ausdruck geht zurück auf den Hongkonger Filmstar und Kung-Fu-Legende Bruce Lee, der in Anlehnung an die Weisheit des taoistischen Meisters Lao Tse sagte: „Sei formlos, gestaltlos: wie Wasser [...] Wasser kann fließen oder zerstören. Sei Wasser, mein Freund."[182] Die Gruppen tauchten plötzlich und unerwartet in einem Stadtteil auf und führten solche oder ähnliche Aktionen durch. Dann verschwanden sie wieder.

Spätestens jetzt hatten die Proteste sich auf mehrere sich überschneidende Ziele ausgeweitet: Die Protestierer stellten einen Fünf-Punkte-Katalog von Forderungen auf:[183] 1) Rücknahme des Auslieferungsgesetzes, 2) allgemeine und freie Wahlen des Legislativrats, 3) Direktwahl des Regierungschefs ohne Eingriffsmöglichkeiten durch Peking, 4) eine generelle Amnestie der inhaftierten Demonstranten und 5) die Bildung einer Kommission, die das brutale Vorgehen der Polizei untersuchen sollte, sowie Rücknahme der Einordnung der Proteste als Unruhen. Diese Forderungen wurden als „Fünf Forderungen" bekannt. Sie waren ab etwa Ende Juni die Grundlage der gesamten Protestbewegung und wurden in dem Slogan „Fünf Forderungen, keine weniger!" zusammengefasst.

Für den 1. Juli plante die prodemokratische Opposition eine weitere große Demonstration. Alle Seiten gingen davon aus, dass dieser Marsch besonders groß werden würde – es war der Jahrestag der britischen Übergabe an China und ein jährlicher Protesttag gegen die Herrschaft der Kommunistischen Partei. Zwar fiel der 1.-Juli-Marsch kleiner aus als die beiden Großdemonstrationen im Juni, aber er zog immer noch 550 000 Menschen an und war damit der größte 1.-Juli-Marsch seit 2003.

Der Marsch begann zunächst friedlich. Am Nachmittag jedoch gab es einen spürbaren Stimmungsumschwung. Nach Beendigung des Hauptmarschs versammelten sich einige jüngere Demonstranten an der U-Bahn-Station Admiralität. Die Menschenmenge wuchs allmählich an, und die Demonstranten zogen zum Vorplatz des nahe gelegenen Legislativrat-Gebäudes. Am späten Nachmittag verschafften sich Demonstranten mit Gewalt Zutritt zu dem Gebäude und entweihten symbolisch das Parlament. Auffallend war, dass die Polizei sich zurückhielt, sich schließlich ganz zurückzog und das Gebäude widerstandslos den Protestierern überließ.

Die Wände des gesamten Gebäudes wurden mit Graffiti bedeckt, die viele provokante Slogans enthielten wie „Hongkong ist noch nicht China" und „China wird für seine Verbrechen gegen uigurische Muslime bezahlen". Aus Angst vor einer Verhaftung und langjährigen Haftstrafen waren die meisten Demonstranten vermummt. Vor dem Sitzungssaal wurde eine neue Zeile gekritzelt, die die Gewaltbereitschaft der Rebellen erklären sollte: „IHR wart es, die uns gelehrt habt, dass friedlicher Protest nutzlos ist."[184]

Proteste und Demonstrationen zogen sich den ganzen Sommer hin und wurden immer gewalttätiger. Am 21. Juli gingen etwa 100 000 Menschen auf die Straße, zunächst, um friedlich zu demonstrieren. Etwa 10 000 davon machten sich gegen Abend unangekündigt auf den Weg zum zentralen Verbindungsbüro der VR in Sheung Wan. Das Gebäude war unbewacht und es gab keine Polizeipräsenz. In der Nacht des 21. Juli 2019 belagerten Hunderte Demonstranten in schwarzen T-Shirts und gelben Schutzhelmen das Haus. Sie warfen Eier und spritzten schwarze Tinte auf das rot-goldene chinesische Nationalwappen über dem Eingang. Slogans wurden aufgesprüht wie „Fuck Chee-na", „Nieder mit der Kommunistischen Partei" und „Reagiert auf die fünf Forderungen". Eine neue Parole wurde gerufen: „Freiheit für Hongkong! Revolution unserer Zeit!"[185] Damit lehnten sich die Demonstranten gezielt gegen Xi Jinpings harte Linie auf. Das Aufbegehren Hongkongs sollte Peking nun auch die Grenzen seiner Macht aufzeigen.

Als die Polizeikräfte endlich erschienen, kam es zu einem gewaltsamen Zusammenstoß, bei dem die Demonstranten Ziegelsteine warfen und Steine mit Schleudern schwangen. Zum ersten Mal setzten sie auch Molotow-Cocktails ein. Barrikaden wurden in Brand gesetzt. Die Polizei reagierte mit Tränengas und Gummigeschossen.

Am selben Abend gegen 22 Uhr kam es aber noch zu einem weiteren und blutigeren Vorfall im Bahnhof Yuen Long im Nordwesten der Stadt. Mehr als 40 Menschen, vor allem aus dem Stadtzentrum kommende Jugendliche in schwarzen T-Shirts, wurden in einem 45-minütigen Angriff von etwa 100 Männern in Weiß verprügelt. Die maskierten Männer, von denen man annahm, dass es sich um Triadengangster aus der Gegend handelte, drangen bewaffnet mit Stöcken, Ruten und Stangen in den Bahnhof ein. Einige schwenkten chinesische Nationalflaggen und Plakate mit der Aufschrift: „Verteidigt Yuen Long, verteidigt unser Heimatland".[186] Sie gehörten offenkundig dem Pro-Peking-Lager an, das sich von den Protesten distanzierte.

Bei den Schlägereien wurden mehrere Fahrgäste verletzt und blutig geschlagen. Videoclips gingen online und im Fernsehen um die Welt und zeigten das Chaos, als verängstigte Fahrgäste nach Deckung suchten, um Hilfe riefen oder um Schonung bettelten. Die Polizei wurde zwar umgehend alarmiert, aber sie war nirgendwo zu sehen. Der Angriff der Schläger war größtenteils vorbei, als die Polizisten endlich auftauchten. In den Medien wurde die Polizei heftig kritisiert, weil sie so spät am Tatort ankam. Viele beschuldigten sie, bei dem

Angriff ein Auge zugedrückt oder sogar mit dem Mob zusammengearbeitet zu haben. Diesen Vorwurf wies die Polizeiführung zurück.

Die Ereignisse in Yuen Long in dieser Nacht wurden als „Vorfall vom 21. Juli" bekannt und markierten einen Wendepunkt in der öffentlichen Haltung gegenüber der Polizei. Der Umgang der Polizei mit Protesten und die unnötige Härte einiger Beamter an vorderster Front waren bereits vorher kritisiert worden. Aber die offensichtliche Untätigkeit der Polizei während des Angriffs schockierte selbst Gemäßigte. Viele verloren jedes Vertrauen in die Hongkonger Gesetzeshüter.

Proteste und Demonstrationen wurden jetzt wöchentlich abgehalten. Statt großer Massendemonstrationen fand eine Vielzahl kleinerer Aktionen im ganzen Stadtgebiet statt. Die Demonstranten drängten sich auf den Hauptverkehrsstraßen der Stadt, gingen Protestrouten und forderten friedlich ihre Rechte. Kleine radikalere Gruppen setzten ihre Sabotageakte im gesamten Stadtgebiet fort. Am 5. August riefen die Rebellen zu einem Generalstreik auf, der von vielen befolgt wurde. Er betraf die Bereiche Luftfahrt, Verkehr, Finanzen, Einzelhandel, Gastronomie und teilweise sogar die städtische Verwaltung. Am stärksten betroffen waren die Luftfahrtindustrie und der Flughafen. In der Nacht des Streiks teilte ein Drittel der Fluglotsen der Geschäftsleitung des Flughafens mit, dass sie sich am nächsten Tag krankmelden würden.[187] Vom 10. bis 14. August 2019 wurde der Flughafen von den Protestierern besetzt.

Der anhaltende Protest zwang die Regierung am Ende dazu, den Entwurf zum Auslieferungsgesetz am 4. September 2019 zurückzuziehen. Die vier anderen Forderungen wurden nicht adressiert – sie bestanden weiter. Die Proteste gingen daher ebenfalls weiter: Den ganzen September hindurch gab es alle zwei oder drei Tage in verschiedenen Teilen Hongkongs große und kleine Protestaktionen.

Zum chinesischen Nationalfeiertag am 1. Oktober fand eine nicht genehmigte Demonstration mit mehreren Hunderttausend Teilnehmern statt. Die Polizei griff hart durch, woraufhin sich die Demonstranten zerstreuten und guerillaartige Angriffe auf die Polizei begannen. Am 4. Oktober verhängte die Regierung unter

Bezugnahme auf die Notfallverordnung aus der Kolonialzeit ein Verbot von Gesichtsmasken. Um die Regierung zu verspotten, stellten Jugendliche Bilder online, auf denen sie sich maskierten, zum Beispiel indem sie ihre Gesichter bemalten oder ihre Haare auf lustige Weise kämmten. Am nächsten Tag trugen viele Protestierende Masken, um dem Verbot zu trotzen. Die Stadt versank allmählich im Chaos.

Im November wurden die Universitäten zum Schauplatz der Auseinandersetzungen. Am 8. November wurde der Tod eines Studenten der Hongkong University of Science and Technology, Chow Tsz-lok, bekannt. Chow hatte während eines Protests am Abend des 4. November die Rolle eines sogenannten Wächters übernommen. Wächter hatten die Aufgabe, Bewegungen der Polizei für diejenigen zu beobachten, die an der Front kämpften.[188] Es gab sowohl Onlinewächter als auch Wächter vor Ort. Chow wurde aufgefunden, nachdem er aus großer Höhe gestürzt war. Die Protestierenden glaubten, dass Chow von der Polizei verfolgt worden war und aus der Höhe springen musste, oder sie verdächtigten die Polizei gar, ihn einfach getötet und die Leiche auf die Straße fallen gelassen zu haben.

Daraufhin riefen die Protestierenden alle Studierenden zum Streik auf, der am 11. November beginnen sollte. An elf Universitäten und Colleges in Hongkong wurden Streiks geplant. Demonstranten stürmten in Massen auf die Universitätsgelände und verschanzten sich. Sie blockierten nahe gelegene Straßen und Bahnverbindungen, legten Feuer und zerstörten Universitätsgebäude.[189] Der erste größere Konflikt entbrannte an der Chinese University of Hong Kong, wo schwarz gekleidete Studierende die „Brücke Nr. 2" besetzten, die über eine der Hauptverkehrsstraßen führte, und von dort den Verkehr behinderten. Als die Polizei die Brücke räumen wollte, wehrten sich die Protestierenden mit Benzinbomben und Ziegelsteinen. Die Polizei setzte – zum ersten Mal auf einem Campus – mehr als 100 Patronen Tränengas, Schwammgranaten, Gummigeschosse und Beanbag-Geschosse ein. Der Konflikt eskalierte weiter. Die Kämpfe zwischen Polizei und Protestierenden wurden immer gewaltsamer, und beide Seiten hatten zahlreiche Verletzte zu beklagen. Am Ende gelang es den Rebellen, den Campus in ihre Gewalt zu bringen und ihn bis zum 15. November besetzt zu halten.

Ähnliche Szenen wiederholten sich in der Besetzung des Campus der Polytechnic University. Etwa 1100 vermummte, in Schwarz gekleidete Personen drangen am 11. November auf den Campus vor. Als Reaktion riegelte die Polizei alle Zugänge ab und sperrte die Radikalen und ihre Unterstützer auf dem Campus ein. Sie erklärte die Ereignisse dieses Tages zu einem Aufruhr und gab bekannt, dass jeder, der den Campus betrat oder auf dem Campus blieb, wegen seiner Teilnahme festgenommen werden würde. Die Teilnahme an einem Aufruhr galt als Straftat, die mit einer Höchststrafe von zehn Jahren Gefängnis geahndet werden kann.

Mehrere Hundertschaften wurden mobilisiert, und täglich brachen heftige Kämpfe aus, die den Campus der Polytechnic University in eine Gefechtszone verwandelten. Maskierte Radikale warfen wiederholt Benzinbomben auf die Mautstellen des nahe gelegenen Cross-Harbour-Tunnels und legten ihn still. Auf dem Höhepunkt der gewaltsamen Zusammenstöße am 17. November versuchten die Eingeschlossenen, die Polizeikette zu durchbrechen, und setzten auch Fußgängerbrücken und den Campuseingang in Brand. Ein gepanzertes Polizeifahrzeug wurde mit Benzinbomben beschossen und brannte aus. Ein von einem Demonstranten abgeschossener Pfeil durchbohrte die Wade eines Polizisten. Einigen Hundert Protestierenden gelang die Flucht.

Um einer Verhaftung zu entgehen, entschieden sich viele der noch Eingeschlossenen, den Campus heimlich zu verlassen. Eines Nachts wurden mehrere Demonstranten dabei beobachtet, wie die sich mit Seilen von einer Campus-Fußgängerbrücke auf eine darunter liegende Autobahn herunterließen, von wo aus sie mit Hilfe von Unterstützern auf Motorrädern entkamen. Am Ende verblieben weniger als 100 Protestierende auf dem Campus. Als die Polizei am 28. November die Kontrolle über den Campus erlangte, war er fast leer. Im Laufe der gesamten Auseinandersetzung wurden etwa 800 Personen verhaftet, davon wurden 350 angeklagt. Es gab über 350 Verletzte.

Abbildung 15: Demonstranten auf dem Weg zur besetzten Polytechnic University flohen vor der mit Tränengas bewaffneten Polizei.

Mit diesen blutigen Ereignissen endete der heiße, brutale Sommer 2019. Im Dezember und am 1. Januar 2020 fanden noch friedliche Demonstrationen für Menschenrechte statt, an denen wieder Hunderttausende teilnahmen. Als aber Aktivisten am 29. Dezember dazu aufriefen, nochmals für die Fünf Forderungen zu demonstrieren, kamen nur einige Tausend Menschen zusammen.

Trotz der zunehmenden Härte und Brutalität auf beiden Seiten erhielten die Demonstrationen des Jahres 2019 kontinuierlich viel Unterstützung aus der Gesellschaft. Zwar gab es weiterhin Gruppen in der Gesellschaft, allen voran die vielen Festländer, die die pekingtreue Linie der Regierung guthießen, aber das Pro-Peking-Lager verlor zunehmend an Rückhalt. An vorderster Front der Proteste standen meist sehr junge Demonstranten von im Schnitt 15 bis 25 Jahren. Trotz der Einschüchterungstaktiken der Regierung schlossen sich auch immer mehr ältere Hongkonger der Bewegung an. Büroangestellte im Anzug wurden dabei beobachtet, wie sie in ihrer Mittagspause den Protestierenden beim Bau von Barrikaden im zentralen Geschäftsdistrikt halfen. Anwälte, Ärzte und Buchhalter boten kostenlos Rechtsberatung, medizinische Hilfe und logistische Unterstützung an. Als Demonstranten nach ihrer Blockade des Hongkonger Flughafens gestrandet waren, weil die Behörden den Betrieb der öffentlichen Verkehrsmittel einstellen ließen, fuhren Dutzende Autobesitzer (in einer Stadt wie Hongkong ein Luxus, den sich nur Wohlhabende leisten können) los und sammelten sie ein.[190] Die lange Besetzung der Universitäten war nur möglich, weil die eingeschlossenen Demonstranten immer wieder Nachschub erhielten.

Die Demonstrationen von 2019 waren viel gewalttätiger als alle Proteste davor. Die Gewalt, die im prodemokratischen Lager sehr umstritten war, hatte ihren Ursprung in einem Gefühl der Verzweiflung. Viele Demonstranten sagten, sie kämpften um ihre Lebensweise in der Stadt. Ein Gefühl der Hoffnungslosigkeit begleitete den Aufstand des heißen Sommers von Anfang an. Weit entfernt von den eher utopischen Idealen der Regenschirm-Bewegung kämpften die Demonstranten gegen das Abgleiten ihrer Heimatstadt in einen Albtraum aus Polizeibrutalität, willkürlicher Inhaftierung und außergerichtlicher Bestrafung. Raymond Chan, ein prodemokratischer Abgeordneter, fasste die vorherrschende Stimmung zusammen, als er sagte: „Wenn wir verlieren, könnte es das Ende von Hongkong sein, wie wir es kennen."[191] Am Ende des Jahres 2019 war die Stadt erschöpft, ausgebrannt und deprimiert. Hongkong würde nie wieder so sein, wie es einmal war.

China schlägt zurück

Die breit getragene Welle der Proteste und des Aufbegehrens stellte die chinesische Regierung vor die Herausforderung zu reagieren. Das Vorhaben eines Sicherheitsgesetzes, das die Behörden in Hongkong in die Lage hätte versetzen sollen, dem Aufbegehren wirkungsvoller entgegenzutreten, war 2003 nach massivem Protest gescheitert. Nun fehlte dieses Instrument im Kampf gegen den Aufstand, aber die Regierung in Hongkong zögerte, einen weiteren Vorstoß für den Erlass eines neuen Sicherheitsgesetzes zu unternehmen. Aufgrund des Hongkonger Rechtssystems, der guten und breiten Organisation der demokratischen Opposition und der großen Bedeutung Hongkongs für die Weltwirtschaft mussten die Regierungen in Peking und Hongkong vorsichtig agieren. Ein Einsatz chinesischer Truppen zur gewaltsamen Niederschlagung möglicher Proteste etwa würde die ohnehin schon alarmierte internationale Gemeinschaft auf den Plan rufen und Chinas Welthandel empfindlich treffen.

Hinzu kam, dass Europa und die USA sich klar auf Seiten der Demokratiebewegung stellten. Bereits im Juli 2019 hatte das Europäische Parlament eine Entschließung angenommen, in der die Behörden Hongkongs in Bezug auf die Proteste aufgefordert wurden, „den Schutz der Menschenrechte und die im Grundgesetz für alle Bürger verankerten Freiheiten zu gewährleisten".[192] Am 21. November verabschiedete der US-Kongress das Hongkonger Menschenrechts- und Demokratiegesetz.[193] In einer seltenen Demonstration von Überparteilichkeit wurde der Gesetzentwurf einstimmig vom Senat und mit nur einer Gegenstimme im Repräsentantenhaus verabschiedet. Präsident Trump unterzeichnete das Gesetz eine Woche später. Es sah Sanktionen gegen Einzelpersonen vor, die die Menschenrechte und Freiheiten in Hongkong unterdrücken, und schuf vor allem einen Mechanismus, durch den der amerikanische Außenminister fortan verpflichtet war, eine jährliche Zertifizierung über den autonomen Status Hongkongs auszustellen. Dadurch sollte sichergestellt werden, dass Hongkong jährlich im Kongress diskutiert wurde.

Es war vorhersehbar, dass China verärgert reagieren würde. In diesen Beschlüssen sah China eine Einmischung in seine inneren Angelegenheiten. Das Land rächte sich mit Sanktionen gegen eine Reihe von in den USA und Europa ansässigen, aber international tätigen NGOs und Think-Tanks, die angeblich die Proteste in Hongkong schürten.

Noch alarmierender aber waren für China die Ergebnisse der Wahlen zu den Gemeinderäten, die am 24. November 2019 stattfanden. An diesem Tag gab es mit 2,9 Millionen abgegebenen Stimmen (von 4,1 Millionen Wahlberechtigten) mit 71 % die höchste

Wahlbeteiligung aller Zeiten bei einer Wahl in Hongkong. (Die bisherige höchste Wahlbeteiligung bei den Legislativratswahlen nach der Regenschirm-Bewegung im Jahr 2016 betrug 58%.) Das prodemokratische Lager erhielt knapp 60% der Stimmen und errang in 17 von 18 Bezirksräten die Mehrheit. Im Endergebnis gewannen demokratische Kandidaten 385 Sitze; Pro-Peking-Kandidaten errangen nur 59 Sitze; acht Sitze gingen an Unabhängige. (Bei den letzten Bezirksratswahlen 2015 war das Ergebnis 126 Sitze für die Demokraten, 298 Sitze Pro-Peking, und sieben Sitze Unabhängige.)[194] Die Ergebnisse der Kommunalwahlen waren eindeutig: Eine klare Mehrheit der Hongkonger zeigte – trotz der Vorkommnisse von Gewalt, Vandalismus und Sabotage im Zuge der Proteste in den letzten Monaten – ihre eindeutige Unterstützung der Demokratiebewegung. Die Schuld für das anhaltende Chaos wurde offenkundig weniger den Demonstranten als vielmehr der Regierungschefin Carrie Lam sowie den Pro-Peking-Politikern, die sie unterstützten, zugeschrieben. Die sogenannte schweigende Mehrheit hatte gesprochen. Vor 2019 war diese Mehrheit dem pekingtreuen Lager zugeneigt gewesen. Die Bezirksratswahlen waren die einzigen vollkommen freien Wahlen in Hongkong. Daher waren sie ein verlässlicher Gradmesser für den Rückhalt der Regierung in der Bevölkerung. Die chinesischen Staatsmedien reagierten mit Verzögerung auf die Schlappe des pekingtreuen Lagers und machten ausländische Kräfte dafür verantwortlich.

Mit diesen Wahlergebnissen der Bezirksratswahlen waren all die Proteste und Demonstrationen auf der Straße in ein greifbares Ergebnis an den Wahlurnen verwandelt worden. Sie resultierten in echter politischer Macht. Dies erschien im Grunde als eine Aufforderung an die Demonstranten, sich neu zu formieren, um die nächsten Schritte für ihre ehrgeizige, aber ungeordnete und gewalttätige Bewegung zu planen. Am 23. Januar 2020 wurde jedoch der erste Covid-19-Fall in Hongkong entdeckt. Seither lehnte die Polizei eine Vielzahl der Anträge auf größere öffentliche Versammlungen und Demonstrationen ab. Die Umsetzung von Maßnahmen zur sozialen Distanzierung erhält in Hongkong seit Jahresanfang 2020 eine

Art eisernen Scheinfrieden aufrecht und unterbindet Aktionen der Demokratiebewegung.

Die Proteste, die aus Sicht Pekings unerwünschten Wahlergebnisse bei den Kommunalwahlen sowie die wachsende internationale Solidarität mit der Demokratiebewegung in Hongkong empfand Peking als Aufforderung, entschlossen und konsequent zu reagieren. Nach Ansicht Pekings schien die Hongkonger Regierung nicht in der Lage, das „Problem" alleine zu lösen. Deshalb wählte Peking jetzt eine andere Strategie. Schon im Oktober 2019, also nach den großen Demonstrationen des Sommers, berichtete das chinesische Staatsfernsehen von einem Treffen von Hunderten von Spitzenbeamten, die auf dem Festland mit Hongkong befasst waren, hinter verschlossenen Türen. Sie beschlossen konkrete Schritte zur schärferen Durchsetzung von Recht und Ordnung. Der Tage später veröffentlichte Plan schlug ein „Rechtssystem und einen Durchsetzungsmechanismus für die nationale Sicherheit" in Hongkong vor.[195] Chinas mächtiger Sicherheitsapparat sollte auf Hongkong ausgedehnt und dort eine direkt der KPCh unterstellte Sicherheitsagentur geschaffen werden. Nicht einmal in den pessimistischsten Szenarien der Hongkonger Opposition für eine Sicherheitsgesetzgebung war ein solcher Schritt für möglich gehalten worden. Mit diesem drastischen Schritt konnte die Regierung in Peking nun an den als schwach geltenden Hongkonger Behörden vorbei in der Stadt eingreifen. Sie konnte unmittelbar Ermittlungen anstellen und Verhaftungen vornehmen.

Parallel wurde der Erlass eines Sicherheitsgesetzes für Hongkong vorangetrieben. Das Vorhaben benötigte etwas mehr Zeit. Die konkreten Vorbereitungen vor dem Inkrafttreten des Sicherheitsgesetzes im Sommer 2020 wurden in fast völliger Geheimhaltung vollzogen. Weniger als zehn Beamte in Hongkong waren an der Erstellung des Textes beteiligt.[196] Im Vorfeld der jährlichen Sitzung des Nationalen Volkskongresses sagte ein Sprecher auf einer abendlichen Pressekonferenz am 21. Mai, dass der Kongress einen Plan zur Einführung eines nationalen Sicherheitsgesetzes für Hongkong beraten werde.

Das Gesetz wurde am 30. Juni 2020 ohne Beteiligung der Hongkonger Legislative verabschiedet. Es ahndete vier Straftaten – Se-

Abbildung 16: Eröffnung der Sicherheitsbehörde im Juni 2020

paratismus, Subversion, Terrorismus und Absprachen mit ausländischen Mächten – mit Strafen bis hin zu lebenslanger Haft. Es ermöglichte außerdem die Aufsicht über Schulen und Medien.

Zugleich wurde die neue chinesische Sicherheitsbehörde in Hongkong ins Leben gerufen, die sich praktisch der Aufsicht der Judikative in Hongkong entzieht. Die Behörde ist befugt, Fälle zu untersuchen und angeklagte Hongkonger auf dem Festland vor Gericht zu stellen, wo Gerichte selten Anklagen der Staatsanwaltschaft ablehnen. Die Regierungsvertreter in Hongkong gaben an, das Sicherheitsgesetz werde nur gezielt und vereinzelt angewendet werden.

Tatsächlich aber stellten diese Maßnahmen den Beginn einer breiten Kampagne dar, die nur wenige Bereiche der Gesellschaft Hongkongs unberührt ließ. Auf der Grundlage des Sicherheitsgesetzes nahmen die Behörden von Hongkong im Zeitraum zwischen Sommer 2020 und Sommer 2021 im Rahmen von Ermittlungen zur nationalen Sicherheit mehr als 110 Personen fest und klagten 64 an, darunter viele bekannte Demokratieaktivisten der Stadt.

Der chinesische Sicherheitsdienst selbst meidet die Öffentlichkeit. Am sichtbarsten ist seine Präsenz am temporären Hauptsitz im 33-stöckigen Metropark Hotel Causeway Bay mit Blick auf den Victoria Park, einst Schauplatz einiger der größten Proteste in Hongkong. Aber der Dienst steht hinter den Verhaftungen hochrangiger Persönlichkeiten, unter anderem Oppositionspolitiker und Redakteure von *Apple Daily*, einer aufmüpfigen prodemokratischen Boulevardzeitung. Am 10. August 2020 wurde der Gründer von *Apple Daily*, Jimmy Lai, verhaftet und wegen Verbrechen gegen die nationale Sicherheit angeklagt.[197] Im Juni 2021 wurde seine regierungskritische Zeitung *Apple Daily* schließlich zur Schließung gezwungen.

Der chinesische Sicherheitsdienst untersuchte auch Museen auf potenziell subversive Kunstwerke hin. Er warb außerdem für das Sicherheitsgesetz als Heilmittel für die politischen Turbulenzen in Hongkong. Im April 2021 kündigte die Regierung von Hongkong an, dass für Chinas Sicherheitsbehörde ein ständiges Hauptquartier an der Uferpromenade der Stadt errichtet werde, das etwa die Größe von zwei Fußballfeldern einnehmen würde.

Chinas hartes Durchgreifen hat fraglos die engere Integration von Hongkong ins Festland erheblich beschleunigt. Viele Hongkonger beschlossen, die Stadt in Richtung Europa, insbesondere England, zu verlassen. Denn wer noch einen Pass hat aus der Zeit, als Hongkong britische Kolonie war, dem erlaubt die britische Regierung die problemlose Einreise. Fast 65 000 Personen haben dieses Angebot in Anspruch genommen, insgesamt sind vermutlich 100 000 Hongkonger aus der Stadt weggezogen.[198] Die Ereignisse der Jahre 2019 und 2020 haben tiefgehende Veränderungen angestoßen, die den Status der Stadt als liberale kosmopolitische Hauptstadt Asiens bald beenden könnten.

Ausblick

Hongkong steht am Ende der turbulenten ersten Halbzeit der zugesicherten 50 Jahre des Sonderstatus unter „Ein Land, zwei Systeme". Die von vielen zum Zeitpunkt der Rückgabe befürchtete Integration in das Festland ist heute real. Sie kam allerdings später, als viele erwartet hatten. Rückblickend erscheinen die vergangenen zweieinhalb Jahrzehnte wie ein Interregnum, eine inoffizielle Verlängerung der „geborgten Zeit", bevor sich die neue sozialistische Macht endgültig erklärte. Dieses vorläufige und bittere Ende der Geschichte war das Ergebnis von gescheiterten Plänen, Fehltritten, naiven Annahmen und unbeherrschbaren Eskalationen.

Hongkong erlebte einen düsteren Jahresausklang 2021. Viele Hongkonger verzichteten auf die Teilnahme an der ersten Parlamentswahl seit der Niederschlagung der Demokratiebewegung 2019. Die Wahlen fanden am 19. Dezember 2021 auf Basis eines neuen Wahlrechts statt, das von der chinesischen Regierung Ende März 2021 offiziell in Kraft gesetzt worden war und die Demokratie in Hongkong weiter einschränkte. Peking erhielt mehr Kontrolle über die Zusammensetzung des Legislativrats. Künftig wird ein neues Komitee die Kandidatinnen und Kandidaten für wichtige politische Ämter auswählen. Zu den Wahlen am 19. Dezember waren nur noch „patriotische" Kandidaten zugelassen. Das prodemokratische Lager ist jetzt chancenlos. Im Legislativrat gibt es nur noch das pekingtreue Lager. Wahlkandidaten müssen „patriotisch" korrekt auf Linie sein, sonst dürfen sie gar nicht erst antreten. Die neuen Regeln sehen zudem vor, dass der Legislativrat vergrößert, die Zahl der direkt von der Bevölkerung gewählten Abgeordneten aber verringert wird. Bisher war die Hälfte des Legislativrats direkt gewählt worden.

Der Hongkonger Demokratieaktivist Nathan Law hat im Vorfeld die Wähler dazu aufgerufen, die Parlamentswahlen zu ignorieren und der Abstimmung keine Legitimität zu verleihen. Xia Baolong, der ranghöchste Vertreter der Zentralregierung in Hongkong, sagte hingegen, dank dieser Wahlen erlebe Hongkong zum ersten Mal eine „echte Demokratie".[199] Die Wahlbeteiligung war mit 30,2 % die geringste in der Geschichte der chinesischen Sonderverwaltungsregion, wie die Hongkonger Zeitung *South China Morning Post* berichtete.[200] Demnach gaben nur rund 1,35 Millionen Hongkonger ihre Stimme ab.

Am 23. Dezember 2021 ließ die Universität Hongkong die Skulptur zur Erinnerung an die Opfer der blutigen Niederschlagung der Demokratiebewegung 1989 in China von ihrem Campus entfernen. Die acht Meter hohe „Säule der Schande" des dänischen Künstlers Jens Galschiøt wurde in der Nacht zerlegt und abtransportiert. Passanten wurden daran gehindert, Filmaufnahmen oder Fotos zu machen. Die Beseitigung des Mahnmals löste umgehend scharfe Kritik von Mitgliedern der Demokratiebewegung in Hongkong aus. Peking war das Kunstwerk schon lange ein Dorn im Auge, da jede Erinnerung an den Militäreinsatz beim Tiananmen-Massaker beseitigt werden soll. Die Universität begründete die Beseitigung mit „rechtlichen Risiken" und Sicherheitsgefahren durch die „zerbrechliche Statue".

Wenige Tage später stellte eine der letzten prodemokratischen Online-Publikationen, *Stand News*, den Betrieb ein, nachdem der Chefredakteur Lam Shiu, dessen Vorgänger Chung Pui und mindestens vier weitere Mitarbeiter festgenommen, inhaftiert und der Subversion angeklagt worden waren. Damit bestätigten sich die pessimistischsten Vorhersagen. Das Sicherheitsgesetz von 2020, das sich gegen alle von Peking als umstürzlerisch, separatistisch, terroristisch oder verschwörerisch anmutenden Aktivitäten, unter anderem „Abspaltung" oder „Untergrabung der nationalen Einheit", richtete, erlaubte den Behörden ein entschlossenes Vorgehen gegen politisch Andersdenkende.

Obwohl den Hongkongern beim Souveränitätswechsel 1997 Freiheitsrechte und Autonomie garantiert wurden, können chinesische Behörden in Hongkong heute eigenmächtig Ermittlungen durchführen und Rechtshoheit ausüben. Das Oberste Gericht Chinas kann „komplizierte“ Fälle, in denen die Behörden des Festlands beispielsweise eine sogenannte ausländische Einmischung vermuten, an eine Staatsanwaltschaft und ein Gericht in der Volksrepublik überweisen. Damit werden Verdächtige der chinesischen Justiz ausgeliefert – was eigentlich schon durch das für nichtig erklärte Auslieferungsgesetz ermöglicht werden sollte.

Bereits nach wenigen Monaten wurde klar, dass das Gesetz es möglich machte, mit Härte gegen die demokratische Opposition in Hongkong und ihre Unterstützer vorzugehen. Mehr als 60 Personen wurden angeklagt, unter ihnen prodemokratische Politiker, Aktivisten, Journalisten und Studierende. Dutzende wurden zu mehrjährigen Haftstrafen verurteilt, weil sie Proteste oder Gedenkfeiern zum Beispiel an das Tiananmen-Massaker organisiert, daran teilgenommen oder auf sozialen Medien dafür geworben hatten.

Regierungskritische Berichte oder Meinungen sind in einer offenen Gesellschaft keine Bedrohung für die nationale Sicherheit. Nur in einer Einparteienautokratie gelten alle Nachrichten oder Informationen, die die Legitimität des Regimes untergraben könnten, potenziell als subversiv. „Ein Land, zwei Systeme“ lautete der Formelkompromiss, der ein Nebeneinander verschiedener politischer Systeme erlauben sollte. Aber was passiert, wenn die zwei Systeme aufgrund ihrer radikalen Unterschiedlichkeit unvereinbar und unversöhnbar sind? Der offene und faire Wettbewerb um politische Macht an den Wahlurnen ist integraler Bestandteil der Demokratie, und die Pressefreiheit ist wiederum ein wesentliches Element davon. Aber diese Aspekte des Hongkonger Systems sind nicht akzeptabel für das Einparteiensystem auf dem Festland. Genauso problematisch ist für die chinesische Regierung allerdings die niedrige Wahlbeteiligung an den Legislativratswahlen, beweist sie doch, wie schlecht die Strategie funktioniert hat, pekingtreue Bürger zu mobilisieren und so die Oberhand über Hongkong zu gewinnen.

Die Vereinbarung zur Rückgabe sah auch vor, dass die sieben Millionen Hongkonger bis 2047 „ein hohes Maß an Autonomie“ und viele Freiheiten genießen. Anfangs hatte diese Garantie noch Bestand. Unter schwierigen Umständen konnte zunächst noch die

Unabhängigkeit des öffentlichen Dienstes, der Gerichte, der Presse und elektronischen Medien in Hongkong verteidigt werden. Aber das Verhältnis zwischen Teilen der Hongkonger Zivilgesellschaft und der Zentralregierung in Peking wurde immer konfliktreicher.

Die chinesische Regierung betrachtet die gemeinsame Erklärung mit Großbritannien, in der die Bedingungen für die Rückkehr Hongkongs an China im Jahr 1997 festgelegt wurden, zunehmend als historisches Relikt, das neu interpretiert werden muss. Es ist zweifelhaft, ob und wie unter diesen Umständen der Sonderstatus der ehemaligen Kronkolonie erhalten werden soll. Es zeichnet sich ab, dass der Konvergenzprozess zwischen der Stadt und dem Festland nicht erst 2047 abgeschlossen sein wird, wenn Hongkong seinen Selbstverwaltungsstatus aus vertraglichen Gründen allerspätestens verliert, sondern de facto schon viel früher.

Seit der Verabschiedung des Sicherheitsgesetzes sprechen viele Hongkonger tatsächlich auch nur noch von „Ein Land, ein System“. Sie befürchten, dass Hongkong schrittweise zu einer weiteren chinesischen Wirtschaftsmetropole umfunktioniert wird, ähnlich wie Schanghai: wirtschaftlich prosperierend, politisch kontrolliert. Das ist zum Teil bereits Realität. Die Gedenkdemonstration für die Opfer des Tiananmen-Massakers war 2021 verboten, offiziell aufgrund der Coronapandemie. Pekingkritische Bücher wurden aus den Bibliotheken verbannt. Und die Polizei hat Spitzelhotlines eingerichtet. Digitale Überwachung und Zensur halten langsam in Hongkong Einzug. Im Grunde genommen wurde damit eine gesamte Generation, die ursprünglich die Zukunft Hongkongs gestalten sollte, von der chinesischen und der Hongkonger Regierung abgeschrieben.

Es war immer klar, dass China Demokratie westlicher Provenienz ablehnt. Trotzdem hätte es eine Chance gegeben, ein zumindest in Ansätzen demokratisches Hongkong zu erhalten. Drei Ursachen erklären, warum es nicht gelungen ist, Hongkong als zweites System zu bewahren. Erstens: Chinas Angst vor Machtverlust. Die VR hatte zunehmend Sorge, dass sich von Hongkong Rufe nach politischer Veränderung im Festland ausbreiten könnten. Die eskalierende Spirale der Proteste verstärkte die Überzeugung in Peking, dass Demokratie in Hongkong für die VR ein unkalkulierbares Risiko darstellt. Ohne das gewaltsame Aufbäumen der jungen Hongkonger hätte das Festland vermutlich an seiner anfänglichen Zurückhaltung festgehalten. Zweitens: mangelnde Vorbereitung. Da ein Land wie Großbritannien, das sich als Hort der Demokratie versteht, Demokratie nur in minimalen Dosen für seine Kronkolonie zuließ, waren die Aussichten für eine erfolgreiche Demokratisierung nach Rückgabe ungünstig. Eine lebendige demokratische Tradition konnte sich nie entwickeln. Drittens: die Zersplitterung des demokratischen Lagers. In dem Maße, in dem die Verfechter einer Demokratisierung nicht mehr in der Lage waren, durch Aushandlungsprozesse eine gemeinsame Linie gegenüber China zu finden, weil radikale, nativistische oder lokalistische Splittergruppen die Führung übernahmen, wurde der Kampf um Demokratie aussichtslos. Es lässt sich nicht leugnen, dass Hongkong auch eine hässliche, nativistische und gewaltbereite Seite zeigte, die sich pauschal gegen alles aus dem Festland wendete. Wie anderswo wurde in den sozialen Medien polarisiert, und pragmatischer Konsens war unerreichbar. Ohne Prinzipientreue und Einigkeit hat die Demokratie aber einen schweren Stand.

Die Geschichte Hongkongs zeigt, dass die Demokratie nicht nur von außen durch illiberale Regime wie die VR China bedroht wird, sondern sich auch im Innern bewähren muss. Die in die Kolonialzeit zurückreichende gesellschaftliche Spaltung in Hongkong und die Exzesse des Turbokapitalismus waren für die Demokratie genauso schädlich wie das demokratiefeindliche Agieren der Behörden des Festlands. Es braucht faire Bedingungen, ohne die die Demokratie sich nicht behaupten kann. Gesellschaftlicher Zusammenhalt, ein Mindestmaß an Konsens über die einzuhaltenden Spielregeln und die Fähigkeit, über die politischen Grenzen hinweg einen konstruktiven Dialog zu führen, sind ebenso wichtig wie Herstellung von sozialer Gerechtigkeit und wirtschaftlicher Chancengleichheit.

Doch es gibt auch eine positive Seite: die nach außen gerichtete Verbundenheit mit universellen Werten wie Freiheit, Würde und Gerechtigkeit. Noch verfügt Hongkong über eine lebendige Zivilgesellschaft. Obwohl unter den Briten und dann unter Peking echte Demokratie verweigert wurde, hat sich Hongkong aus eigener Kraft zu einer Gesellschaft mit einer vitalen demokratischen Tradition entwickelt, die trotz aller Interventionen überdauerte. So war es häufig in der Geschichte der Stadt: Die Versuche, alles auszulöschen, was Hongkong zu dem gemacht hat, was es war, schienen unaufhaltsam. Doch die Resilienz der Hongkonger Gesellschaft sollte nicht unterschätzt werden.

Die Werte Hongkongs und die Menschen, die für sie kämpften, werden nicht so leicht verschwinden. Der Glaube an den Wert der Freiheit und die mangelnde Bereitschaft, sich demütig zu unterwerfen, sind zu tief in Hongkongs DNA verankert. Zumindest wird es dauern, bis Hongkong sich vollständig ergibt. Wehmut bleibt trotzdem. Hongkong wird nie wieder so werden, wie es einmal war. So viel scheint klar: Das Schicksal der Stadt wird sich unweigerlich in das größere Schicksal Chinas auflösen.

Anhang

Chronologie

1839 Beginn des Ersten Opiumkriegs (1839–1842)

1841 Großbritannien besetzt Hong Kong Island

1842 Ende des Ersten Opiumkriegs, Hongkong fällt laut Vertrag von Nanjing an Großbritannien

1856 Zweiter Opiumkrieg (1856–1860)

1860 Südlicher Teil von Kowloon fällt laut Konvention von Peking an Großbritannien

1898 Vertrag über die Verpachtung der New Territories an Großbritannien für 99 Jahre

1925 Großer Generalstreik

1941 Besetzung durch Japan (1941–1945)

1946 Großbritannien setzt erneut zivile Regierung ein

1967 Aufstand gegen britische Kolonialherren

1978 Deng Xiaoping ruft die Politik der Reform und Öffnung auf, erste Gespräche über die Übergabe

1979 Besuch von Gouverneur MacLehose in Peking

1982 Beginn der offiziellen Verhandlungen zur Übergabe

1984 Unterzeichnung der chinesisch-britischen gemeinsamen Erklärung über die Rückgabe Hongkongs an China

1989 Gewaltsame Niederschlagung der Demokratiebewegung auf dem Platz des Himmlischen Friedens in Peking

1990 Unterzeichnung des Grundgesetzes (Basic Law) von Hongkong

1997 Rückgabe Hongkongs an China unter dem Formelkompromiss „Ein Land, zwei Systeme"

2003 Hunderttausende protestieren gegen geplantes Sicherheitsgesetz

2011 Scholarism-Demonstrationen gegen die Einführung der „Moralischen und nationalen Erziehung“
2014 Regenschirm-Bewegung: Proteste gegen Pekings Bekanntgabe, dass die VR China eine Vorselektion der Kandidaten für den Verwaltungschef treffen wird
2019 Neues Auslieferungsgesetz führt zu Massenprotesten
2020 Sicherheitsgesetz tritt in Kraft

RUSSLAND
Ulaanbaatar
Wladiwostok
MONGOLEI
Japanisches Meer
NORDKOREA
Tokio
Pjöngjang
JAPAN
Beijing (Peking)
Tianjin
Seoul
SÜDKOREA
Gelbes Meer
Lanzhou (Lantschou)
Xi'an
Nanjing (Nanking)
Shanghai (Schanghai)
CHINA
Wuhan
Chengdu
Ost-chinesisches Meer
Chongqing (Tschunking)
Taipeh
Guangzhou (Kanton)
TAIWAN
Hongkong
PAZIFISCHER OZEAN
Hanoi
LAOS
Hainan
Vientiane
Süd-chinesisches Meer
Luzon
Manila
THAILAND
VIETNAM
Bangkok
PHILIPPINEN
KAMBODSCHA
Phnom Penh
Ho-Chi-Minh-Stadt (Saigon)
Mindanao
Golf von Thailand
Sulusee
BRUNEI
Bandar Seri Begawan
Celebessee
MALAYSIA
Kuala Lumpur
SINGAPUR
Borneo
Sulawesi (Celebes)
INDONESIEN
Bandasee
Sumatra
0 500 1000 km

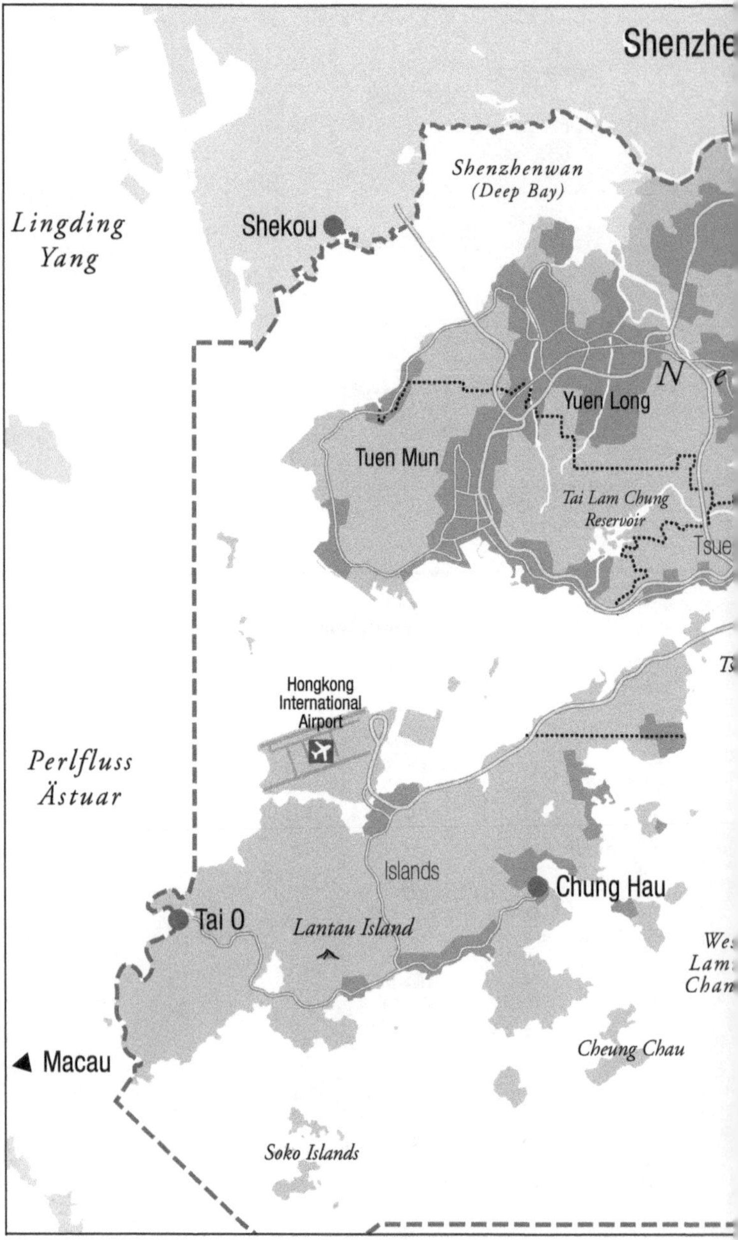
Shenzhe
Shenzhenwan
(Deep Bay)
Lingding
Yang
Shekou
N e
Yuen Long
Tuen Mun
Tai Lam Chung
Reservoir
Tsue
Ts
Hongkong
International
Airport
Perlfluss
Ästuar
Islands
Chung Hau
Tai O
Lantau Island
We
Lam
Chan
Cheung Chau
Macau
Soko Islands

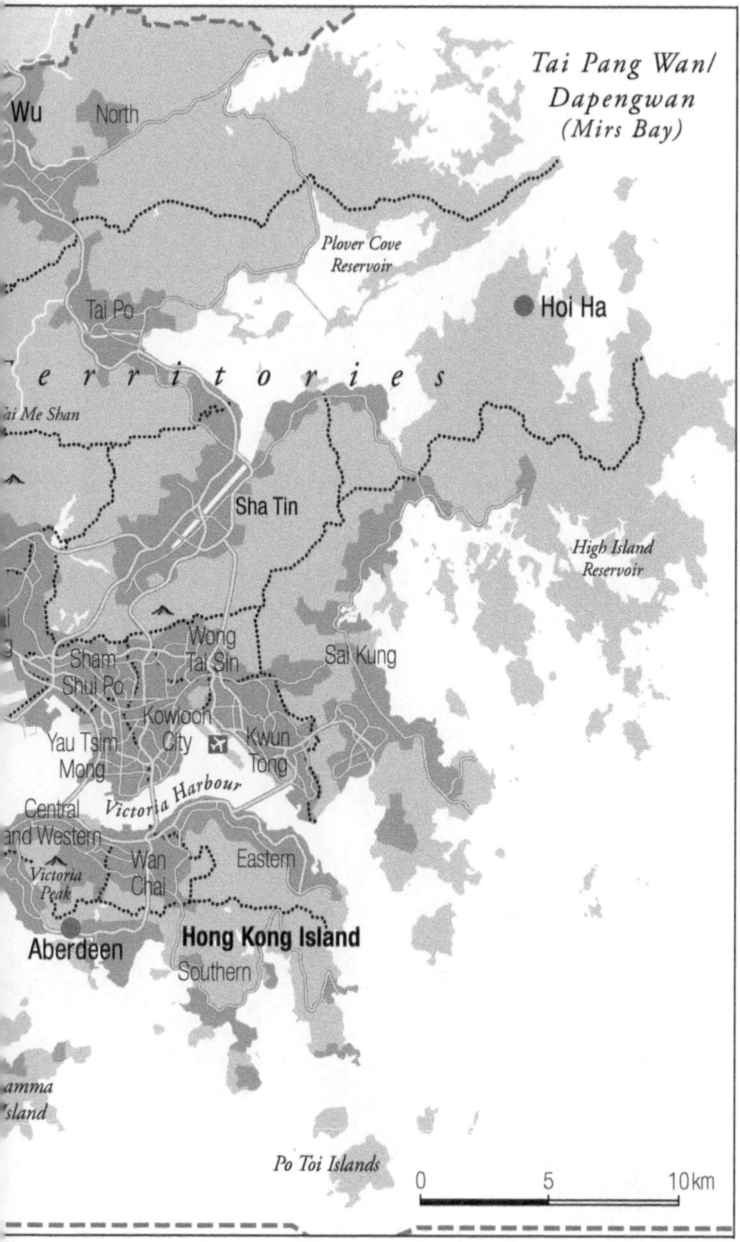
Tai Pang Wan/
Dapengwan
(Mirs Bay)
Wu
North
Plover Cove
Reservoir
Tai Po
Hoi Ha
erritories
ai Me Shan
Sha Tin
High Island
Reservoir
Wong
Tai Sin
Sham
Shui Po
Sai Kung
Kowloon
City
Kwun
Tong
Yau Tsim
Mong
Victoria Harbour
Central
and Western
Wan
Chai
Eastern
Victoria
Peak
Aberdeen
Hong Kong Island
Southern
amma
sland
Po Toi Islands
0
5
10 km

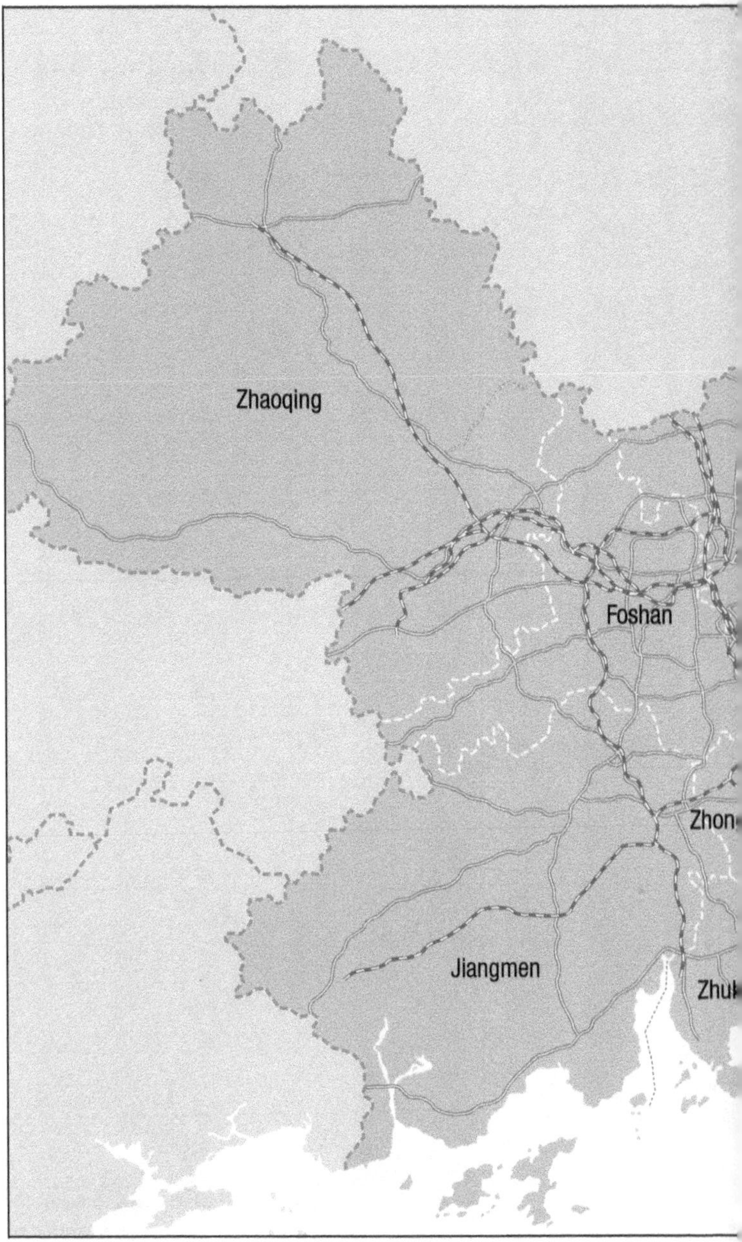
Zhaoqing
Foshan
Jiangmen

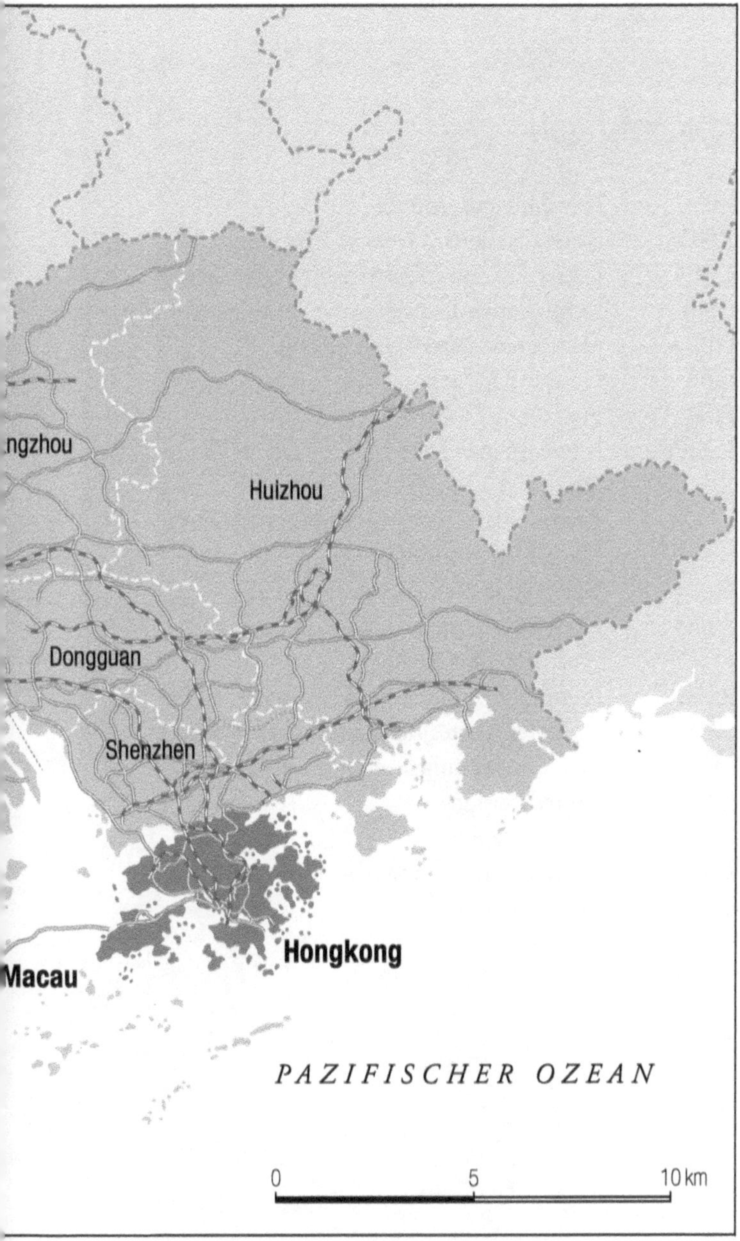
ngzhou
Huizhou
Dongguan
Shenzhen
Hongkong
Macau
PAZIFISCHER OZEAN
0
5
10 km

Abkürzungen

BIP	Bruttoinlandsprodukt
BNO	British National Overseas Passport
CEPA	Closer Economic Partnership Agreement
DAB	Democratic Alliance for the Betterment of Hong Kong
DP	Democratic Party (Hong Kong)
GBA	Greater Bay Area
HKD	Hongkong Dollar
ICCPR	International Covenant on Civil and Political Rights
jr.	junior
KPCh	Kommunistische Partei Chinas (auch KP)
LP	Liberal Party (Hongkong)
NCNA	New China News Agency (*Xinhua*)
NGO	Non-Governmental Organization
OBOR	One Belt, One Road
RMB	Renminbi, chinesische Währung
SARS	Schweres Akutes Respiratorisches Syndrom
SVR	Sonderverwaltungsregion (auch HKSVR)
UN	United Nations
US	United States
USA	United States of America
VR China	Volksrepublik China

Abbildungsnachweis

1 (S. 25): mauritius images / Historic Images / Alamy
2 (S. 28): mauritius images / World Book Inc.
3 (S. 33): Wikimedia Commons/Ian Lambot
4 (S. 39): mauritius images / BG /OLOU / Alamy
5 (S. 48): mauritius images / Pump Park Vintage Photography / Alamy
6 (S. 80): picture alliance / ASSOCIATED PRESS
7 (S. 109): mauritius images / Peter Jordan / Alamy
8 (S. 121): Wikimedia Commons/Ion Tichy
9 (S. 149): picture alliance / ASSOCIATED PRESS / Vincent Yu
10 (S. 169): Wikimedia Commons/Benh Lieu Song
11 (S. 175): PERI SE, Weißenhorn
12 (S. 194): Wikimedia Commons/Pasu Au Yeung
13 (S. 201): xVernonxYuenx / imago images
14 (S. 207): picture alliance / AP Photo
15 (S. 216): mauritius images / Hano iki / Alamy
16 (S. 221): Xinhua / Lui Siu Wai / imago images

Anmerkungen

1 Siehe zum Beispiel Görlach, Alexander, Brennpunkt Hongkong. Warum sich in China die Zukunft der freien Welt entscheidet, Hamburg 2020.

2 Hughes, Richard, Hongkong. Brückenkopf auf Abruf, Wien 1967, S. 11.

3 Reckwitz, Andreas, Die Gesellschaft der Singularitäten. Zum Strukturwandel der Moderne, Berlin 2017.

4 Davis, Michael C., Making Hong Kong China. The Rollback of Human Rights and the Rule of Law, Ann Arbor 2020, S. 10.

5 Dabringhaus, Sabine, Zur Geschichte Hongkongs, in: Politik und Zeitgeschichte 8–10/2020, S. 19 f.

6 Ng, Peter Y. L., New Peace County. A Chinese Gazetteer of the Hong Kong Region, Hong Kong 1983, S. 20.

7 Tsang, Steve, A Modern History of Hong Kong, Hong Kong 2004, S. 5.

8 Die folgenden Ausführungen fußen auf Mühlhahn, Klaus, Geschichte des modernen China. Von der Qing-Dynastie bis zur Gegenwart, München 2021, S. 109 f.

9 Zit. nach Tsang, A Modern History, S. 10.

10 Ebd., S. 16.

11 Hier und im Folgenden zit. aus Wasserstrom, Jeffrey N., Vigil. Hong Kong on the Brink, New York 2020, Chapter 2.

12 Siehe Mühlhahn, Geschichte des modernen China, S. 111–114.

13 Die folgenden Abschnitte basieren auf ebd., S. 193–197.

14 Carroll, John Mark, A Concise History of Hong Kong, Lanham 2007, S. 201 f.

15 Zit. nach Tsang, A Modern History, S. 40.

16 Hughes, Brückenkopf, S. 24. Siehe auch https://www.landsd.gov.hk/en/resources/land-info-stat/land-tenure-system-land-policy.html (abgerufen am 12.2.2022).

17 Tsang, A Modern History, S. 23.

18 Carroll, A Concise History, S. 149.

19 Zit. nach ebd., S. 212.

20 Tsang, A Modern History, S. 66.

21 Carroll, A Concise History, 186 ff.

22 Zahlen aus Sinn, Elizabeth, The Pacific Ocean as Highway to Gold Mountain. The Hong Kong Connection, 1850–1900, in: Lon Kurashige (Hrsg.), Pacific America. Histories of Transoceanic Crossings, Honolulu, 2017, S. 47–61; siehe auch Sinn, Elizabeth, Pacific Crossing, California Gold, Chinese Migration, and the Making of Hongkong, Hong Kong 2013.

23 Siehe Mühlhahn, Klaus, Zur Politik des Reisens. Mobilität und Nationalismus im modernen China, in: Mechtild Leutner/Klaus Mühlhahn (Hrsg.), Reisen in chinesischer Geschichte und Gegenwart. Erfahrungen, Berichte, Zeugnisse, Wiesbaden 2008, S. 109–128.

24 Fan, Shuh Ching, The Population of Hong Kong, Hongkong CICRED 1974, S. 1, http://www.cicred.org/Eng/Publications/pdf/c-c21.pdf (abgerufen am 11.2.2022).

25 Tsang, A Modern History, S. 59.

26 Endacott, George B., A History of Hong Kong, London 1964, S. 213 f.

27 Dabringhaus, Zur Geschichte Hongkongs, S. 40.

28 Bickers, Robert, Chinabound. John Swire & Sons and Its World 1816–1980, London 2020, S. 95 f. (Apple Books).

29 Chiu, Stephen/Lui, Tai-Lok, Hong Kong. Becoming a Chinese Global City, London 2009, S. 23.

30 Dabringhaus, Zur Geschichte Hongkongs, S. 43.

31 Ebd., S. 41.

32 Zit. nach Tsang, A Modern History, S. 113.

33 Siehe hier und im Folgenden ebd., S. 63.

34 O'Connor, Paul, Ethnic Minorities and Ethnicity in Hong Kong, in: Tai-Lok Lui /Stephen W. K. Chui/Ray Yep (Hrsg.), Routledge Handbook of Contemporary Hong Kong, London 2019, S. 259–274.

35 Siehe hier und im Folgenden Carroll, A Concise History, S. 276–293.

36 Wong, Man-Kong, Politics and Public Administration, in: Man-Kong Wong/Chi-Man Kwong (Hrsg.), Hong Kong History, Singapore 2022, S. 56 (Apple Books).

37 Carroll, A Concise History, S. 339.

38 Ebd., S. 361.

39 Zit. nach Whitfield, Andrew, Hong Kong, Empire and the Anglo-American Alliance at War, 1941–1945, Basingstoke 2001, S. 91.

40 Zit. nach Heiferman, Ronald, The Cairo Conference of 1943. Roosevelt, Churchill, Chiang Kai-shek and Madame Chiang, Jefferson, NC 2011, S. 127.

41 Snow, Phillip, The Fall of Hong Kong. Britain, China and the Japanese Occupation, New Haven 2003, S. 237.

42 Duara, Prasenjit, Hong Kong as a Global Frontier. Interface of China, Asia, and the World, in: Priscilla Roberts/John M. Carroll (Hrsg.), Hong Kong in the Cold War, Hong Kong 2016, S. 211–230.

43 Hughes, Brückenkopf, S. 35.

44 Tsang, A Modern History, S. 66; Carrol, A Concise History, S. 368.

45 Wilson, David, Introduction to the Paperback Edition, in: Alexander Grantham, Via Ports. From Hong Kong to Hong Kong, Hong Kong 2012, S. xv.

46 Ngo, Tak-Wing, Hong Kong. Political Parties and Sociopolitical Constituencies, in: David Pong (Hrsg.), Encyclopedia of Modern China, Farmington Hills MI 2009, S. 242–244.

47 Mathews, Gordon/Ma, Kit-wai/Lui, Tai-Lok, Hong Kong, China. Learning to Belong to a Nation, Abingdon 2008.

48 Shum, Terence Chun Tat, Asylum-seeking Journeys in Asia. Refugees in Hong Kong and Bangkok, London 2019, S. 39.

49 Zu den Protesten siehe Bickers, Robert/Yep, Ray (Hrsg.), May Days in Hong Kong. Riot and Emergency in 1967, Hong Kong 2009; Cheung, Gary Ka-wai, Hong Kong's Watershed. The 1967 Riots, Hong Kong 2009.

50 Bickers/Yep, May Days in Hong Kong, S. 22.

51 Meissner, Werner, Hongkong. Von der britischen Kronkolonie zur chinesischen Sonderverwaltungsregion, in: Carsten Herrmann-Pillath (Hrsg.), Länderbericht China. Politik, Wirtschaft, Gesellschaft im chinesischen Kulturraum, Bonn 1998, S. 225.

52 Hong Kong Observers, Pressure Points – A Social Critique, Hong Kong 1981.

53 Meissner, Hongkong, S. 224.

54 Schenk, Catherine, Economic History of Hong Kong, https://eh.net/encyclopedia/economic-history-of-hong-kong/ (abgerufen am 11.2.2022).

55 Cartledge, Simon, A System Apart. Hong Kong's Political Economy from 1997 until Now, Sydney 2018, S. 141 (Kindle).

56 Siehe Schenk, Catherine R., Hong Kong as an International Finance Centre. Emergence and Development, 1945–1965, London 2002.

57 Tsang, A Modern History, S. 173.

58 Ebd., S. 173.

59 Carroll, A Concise History, S. 175 f.

60 Hughes, Brückenkopf, S. 12 f.

61 Ebd., S. 151.

62 Tsang, A Modern History, S. 159.

63 Chung, S. Y., Hong Kong's Journey to Reunification, Hong Kong 2001, S. 28 f.

64 Vogel, Ezra, Deng Xiaoping and the Transformation of China, Cambridge MA 2013, S. 491.

65 Ebd., S. 1.

66 Ghai, Yash, Hong Kong's Autonomy. Dialectics of Powers and Institutions, in: Yash Ghai/Sophia Woodman (Hrsg.), Practising Self Government. A comparative Study of Autonomous Regions, Cambridge 2013, S. 317.

67 Chan, Ming K./Lo, Shiu Hing, The A to Z of the Hong Kong SAR and the Macao SAR, Lanham 2006, S. 289.

68 Vogel, Deng Xiaoping, S. 488.

69 Ebd., S. 493.

70 Laux, David N., China and Taiwan- NSSD 12-82 – U.S. Relations with China and Taiwan, Box: RAC Box 22; Ronald Reagan Library, https://www.reaganlibrary.gov/public/digitallibrary/smof/nsc-asianaffairsdirectorate/laux/r22/40-315-12026384-R22-007-2019.pdf (abgerufen am 11.2.2022).

71 Artikel 31 der chinesischen Verfassung von 1982 lautet: „Der Staat kann, wenn nötig, Sonderverwaltungsgebiete einrichten. Die in den Sonderverwaltungsgebieten einzurichtenden Systeme sollen vom Nationalen Volkskongress den gegebenen Verhältnissen entsprechend gesetzlich festgelegt werden."

72 Deng Xiaoping, One Country, Two Systems, 22.–23.6.1984, https://dengxiaopingworks.wordpress.com/2013/03/08/one-country-two-systems/ (abgerufen am 11.2.2022).

73 Mark, Chi-kwan, To „Educate" Deng Xiaoping in Capitalism. Thatcher's Visit to China and the Future of Hong Kong in 1982, in: Cold War History 17:2 (2015), S. 1–20.

74 Thatcher, Margaret, The Downing Street Years, 1979–90. First Volume of the Memoirs of Margaret Thatcher, London 1993, S. 259 ff.

75 Zu den Verhandlungen siehe Carroll, A Concise History, 2007, S. 167–189; Pepper, Suzanne, Keeping Democracy at Bay. Hong Kong and the Challenge of Chinese Political Reform, Lanham 2008; Roberti, Mark, The Fall of Hong Kong. China's Triumph and Britain's Betrayal, New York 1996; Ludwig, Karl-Heinz, Die Rückkehr des Drachen. Countdown in Hongkong, Düsseldorf 1995, S. 40–50.

76 Weng, Byron S. J., The Hong Kong Model of „One Country, Two Systems". Promises and Problems, in: Asian Affairs. An American Review, 14:4 (1987/1988), S. 193–209.

77 Hongkong Government, Green Paper. The Further Development of Representative Government in Hong Kong, Hong Kong 1984, https://openlibrary.org/works/OL16751689W/Green_Paper_The_further_development_of_representative_government_in_Hong_Kong#edition-details (abgerufen am 11.2.2022).

78 Tsang, A Modern History, S. 232.

79 Ebd., S. 224.

80 Volltext: https://www.hklii.hk/eng/hk/legis/instrument/A301/all.html (abgerufen am 11.2.2022).

81 Meissner, Werner, Hongkonger Notizen. Ein politisches Tagebuch, Edition global 1996, S. 16 f.

82 Lui, Tai-Lok/Chui, Stephen W. K./Yep, Ray, Introduction. The Long Transition, in: Tai-Lok Lui /Stephen W. K. Chui/Ray Yep (Hrsg.), Routledge Handbook of Contemporary Hong Kong, London 2019, S. 4.

83 Lau, S. K., Decolonization without Independence. The Unfinished Political Reforms of the Hong Kong Government, Occasional Paper No. 19, Hong Kong 1987.

84 Siehe hier und im Folgenden Lui et al., The Long Transition, S. 6–9.

85 Vogel, Deng Xiaoping, S. 507.

86 https://www.basiclaw.gov.hk/en/basiclaw/chapter2.html (abgerufen am 11.2.2022).

87 Institut für Menschenrechte, Internationaler Pakt über bürgerliche und politische Rechte, https://www.institut-fuer-menschenrechte.de/

menschenrechtsschutz/deutschland-im-menschenrechtsschutzsystem/vereinte-nationen/vereinte-nationen-menschenrechtsabkommen/zivilpakt-iccpr (abgerufen am 11.2.2022).

88 Davis, Making Hongkong China, S. 21.

89 Brown, Jeremy, June Fourth. The Tiananmen Protests and Beijing Massacre of 1989, Cambridge 2021, S. 148 und 191.

90 Meissner, Hongkong, S. 236.

91 Tai, Benny, 30 Years After Tiananmen. Hong Kong Remembers, in: Journal of Democracy 30:2 (2019), S. 64–69.

92 So, Alvin Y., Hong Kong's Embattled Democracy. A Societal Analysis, Baltimore 1999, S. 159.

93 Siehe Patten, Chris, First Confession. A Sort of Memoir, London 2018 (Apple Books), Kap. 8.

94 Meissner, Hongkong, S. 225 f.

95 Patten, First Confession, S. 330 (Apple Books).

96 Kraar, Louis, The Death of Hong Kong, Fortune Magazine, 26.6.1995 https://archive.fortune.com/magazines/fortune/fortune_archive/1995/06/26/203948/index.htm (abgerufen am 11.2.2022).

97 Meissner, Hongkong, S. 236.

98 12 % davon kehrten trotz Unsicherheit wieder zurück, was die hohe Bindung der Hongkonger an ihre Stadt zeigt. Hier und im Folgenden: Meißner, Hongkong, S. 236.

99 Dumbaugh, Kerry, The US Role during and after Hong Kong's Transition, in: University of Pennsylvania Journal of International Economic Law 18:1 (1997), S. 343–345; siehe auch Dieter, Heribert, Widerspenstig, aber unverzichtbar. Wirtschaftsstandort Hongkong, in: Aus Politik und Zeitgeschichte 8–10/2020, S. 33–38.

100 Follanth, Erich, So Long Hongkong, Der Spiegel, 6.2.2013, https://www.spiegel.de/geschichte/emotionales-ende-einer-aera-uebergabe-hongkongs-an-china-a-951357.html (abgerufen am 11.2.2022).

101 Words of a Prince and a President. Continuity, Change and Assurances, The New York Times, 1.7.1997, https://www.nytimes.com/1997/07/01/world/words-of-a-prince-and-a-president-continuity-change-and-assurances.html (abgerufen am 22.7.2021).

102 Lui, Tai-Lok, Hong Kong Society. Anxiety in the Post-1997 Days, in: Journal of Contemporary China 8:20 (1999), S. 91 f.

103 Zitate aus Nicholson, Kate, The Express, 17.6.2020, https://www.express.co.uk/news/royal/1296547/prince-charles-news-hong-kong-

handover-china-security-measures-laws-spt (abgerufen am 11.2.2022); Charles' Diary Lays Thoughts Bare, BBC, 22.2.2006, http://news.bbc.co.uk/2/hi/uk_news/4740684.stm (abgerufen am 11.2.2022).

104 Loh, Christine, Underground Front. The Chinese Communist Party in Hong Kong, Hong Kong 2018, S. 201 f.

105 Der erste „Auswahlausschuss" zur Wahl des chief executive von 1996 hatte 400 Mitglieder. Die Zahl der Wahlmänner und -frauen wurde schrittweise auf 1194 in einem „Wahlkomitee" erhöht. Durch eine Novellierung im März 2021 wurde die Zahl der Wahlleute auf 1500 erhöht. Vgl. https://www.basiclaw.gov.hk/en/basiclaw/annex1.html (abgerufen am 12.2.2022).

106 Loh, Underground Front, S. 191.

107 Meissner, Hongkong, S. 227 f.

108 Patten, Chris, Die Welt kann diesem chinesischen Regime schlicht nicht vertrauen, Der Tagesspiegel, 29.5.2020, https://www.tagesspiegel.de/politik/der-letzte-britische-gouverneur-hongkongs-fordert-zum-handeln-auf-die-welt-kann-diesem-chinesischen-regime-schlicht-nicht-vertrauen/25872626.html (abgerufen am 11.2.2022).

109 Chugani, Michael, Hong Kong will remain ungovernable without a vote, South China Morning Post, 24.9.2021, https://www.scmp.com/comment/insight-opinion/article/1044727/hong-kong-will-remain-ungovernable-without-vote (abgerufen am 11.2.2022); siehe auch Cheung, Chor-yung, Stalemate in the Legislative Council of Hong Kong. Disarticulation, Fragmentation, and the Political Battleground of „One Country, Two Systems", in: Tai-Lok Lui/Stephen W. K. Chui/Ray Yep (Hrsg.), Routledge Handbook of Contemporary Hong Kong, London 2019, S. 89.

110 Loh, Underground Front, S. 204.

111 Meissner, Hongkong, S. 229 f.

112 Ngo, Tak-Wing, Hong Kong – Political Parties and Sociopolitical Constituencies, in: David Pong (Hrsg.), Encyclopedia of Modern China, Farmington Hills MI 2009, S. 244.

113 https://www.basiclaw.gov.hk/en/basiclaw/chapter2.html (abgerufen am 11.2.2022). Hier heißt es im Wortlaut: „The Hong Kong Special Administrative Region shall enact laws on its own to prohibit any act of treason, secession, sedition, subversion against the Central People's Government, or theft of state secrets, to prohibit foreign political organizations or bodies from conducting political activities in the Region,

and to prohibit political organizations or bodies of the Region from establishing ties with foreign political organizations or bodies."

114 Jones, Carol A. G., Lost in China. Law, Culture and Identity in Post-1997 Hong Kong, Cambridge 2015, S. 174.

115 Davis, Making Hongkong China, S. 30 f.

116 Wasserstrom, Vigil, S. 44 ff.

117 Jones, Lost in China, S. 179.

118 Bland, Ben, „Generation HK". Protest und Identität in Hongkong, in: Aus Politik und Zeitgeschichte 8–10/2020, S. 13.

119 Lui et al, The Long Transition, S. 17.

120 Abdoolcarim, Zoher, Hong Kong's Future. Sunshine, with Clouds, The Time Magazine, 7.6.2007, http://content.time.com/time/specials/2007/article/0,28804,1630244_1630240_1630206,00.html (abgerufen am 11.2.2022).

121 Patten, Chris, Die Welt kann diesem chinesischen Regime nicht vertrauen.

122 Siehe im Folgenden Cartledge, A System Apart, S. 11–24.

123 Statista 2020, https://de.statista.com/statistik/daten/studie/157870/umfrage/waehrungsreserven-ausgewaehlter-laender/ (abgerufen am 11.2.2022).

124 Zu SARS in Hongkong siehe Roloff, Evelyn Lu Yen, Die SARS-Krise in Hongkong. Zur Regierung von Sicherheit in der Global City, Bielefeld 2007.

125 Ebd., S. 11.

126 Lui, Hon-Kwong, Growing Socio-economic Inequalities, in: Tai-Lok Lui/Stephen W. K. Chui/Ray Yep (Hrsg.), Routledge Handbook of Contemporary Hong Kong, London 2019, S. 247.

127 Hier und im Folgenden zitiert nach Lui et al., The Long Transition S. 13. Der Wortlaut der Rede findet sich hier: Tung, Chee-hwa Policy Address, Regierung der Sonderverwaltungsregion Hongkong, 2001, S. 5, Absatz 15, https://www.policyaddress.gov.hk/pa01/eindex.html (abgerufen am 11.2.2022).

128 Tung, Chee-hwa Policy Address, Regierung der Sonderverwaltungsregion Hongkong, 2001, Absatz 22, https://www.policyaddress.gov.hk/pa01/e22.htm (abgerufen am 11.2.2022).

129 Tung, Chee-hwa Policy Address 2001, Absatz 16, https://www.policyaddress.gov.hk/pa01/e16.htm (abgerufen am 11.2.2022).

130 Siehe hier und im Folgenden Dieter, Widerspenstig, aber unverzichtbar, S. 34.

131 Wong, Joshua, mit Ng, Jason Y., Unfree Speech, Frankfurt am Main 2020, S. 48.

132 Siehe Lui et. al., The Long Transition, S. 13.

133 Dieter, Widerspenstig, aber unverzichtbar, S. 35.

134 Poon, Alice, Land and the Ruling Class in Hong Kong, Hong Kong 2010.

135 Ebd., S. 29–32.

136 Tycoons. The Men Who Rule Hong Kong, TimeOut, 4.10.2016, https://www.timeout.com/hong-kong/blog/tycoons-the-men-who-rule-hong-kong-100416 (abgerufen am 11.2.2022).

137 Cartledge, A System Apart, S. 221.

138 Lui, Growing Socio-economic Inequalities, S. 248.

139 Statistisches Bundesamt, Kap. 6, Private Haushalte – Einkommen und Konsum. Auszug aus dem Datenreport 2020, S. 223 https://www.destatis.de/DE/Service/Statistik-Campus/Datenreport/Downloads/datenreport-2021-kap-6.pdf?__blob=publicationFile (abgerufen am 11.2.2022).

140 https://www.gov.hk/en/residents/taxes/taxfiling/?subcat=taxrates (abgerufen am 11.2.2022).

141 Dieter, Widerspenstig, aber unverzichtbar, S. 37.

142 Der Spiegel, 17.2.2021, https://www.spiegel.de/wirtschaft/apartment-in-hongkong-313-quadratmeter-49-millionen-euro-a-0eb754dd-4420-47c8-b706-cad34a4da450, (abgerufen am 27.7.2021).

143 https://de.statista.com/statistik/daten/studie/322305/umfrage/gesamtbevoelkerung-von-hongkong/ (abgerufen am 11.2.2022).

144 Constitutional and Mainland Affairs Bureau (18.2.2019), Outline Development Plan for the Guangdong-Hong Kong-Macao Greater Bay Area, https://www.bayarea.gov.hk/en/outline/plan.html (abgerufen am 28.11.2021).

145 Siehe Noesselt, Nele, Ein Land, zwei Systeme. Genese und Auslegung eines Schlüsselkonzepts, in: Aus Politik und Zeitgeschichte 8–10/2020, S. 27.

146 Ball, Stefanie, Brückenschlag mit Folgen, in: Bauwelt 12/2018, S. 11.

147 Kuhn, Britta, Chinas Greater Bay Area, in: Wirtschaftsdienst 2021, Heft 4, S. 311–315.

148 Ku, Agnes Shuk-mei, Identity as Politics. Contesting the Local, the National, and the Global, in: Tai-Lok Lui/Stephen W. K. Chui/Ray Yep (Hrsg), Routledge Handbook of Contemporary Hong Kong, London 2019, S. 451.

149 Cantonese Slang You Need to Know Right Now, TimeOut, 13.4.2021, https://www.timeout.com/hong-kong/things-to-do/cantonese-slang-you-need-to-know-right-now (abgerufen am 11.2.20202).

150 Zhu, Julie, Mainlanders in Hong Kong Worry as Anti-China Sentiment Swells, Reuters, 30.10.2019, https://www.reuters.com/article/us-hongkong-protests-mainlanders-idUSKBN1X90Q8 (abgerufen am 11.2.2022).

151 Siehe hier und im Folgenden Carroll, A Concise History, S. 167.

152 Siehe Baumgärtel, Tilman, Nationalkino ohne Nation. Der Hongkong-Film, in: Aus Politik und Zeitgeschichte 8–10/2020, S. 46–52.

153 Law, Nathan, Freedom. How We Lose It and How We Fight back, London 2021, S. 41.

154 Mullany, Gerry, Hong Kong TV Drama Plays Out Uneasy Ties With China, The New York Times, 10. Feb. 2013.

155 Wong, Unfree Speech, S. 38.

156 Bland, Ben, „Generation HK". Protest und Identität in Hongkong, in: Aus Politik und Zeitgeschichte 8–10/2020, S. 14.

157 Summers, Tim, China's Hong Kong. The Politics of a Global City, Necastle upon Tyne 2019, S. 80.

158 Information Office of the State Council, The People's Republic of China, Juni 2014, http://english.www.gov.cn/archive/white_paper/2014/08/23/content_281474982986578.htm (abgerufen am 11.2.2022). Im Orginal: „Under this system, the central government exercises overall jurisdiction over the HKSAR, including the powers directly exercised by the central government, and the powers delegated to the HKSAR by the central government to enable it to exercise a high degree of autonomy in accordance with the law."

159 Lui et al., The Long Transition, S. 19.

160 Zum Whitepaper und dem Konzept „comprehensive jurisdiction" siehe Buckley, Chris/Wang, Vivian/Ramzy, Austin, Crossing the Red Line. Behind China's Takeover of Hong Kong, The New York Times, 28.6.2021.

161 Full text of NPC decision on universal suffrage for HK Chief Executive selection, Xinhua, 31.8.2014, http://www.china.org.cn/china/2014-08/31/content_33390388.htm (abgerufen am 11.2.2022); siehe dazu auch Noesselt, Ein Land, zwei Systeme, S. 28 f.; Davis, Making Hong Kong China, S. 37.

162 Siehe hierzu Veg, Sebastian, The Rise of „Localism" and Civic Identity in Post-Handover Hong Kong: Questioning the Chinese Nation-State, in: China Quarterly 230 (2017), S. 323–347; Lam Wai-man, Hybridity, Civility, and Othering. In Search of Political Identity and Activism in Hong Kong, in: Thomas Gold/Sebastian Veg (Hrsg.), Sunflowers and Umbrellas. Social Movements, Expressive Practices, and Political Culture in Taiwan and Hong Kong, Berkeley 2020, S. 68–95.

163 Wong, Unfree Speech, S. 58.

164 Davis, Making Hongkong China, S. 35.

165 Wasserstrom, Vigil, S. 49.

166 Vines, Stephen, Defying the Dragon. Hong Kong and the World's Largest Dictatorship, London 2021, S. 106.

167 Bemerkungen von Xi Jinping zu Leung Chun-ying, 20.12.2012, VW001.038.20121220.001, siehe https://www.xuexi.cn/lgpage/detail/index.html?id=16161322141570179752&item_id=16161322141570179752 (abgerufen am 11.2.2022); zitiert in Buckley et al., Crossing the Red Line.

168 China Is Dismantling the Empire of a Vanished Tycoon, The New York Times, 18.7.2020, https://www.nytimes.com/2020/07/18/business/china-xiao-jianhua.html (abgerufen am 11.2.2022); siehe auch Lui et al., The Long Transition, S. 59.

169 Nathan Law bestreitet allerdings, die Formel verändert zu haben, siehe Law, Freedom, S. 112 f.

170 Vines, Defying the Dragon, S. 109. Zu Sixtus Leung siehe Is Taiwan Next? The New York Times, 4.8.2021, https://www.nytimes.com/2021/08/04/magazine/taiwan-china.html?searchResultPosition=1 (abgerufen am 11.2.2022).

171 Davis, Making Hongkong China, S. 55.

172 Xinhua News Agency, 1.7.2017, http://www.xinhuanet.com//english/2017-07/01/c_136409560.htm (abgerufen am 23.7.2021).

173 Lo, Sonny Shiu-Hing/Hung, Steven Chung-Fun/Loo, Jeff Hai-Chi, The Dynamics of Peaceful and Violent Protests in Hong Kong. The Anti-extradition Movement, Singapore 2021.

174 Siu, Cindy, The Murder Behind the Hong Kong Protests. A Case Where No-one Wants the Killer, BBC, 23.10.2019, https://www.bbc.com/news/world-asia-china-50148577 (abgerufen am 11.2.2022).

175 Dapiran, Anthony, City on Fire, Brunswick 2020, S. 29.

176 Zitiert nach Lo et al., Dynamics, S. 72.

177 Dapiran, City on Fire, S. 81.

178 Au, Loong-Yu, Revolte in Hong Kong. Die Protestbewegung und die Zukunft Chinas, Berlin 2020, S. 137.

179 Vines, Defying the Dragon, S. 128.

180 Wong, Unfree Speech, S. 165.

181 Georg Fahrion, Die Milchtee-Allianz, Der Spiegel, 20.10.2020, https://www.spiegel.de/ausland/milkteaalliance-in-thailand-proteste-in-bangkok-das-tabu-ist-gefallen-a-5b10b815-6ef1-4a17-b9e4-c3e-44c867a22 (abgerufen am 23.7.2021).

182 Dapiran, City on Fire, S. 108.

183 Davis, Making Hongkong China, S. 59.

184 Wong, Unfree Speech, S. 165; Lam, Jeffie (Hrsg.), Rebel City. Hong Kong's Year of Water and Fire, Hongkong 2020, S. 127.

185 Dapiran, City on Fire, S. 151.

186 Hier und im Folgenden Lam, Rebel City, S. 131.

187 Au, Revolte in Hongkong, S. 158.

188 Ebd., S. 85.

189 Lam, Rebel City, S. 168.

190 Bland, „Generation HK", S. 17.

191 Dapiran, City on Fire, S. 94.

192 Gemeinsamer Entschließungsantrag zur Lage in Hongkong, 17.7.2019, Europäisches Parlament, https://www.europarl.europa.eu/doceo/document/RC-9-2019-0013_DE.html (abgerufen am 11.2.2022).

193 Hong Kong Human Rights and Democracy Act of 2019, US Congress, https://www.congress.gov/bill/116th-congress/senate-bill/1838/text (abgerufen am 11.2.2022).

194 Dapiran, City on Fire, S. 273 ff.

195 Der Abschnitt basiert auf Buckley et al., Crossing the Red Line.

196 In einem Interview mit Sing Tao News am 30.6.2021 gab Carrie Lam an, dass sie während der Ausarbeitung den Gesetzestext selbst tippen

musste, weil der Vorgang so geheim war und weniger als zehn Hongkong-Beamte beteiligt waren.

197 The rise and fall of Hong Kong's Apple Daily and media magnate Jimmy Lai, Strait Times, 22.6.2021, https://www.straitstimes.com/asia/east-asia/the-rise-and-fall-of-hong-kongs-apple-daily-and-media-magnate-jimmy-lai (abgerufen am 11.2.2022).

198 Hongkong. Exodus nach Europa, Weltspiegel, 24.10.2021, https://www.daserste.de/information/politik-weltgeschehen/weltspiegel/Hongkong-Exilanten-100.html (abgerufen am 11.2.2022).

199 RTHK News, HK People About to Enjoy Real Democracy. Xia Baolong, 6.12.2021, https://news.rthk.hk/rthk/en/component/k2/1623001-20211206.htm (abgerufen am 11.2.2022).

200 Gary Cheung, Analysis, 20.12.2021, South China Morning Post, 20.12.2021, https://www.scmp.com/news/hong-kong/politics/article/3160337/hong-kong-election-beijing-might-have-liked-higher-turnout (abgerufen am 11.2.2022).

Literaturverzeichnis

Au, Loong-Yu, Revolte in Hong Kong. Die Protestbewegung und die Zukunft Chinas, Berlin 2020.

Baumgärtel, Tilman, Nationalkino ohne Nation. Der Hongkong-Film, in: Aus Politik und Zeitgeschichte 8–10/2020, S. 46–52.

Bickers, Robert/Ray Yep, May Days in Hong Kong. Riot and Emergency in 1967, Hong Kong 2009.

Bickers, Robert, Chinabound. John Swire & Sons and Its World 1816–1980, London 2020 (Apple Books).

Bland, Ben, „Generation HK". Protest und Identität in Hongkong, in: Aus Politik und Zeitgeschichte 8–10/2020, S. 11–17.

Bland, Ben, Generation HK. Seeking Identity in China's Shadow, Sydney 2017.

Brown, Jeremy, June Fourth. The Tiananmen Protests and Beijing Massacre of 1989, Cambridge 2021.

Carroll, John Mark, A Concise History of Hong Kong, Lanham 2007.

Cartledge, Simon, A System Apart. Hong Kong's Political Economy from 1997 until Now, Sydney 2018 (Kindle).

Chan, Ming K./Lo, Shiu Hing, The A to Z of the Hong Kong SAR and the Macao SAR, Lanham 2006.

Cheung, Chor-yung, Stalemate in the Legislative Council of Hong Kong. Disarticulation, Fragmentation, and the Political Battleground of „One Country, Two Systems", in: Tai-Lok Lui/Stephen W. K. Chui/Ray Yep (Hrsg.), Routledge Handbook of Contemporary Hong Kong, London 2019, S. 89–108.

Cheung, Gary Ka-wai, Hong Kong's Watershed. The 1967 Riots, Hong Kong 2009.

Cheung, Kui Yin/Chengze Simon Fan, Hong Kong Investment in China and Income Distribution of Hong Kong, in: Journal of Economic Integration, vol. 16:4, 2001, S. 526–44.

Chiu, Stephen/Lui, Tai-Lok, Hong Kong. Becoming a Chinese Global City, London 2009.

Chu, Wai-Li, Cold War and Decolonisation, in: Man-Kung Wong/Chi-Man Kwong (Hrsg.), Hong Kong History. Hong Kong Studies Reader Series. Singapore 2022, S. 83–113.

Chung, S. Y., Hong Kong's Journey to Reunification, Hong Kong 2001.

Dabringhaus, Sabine, Zur Geschichte Hongkongs, in: Aus Politik und Zeitgeschichte 8–10/2020, S. 39–45.

Dapiran, Anthony, City on Fire, Brunswick 2020.

Davis, Michael C., Making Hong Kong China. The Rollback of Human Rights and the Rule of Law, Ann Arbor 2020.

Dieter, Heribert, Widerspenstig, aber unverzichtbar. Wirtschaftsstandort Hongkong, in: Aus Politik und Zeitgeschichte 8–10/2020, S. 33–38.

Duara, Prasenjit, Hong Kong as a Global Frontier. Interface of China, Asia, and the World, in: Priscilla Roberts/John M. Carroll (Hrsg.), Hong Kong in the Cold War, Hong Kong 2016, S. 211–230.

Dumbaugh, Kerry, The US Role during and after Hong Kong's Transition, in: University of Pennsylvania Journal of International Economic Law 18:1 (1997), S. 333–366.

Endacott, George B., A History of Hong Kong, London 1964.

Ghai, Yash, Hong Kong's Autonomy. Dialectics of Powers and Institutions, in: Yash Ghai/Sophia Woodman (Hrsg.), Practising Self Government. A comparative Study of Autonomous Regions, Cambridge 2013, S. 315–348.

Görlach, Alexander, Brennpunkt Hongkong. Warum sich in China die Zukunft der freien Welt entscheidet, Hamburg 2020.

Grantham, Alexander, Via Ports. From Hong Kong to Hong Kong, Hong Kong 2012.

Heiferman, Ronald, The Cairo Conference of 1943. Roosevelt, Churchill, Chiang Kai-shek and Madame Chiang, Jefferson, NC 2011.

Hong Kong Observers, Pressure Points – A Social Critique, Hong Kong 1981.

Hughes, Richard, Hongkong. Brückenkopf auf Abruf, Wien 1967.

Jones, Carol A. G., Lost in China. Law, Culture and Identity in Post-1997 Hong Kong, Cambridge 2015.

Ku, Agnes Shuk-mei, Identity as Politics. Contesting the Local, the National, and the Global, in: Tai-Lok Lui/Stephen W. K. Chui/Ray Yep (Hrsg.), Routledge Handbook of Contemporary Hong Kong, London 2019, S. 451–461.

Kuhn, Britta, Chinas Greater Bay Area, in: Wirtschaftsdienst 4/2021, S. 311–315.

Lam Wai-man, Hybridity, Civility, and Othering. In Search of Political Identity and Activism in Hong Kong, in: Thomas Gold/Sebastian Veg (Hrsg.), Sunflowers and Umbrellas. Social Movements, Expressive Practices, and Political Culture in Taiwan and Hong Kong, Berkeley 2020, S. 68–95.

Lam, Jeffie (Hrsg.), Rebel City. Hong Kong's Year of Water and Fire, Hongkong 2020.

Lau, S. K., Decolonization without independence. The unfinished political reforms of the Hong Kong Government, Occasional Paper No. 19, Hong Kong 1987.

Law, Nathan, Freedom. How we lose it and how we fight back, London 2021.

Lo, Sonny Shiu-Hing/Steven Chung-Fun Hung/Jeff Hai-Chi Loo, The Dynamics of Peaceful and Violent Protests in Hong Kong. The Anti-Extradition Movement, Singapore 2021.

Lo, Sonny Shiu-Hing/Steven Chung-Fun Hung/Jeff Hai-Chi Loo, China's New United Front Work in Hong Kong. Penetrative Politics and Its Implications, Singapore 2019.

Loh, Christine, Underground Front. The Chinese Communist Party in Hong Kong, Hong Kong 2018.

Ludwig, Karl-Heinz, Die Rückkehr des Drachen. Countdown in Hongkong, Düsseldorf 1995.

Lui, Hon-Kwong, Growing Socio-economic Inequalities, in: Tai-Lok Lui/Stephen W. K. Chui/Ray Yep (Hrsg.), Routledge Handbook of Contemporary Hong Kong, London 2019, S. 247–258.

Lui, Tai-Lok/Stephen W. K. Chui/ Ray Yep (Hrsg.), Routledge Handbook of Contemporary Hong Kong, London 2019.

Lui, Tai-Lok/Stephen W. K. Chui/Ray Yep, Introduction. The Long Transition, in: Tai-Lok Lui/Stephen W. K. Chui/Ray Yep (Hrsg.), Routledge Handbook of Contemporary Hong Kong, London 2019, S. 1–30.

Lui, Tai-Lok, Hong Kong Society. Anxiety in the Post-1997 days, in: Journal of Contemporary China 8:20 (1999), S. 89–101.

Mark, Chi-kwan, To „Educate" Deng Xiaoping in Capitalism. Thatcher's Visit to China and the Future of Hong Kong in 1982, in: Cold War History 17:2 (May 2015), S. 1–20.

Mathews, Gordon/Ma, Kit-wai/Lui, Tai-Lok, Hong Kong, China. Learning to Belong to a Nation, Abingdon 2008.

Meissner, Werner, Hongkong. Von der britischen Kronkolonie zur chinesischen Sonderverwaltungsregion, in: Carsten Herrmann-Pillath (Hrsg.), Länderbericht China. Politik, Wirtschaft, Gesellschaft im chinesischen Kulturraum, Bonn 1998, S. 222–239.

Meissner, Werner, Hongkonger Notizen. Ein politisches Tagebuch, München 1996.

Mühlhahn, Klaus, Geschichte des modernen China. Von der Qing-Dynastie bis zur Gegenwart, München 2021.

Mühlhahn, Klaus, Zur Politik des Reisens. Mobilität und Nationalismus im modernen China, in: Mechtild Leutner/Klaus Mühlhahn (Hrsg.), Reisen in chinesischer Geschichte und Gegenwart. Erfahrungen, Berichte, Zeugnisse, Wiesbaden 2008, S. 109–128.

Ng, Peter Y. L., New Peace County. A Chinese Gazetteer of the Hong Kong Region, Hong Kong 1983.

Ngo, Tak-Wing, Hong Kong – Political Parties and Sociopolitical Constituencies, in: David Pong (Hrsg.), Encyclopedia of Modern China, Farmington Hills MI 2009, S. 242–244.

Noesselt, Nele, Ein Land, zwei Systeme. Genese und Auslegung eines Schlüsselkonzepts, in: Aus Politik und Zeitgeschichte 8–10/2020, S. 24–32.

O'Connor, Paul, Ethnic Minorities and Ethnicity in Hong Kong, in: Tai-Lok Lui/Stephen W. K. Chui/Ray Yep (Hrsg.), Routledge Handbook of Contemporary Hong Kong, London 2019, S. 259–274.

Patten, Chris, East and West. The Last Governor of Hong Kong on Power, Freedom and the Future, London 1999.

Patten, Chris, First Confession. A Sort of Memoir, London 2018 (Apple Books).

Pepper, Suzanne, Keeping Democracy at Bay. Hong Kong and the Challenge of Chinese Political Reform, Lanham 2008.

Poon, Alice, Land and the Ruling Class in Hong Kong, Hong Kong 2010.

Reckwitz, Andreas, Die Gesellschaft der Singularitäten. Zum Strukturwandel der Moderne, Suhrkamp 2017.

Roberti, Mark, The Fall of Hong Kong. China's Triumph and Britain's Betrayal, New York 1996.

Roloff, Evelyn Lu Yen, Die SARS-Krise in Hongkong. Zur Regierung von Sicherheit in der Global City, Bielefeld 2007.

Schenk, Catherine R., Hong Kong as an International Finance Centre. Emergence and Development, 1945–1965, London 2002.

Shum, Terence Chun Tat, Asylum-seeking Journeys in Asia. Refugees in Hong Kong and Bangkok, London 2019.

Sinn, Elizabeth, Pacific Crossing, California Gold, Chinese Migration, and the Making of Hong Kong, Hong Kong 2013.

Sinn, Elizabeth, The Pacific Ocean as Highway to Gold Mountain. The Hong Kong Connection, 1850–1900, in: Lon Kurashige (Hrsg.), Pacific America. Histories of Transoceanic Crossings, Honolulu 2017, S. 47–61.

Snow, Philip, The Fall of Hong Kong. Britain, China, and the Japanese Occupation, New Haven 2003.

So, Alvin Y., Hong Kong's Embattled Democracy. A Societal Analysis, Baltimore 1999.

Summers, Tim, China's Hong Kong. The Politics of a Global City, New Castle upon Tyme 2019.

Tai, Benny, 30 Years After Tiananmen. Hong Kong Remembers, in: Journal of Democracy 30:2 (2019), S. 64–69.

Thatcher, Margaret, The Downing Street Years, 1979–90. First Volume of the Memoirs of Margaret Thatcher, London 1993.

Tsang, Steve, A Modern History of Hong Kong, Hong Kong 2004.

Veg, Sebastian, The Rise of „Localism" and Civic Identity in Post-Handover Hong Kong. Questioning the Chinese Nation-State, in: China Quarterly 230 (2017), S. 323–347.

Vines, Stephen, Defying the Dragon. Hong Kong and the World's Largest Dictatorship, London 2021.

Vogel, Ezra, Deng Xiaoping and the Transformation of China, Cambridge MA 2013.

VonCannon, Bruce, Status Anxiety. Hong Kong's Crisis of Identity, Singapore 2021.

Wasserstrom, Jeffrey N., Vigil. Hong Kong on the Brink, New York 2020.

Weng, Byron S. J., The Hong Kong Model of „One Country, Two Systems". Promises and Problems, in: Asian Affairs. An American Review, 14:4 (1987/1988), S. 193–209.

Whitfield, Andrew, Hong Kong, Empire and the Anglo-American Alliance at War, 1941–1945, Basingstoke 2001.

Wong, Joshua, mit Ng, Jason Y., Unfree Speech, Frankfurt am Main 2020.

Wong, Man-Kong, Politics and Public Administration, in: Man-Kong Wong/Chi-Man Kwong (Hrsg.), Hong Kong History, Singapore 2022, S. 1–37.

Yeung, Godfrey, End of a Chapter? Hong Kong Manufacturers in the Pearl River Delta, in: Tai-Lok Lui/Stephen W.K. Chui/Ray Yep (Hrsg.), Routledge Handbook of Contemporary Hong Kong. London 2019, S. 397–413.